# Structure and Diversity

## Studies in the Phenomenological Philosophy of Max Scheler

[美]尤金·凯利 / 著

韦海波　鲍克伟 / 译

# 结　构

# 与

# 多样性

## 马克斯·舍勒现象学哲学研究

北京师范大学出版集团
BEIJING NORMAL UNIVERSITY PUBLISHING GROUP
北京师范大学出版社

**献给曼弗雷德·S. 弗林斯**

感谢他多年来付出无私的辛劳完成《舍勒全集》的编撰，舍勒的手稿以及其他遗作得以包罗其中，这让新一代学者可以接近这位哲学家迄今为止尚不可及的思想。

谨以此书敬致谢忱。

# 致　谢

　　《结构与多样性——马克斯·舍勒现象学哲学研究》一书的写作始于 1994—1995 年，也就是我任教于纽约理工学院的年假期间。有两方面的动力让我再次回到舍勒研究这一中断已久的工作上来。第一个动力是一些新的、以前无法获得的舍勒手稿得以面世，这要归功于《舍勒全集》的主编曼弗雷德·弗林斯长期以来的辛勤劳作。对这些手稿的研读，迫使我重新思考在 1977 年出版的第一本书中所得出的结论。[1] 第二个动力是列支敦士登的国际哲学学院邀请我于 1995 年春季学期去作关于舍勒的报告。我很乐意面对这项工作带来的心智上的挑战，而且在报告结束之后，立志重新阅读这位哲学家的著作。由此而来的成果就是这本书。在此，我对学院院长约瑟夫·塞弗尔特(Joseph Seifert)教授亲切友好的邀请和接待表示感谢。学院的同事，特别是约翰·怀特(John R. White)、詹姆斯·杜布瓦(James DuBois)以及罗伯特·施佩曼(Robert Spaemann)博士，让我领略到了严谨的学院风气。我的研究生，尤其是朱尔斯·范·沙伊克(Jules van Schaijik)、德米特里·阿特拉斯(Dmitry Atlas)和艾瓦拉斯·斯特普科尼斯(Aivaras Stepukonis)对我思考以及重新考虑自

---

[1]　这本书是 *Max Scheler*，Twayne Publishers，1977。——译者注

己的思路有着很大的帮助。学院秘书让我在列支敦士登期间各方面都很顺利，并且能够在短时间内高效工作。

我还要对我的朋友、同事、现任主任路易斯·纳维亚（Luis E. Navia）博士的帮助和鼓励致以谢意；感谢纽约理工学院威瑟图书馆的咨询馆员杰弗里·费因希尔弗（Jeffrey Feinsilver）教授，感谢他通过馆际互借为我获取难得的资料；感谢克鲁威尔（Kluwer）出版社的编辑玛雅·德凯泽（Maja S. M. de Keijzer）的帮助和耐心；也要感谢我过去和现在在纽约理工学院的学生，感谢他们的鼓励、批评、成功和失败。与这些（通常）乐学且活跃的聪明人分享发现他们思维中本质结构的过程，并帮助他们，使其认知发现在以我们的学生群体为代表的多元文化中发挥作用，是一件多么美好的事！愿他们都能成为"全人"（Allmenschen），愿他们发现彼此团结并在其各自所处的文化核心与我们所有人团结在一起的基础。

1997 年 1 月于纽约

结构与多样性——马克斯·舍勒现象学哲学研究

# 目　录

# 哲学中的基础主义

美国总统后裔亨利·亚当斯在其自传《亨利·亚当斯的教育》中，对 19 世纪末新兴的科学世界观感到困惑不解。六十岁的亚当斯沉思着并有所醒悟，他发现：长期以来由基督教教义从道德上加以保证，并由牛顿式的世界观在科学上担保的万物之统一性受到了新观点的挑战；这种新观点认为，世界从根本上只不过是人们无法理解的杂多性而已。

如果人们将探测器丢进深渊，听由它去，干脆彻底放弃统一性，那又能怎样？什么是统一性？为什么人们不得不肯定它？在此，每个人坚决拒绝救助……（亚当斯）又一次逃离了他的笛卡尔，沉浸到休谟和贝克莱之中，重新和康德较劲，严肃地思考黑格尔、叔本华和哈特曼，愉快地追随着古希腊人，但又和他们一起迷失方向。所有这一切只是为了追问：统一性意味着什么，如果人们否认它又会怎样？显然，人们从来都没有否认它。每一个哲学家，无论神智正常还是不正常，都自然而

*1*

然地肯定了它。①

　　亚当斯带着沉重的悲观情绪走进了20世纪，他本能地觉察到，如果人们抨击统一性概念，整个人类知识的大厦将会迅速倒塌。因为对人的理解力而言，各种表面不同的现象之统一是不可或缺的，有必要在规律、原理或者本质的名义下对各种素材作出解释。若非如此，世界就成了无意义的、一去不复返的流变。对心灵而言，如果它还在思考，而不只是默默地顺从周围环境，就必须有统一性，必须有一种形而上学的、认识论的，或者也许是一种单纯方法论的起点。在此起点上，心灵所认识到的世上各异的现象可以联系起来。

　　然而，到哪里去找这样一块基石呢？让所有杂乱的材料在其上构造出一个新的宇宙——我们可以从词源学的意义上将这个"宇宙"理解为 unus 和 versus②，即一种转动。我们的心灵四处观望，遍及所有存在物之领域、观视行为的中心、使万物在其转动中形成宇宙的那个起点，以及事物间全部关联的最深根源；我们发现，有一条看不见的线索贯穿在一系列的事件之中，并使种种事件成为一个系列，那就是早期古希腊哲人称为"始基"（archē）的东西。有个叫泰勒斯的人，试图确定这个始基的内涵，最后得出结论：自然（physis）的原初之物是水——这的确是奇迹中的奇迹。美国哲学家乔治·桑塔亚纳曾把泰勒斯关于事物是某个永恒终极之物的流变形式的观点称作"人类偶然发现的最伟大的思想"③——如果说对开端的追寻（也就是寻求表面现象之下的永恒实在，或某种真正无预设的认识）是西方思想者们所执着的，桑塔亚纳的这个说法或许有些道理。我们不要

---

　　①　Henry Adams, *The Education of Henry Adams*，Boston：Houghton Mifflin, 1918，pp. 431-432.

　　②　unus 意为"一"，versus 意为"转变"。——译者注

　　③　George Santayana, *Three Philosophical Poets*，Cambridge：Harvard University Press，1910，1938，p. 28.

误释或高估泰勒斯的话，他不过是想提供一个有关宇宙问题的答案而已。任何思想者在思考宇宙或其中某个大的领域（如意识、道德经验、知识或社会）之统一性的时候，都会提出类似问题。泰勒斯也许自问过如下问题：有个东西，它曾是一颗橡果，然后长成了树，继而变成了木板，被制作成桌子，最后物尽其用成了一块木炭，这样的东西究竟是什么？他的答案显示出伟大思想家的素朴与明晰，以及道德上与心智上孩童般的自信——一切全是水这种原初之物的表现。

如果读者和我一样，是通过有关哲学史的概论课程走上哲学道路的，那么或许会记起当初看到这种为统一性建立新基础的尝试时的喜悦。在早期古希腊哲人之后，我们看到的是哲学在古罗马的衰落，它蜕变成对柏拉图和亚里士多德的一味赞叹；至拜占庭时，它已经沦落为死气沉沉的希腊罗马式词汇包装下的喋喋不休了，结果也就忽视了那时人们信奉的基督教所具有的灵性。我们注意到，对古希腊思想进行更有活力的重新思考使哲学在基督教世界得以复兴，哲学精神在与基督教的结合中变得更智慧、深刻且富于理论性。当我们遇上笛卡尔的时候，简直如沐春风！他对无预设的认识之追求 3 清洗了多少世纪以来哲学上的沉积物，这种追求显示出从事高难度的心智探险时所具有的旺盛精力。在我年轻的时候，老师们会提醒我们：虽然中世纪思想家被笛卡尔讥讽为野蛮粗鄙的，但他们对笛卡尔仍具有很强的束缚力——这种提醒在当时是无济于事的。尽管明知道他要将所有科学都统一起来的目标注定不能实现，我们还是能理解他如何极大鼓舞了作为其追随者的启蒙思想家们的信心。对我们这些学生而言，他代表了一种自由，即使不同意他的观点，我们仍会敬佩他，敬佩他是一个勇于凭理智"走自己的路"的人。这样的探险可不是件轻松的事。探险者们在未知的领地寻求新的开端，寻找新的岛屿，以期在其上建造起心智的居所，为自由地征服世界做准备；如此伟大的探险者之典范会激起我们面对日常生活的混沌状态之勇气。他给那样的生活带来光亮，并让我们相信：对于我们往往难以领会的那个世界而言，仍有一些门是敞开的。去拥抱万物吧！即使过去的探险者们征服宇宙的设想破灭了，我们仍可以去他们的世界中旅行！在哲学的视野中，所有的事物似乎都富有意义且充满了可能！

我们不想探讨激励了后来所有哲学的那种对统一性之渴求的种种表现。但我们都知道在经验中被提升到始基地位的那些东西。它们在种类及其认识根据方面千差万别。它们被叫作善的理念、不动的推动者、绝对理念、自主的理性、印象和观念、先验自我，甚至"大爆炸"。值得注意的是，某个伟大思想家首选的起点会遭到后来者的嫌弃，如泰勒斯或笛卡尔、斯宾诺莎或胡塞尔，伟大的探险者皆漂泊在人类思想的辽阔海面上，他们想走自己的路，有志于成为第一流的，而不只是最新奇的思想者。对他们而言，由前人长期努力建立起来的那些他们自身所处的文明中的统一之物，只为少数人提供了生活之现成意义以及思想之统一性，并且似乎阻碍了想象力的发展。他们认为，推翻这些东西也就意味着获得自由，拥有喘息的空间并能够从头再来。然而，对也许不那么喜欢冒险的年长者来说，破坏统一也就意味着将面临混乱。亨利·亚当斯的心灵在此畏缩不前了。他想在似乎缺乏整体性的世界中找到统一，因为新的不明思潮开始出现了，而他自己想不出恢复统一性的办法。或许到过去的哲学书中能寻见让人宽慰的确定性，但他没注意到那些书的作者本身所遇到的风险和不确定性。当他感觉自己迷失在一个没有统一性的世界中的时候，一种对中世纪的确定性的怀旧之情就表现出来了；他的某些沉重的情绪——如果不是充满反讽的话——可能来自加缪的《西西弗的神话》：

虚无主义是没有底线的。几千年来每位哲学家都曾站在黑暗海洋的岸边，潜入水中寻找珍珠却一无所获⋯⋯科学似乎满足于其老话所说的"大综合"，当然，这对科学来说也足够了，但对人而言却是混乱。这样，一个人会安于现状，不再提问⋯⋯科学本身已被挤得快接近深渊的边缘了，以至于它想逃脱的企图只是纸上谈兵；一个纯真的老人也不再想逃脱，因为唯一可能逃脱的方式就是通常被称作死亡的那种推力（vis a tergo）。[①]

在我们所经历的 20 世纪的后半叶，也就是在亚当斯暮年才开始的那个时代，有很多思想者，无论其神智是否健全，的确将探测器扔进了深渊，他们希望通过它能够获得新的解放——或许就是从哲学中解放出来吧。西方文化长期得益于发端于世纪初的天才时代所提供的资源。1880—1914 年，人类思想的每个领域几乎都有了革命性的变化。无论是绘画、音乐、文学、物理学、心理学还是哲学，这几年出现的作品与其后的作品在内容和种类上皆不相同。当前对哲学的不满可能由于我们是用天才时代的那种眼光来看问题，以至于天才们开创的传统一旦被挖掘殆尽，就再也看不到什么新鲜东西了。这种状况也许会和虚无主义混同，但也可能只是一种厌倦状态而已。我们听到当代的哲学家们谈论语言游戏的不可通约性，谈论离心和解构；虽然他们也有与立志复兴人类思想的先行者们一样的热情，但他们认为，无论最终回到何种普遍性和可理解性，都是不可能的事。在我看来，特别是德里达，他导向了一种恍惚而漫无目标的非常隐晦的神秘主义，而罗蒂则导致了哲学的瘫痪。令人讶异的是，当沿着罗蒂以为是末路的死胡同走下去的时候，他究竟会有

---

[①]　Henry Adams, *The Education of Henry Adams*, Boston：Houghton Mifflin, 1918, pp. 430-431.

多少心力呢。福柯似乎有时也会采纳唯名论的观点，正是因为一旦从对统一性的迷信中解放出来，创造性的思想者就可以自由自在地、不那么较真地思考问题了。我们也许经历过后现代主义所说的作者之死，无论那些自称造成此现象的人有何主张，我们仍必须去承受哲学之死。至少在我看来，这正是哲学家挺身而出而非偃旗息鼓的时刻，我个人倾向于那种满怀信心去寻求普遍性和可理解性的做法。

马克斯·舍勒与这种满怀激情的哲学探险方式不完全合拍。但我们也不要忘记，其名著之副标题"为一门伦理学人格主义奠基的新尝试"所表现出来的开创新局面的志向。与胡塞尔相比，他为德国哲学带来了更多新气象。他像笛卡尔那样乐于接受挑战，并争取超越当时哲学流派的见识。他为自己提出的任务是超越心理主义和新康德主义——它们将自然科学的方法和预设引入哲学中。他试图揭示那个时代特有的方法论上的设定，并跳出同时代人观念的界限去看个究竟。与胡塞尔现象学相比，他的现象学让我们更彻底地回到"事情本身"，因为他想揭示和展现限定着人与世事打交道方式的全部认识结构。胡塞尔所说的对无预设的认识之寻求——如果它不是指努力去理解并超出关于已作用于老师们和我们自己的世界观中的东西的预设——意味着什么？早在反思使我们有可能去把握世界的认识结构之前，我们已经在世存在。这些现成的、必然的结构构成了我们的日常世界，哲学的探究必须从勘察这个世界及其构造开始。

对"无预设的"知识的渴求在今天常常成为被嘲笑的对象，因为我们在情感和智力上几乎接受了舍勒所反驳的主观主义以及与之伴随的相对主义，他面对的是有所疑虑但并不漠然的年轻一代，这一代人的心灵曾被对他们的欧洲邻居的仇恨和长期的战争所伤害。当成熟的思想者嘲笑这种渴求的时候，他们或许忘记了，某些类型的哲学之预设并不比其他类型的少，"无预设的"并不一定意味着对那些被看作自明的基本命题的教条式接受，也不意味着认识必须摆脱认识者的社会历史处境才能成为"无预设的"。舍勒并不认为哲学家可以脱离他们成长于其中的知识土壤，我也是。在我们和他人共在 的世界上，再漫长的旅程总有个起点，而且总有一个地点可以让我们回返到其他人身边——只要这段旅程不是漂泊的荷兰人①那样的无尽的漫游。历史上的和共同体中的认识是根深蒂固的，但并不意味着这种根基是遮蔽之物，阻碍我们"直接地"或不带预设地面对事物本身。认为我们不能像理解自己那样去理解对其他人或其他文化及其基本设定的本质明察，这样的看法是毫无道理的。

　　舍勒想寻求统一性、秩序和认识的确然性，但面对经验之开放性与不确定性，他又渴望一段心智的探险、复兴和发现之旅；我们就以他的这种紧张状态为背景对其哲学作一番考察。这种紧张状态一旦体现在像舍勒这样机敏而有哲学创造力的人身上，也就意味着会有一段非凡的哲学之旅。我们首先要做的是：在心智方面保持孩童般的信心，同时对成功的机会持一种老于世故的悲观态度——这似乎有些自相矛盾。他这个人与其所揭示的世界本身就处于这样的张力之中。以赛亚·柏林的著名比喻中的刺猬与狐狸在他身上奇特地组合在一起②：刺猬"知道某一事物"并把所有经验都扯到这一事物上，让它们统一起来；狐狸"懂得很多"，但不在乎其统一性。我们将会看到，舍勒认识到那个东西就是本质域（Wesensreich），并且研究了本质在世界文化的"很多方面"之表现，但他没有停留在抽象的形而上学、认识论或方法论的层面，而是凭其惊人的博学对他那个时代的智性文化中有着千差万别的问题进行了探讨。他的作品由许多关于重大和琐碎话题的零散文章组成，这些文章在其一生中不断创作和修改而成。甚至其巨著《伦理学中的形式主义与质料的价

---

① 《漂泊的荷兰人》，瓦格纳的歌剧。——译者注
② 参见 Isaiah Berlin，*Russian Thinkers*，London：Penguin，1979。

值伦理学》并非有单一结论的一以贯之的分析，而是由多年来创作的一系列论文构成的。要说舍勒创作生涯中有什么统一的东西，那似乎是其阐释者强加的；为了解释的需要，他们不得不从中寻找一以贯之东西，并认为杂乱无章只是表面现象。可以肯定的是，舍勒本人也常常坚持认为其著作具有整体性，并主张早期的作品取决于后期的：他写道，作为后来转向形而上学之结果，早期关于伦理学的著作没有什么需要修改的——实际上后期作品又是以早期的为基础的。想要在舍勒从不同的理论视角出发所探讨的杂乱无章的主题背后找到这种整体性，无论如何都是件需要足够耐心的事。

有两个关键问题趋迫我们对其规模宏大的作品进行分析。其一，如果哲学事业要存在下去，而不是成为某种拜占庭式的东西，不是成为某种对那些选择以哲学为业的人而言都无关痛痒的东西（他们自己或许也懵懵懂懂），那么，当今的哲学家们要完成什么任务？其二，马克斯·舍勒的哲学在完成这些任务的过程中会起到什么作用？我不想隐瞒我对第一个问题的尝试性的回答，虽然我只意识到：如果不以对舍勒有关思想的分析和解释为基础，我似乎只能对这个难题作出相当肤浅的回答。我认为，对哲学在当代文化中的角色这一关键问题而言，可从舍勒有关文化的紧张关系之"均衡"（Ausgleich 或 balancing out）的观点中去寻求启发。当然，我们会用一些新观点对舍勒后期著作中提出的"均衡"概念做些补充，并让它超出在舍勒作品中所具有的含义。

如果要面对舍勒考虑到的那些挑战，那么其哲学需要重新筹划，对此我想作几点说明。本书将对如下概念适当加以阐发。第一，"现象学的行为"这一概念需要有更清楚详细的解释，并经受否定性的批评。研究现象学的人都知道，分析的起点是所谓"被给予"，这种被给予是呈现于意识中的，是意识在意向性行为中所把握到的东西；虽说它具有直观的明见性并可以通过很多例子来分析，但在我看来却是不确定的。英美哲学完全省去了这一概念，而更偏爱用"认识"（cognizing）或"把握"（grasping）这样的动名词来指类似的精神现象。我们将批判地考察在舍勒遗著《现象学与认识论》和《三种实事的学说》中郑重提出的"精神行为"的概念——他认为这一概念是毫无疑问的。我们会看到，可以通过某种方式将我们的思考所面对的背景转变为我们所用的东西。①

因此另一概念，即作为该"行为"的相关项的本质概念，也有待重新思考、补充和作出新的分析。舍勒认为这一概念也是不成问题的，但它并没有在现象学圈子以外的当代哲学中占有一席之地。相对于本质而言，如今的哲学家更喜欢分析概念的（或语言的）结构。实际上，在英美哲学中，"本质"这一词的使用往往带有柏拉图主义的色彩，人们认为有关"自然物质之种类"以及"物理上的必然性"的讨论可以穷尽有关本质概念的探讨。② 但在现象学中，本质是认识的对象，甚至是通向"事情本身"的窗口，或者我们关于世界的认识之内涵。本质哲学如何能复兴呢？

第三个概念，可能也是最重要的概念，是"意识"那些借助现象学所提供的视角来进行研究的哲学家需要考虑到人类意识的一种新的形式。当代哲学家和普通人一样对计算机模仿人类意识功能的能力感到惊奇。有一些让 19 世纪唯物主义的简单形态还魂的人认为，意识只不过是大脑所为，意识状态是生化现象的副现象，思想可以被看作在装备了生物硬件的计算机模型上进行的，其软件则由行为主义心理学家所研究的精致的刺激—反应机制构成。就计算机的能

———————————

① "我们的思考所面对的背景"这一说法出自查尔斯·泰勒，他认为摆脱这种背景既不可能也是有害的。参见 *Philosophical Arguments*，Cambridge：Harvard University Press，1995，p. 12。

② 我所指的是艾耶尔、普特南或克里普克等有关谈论本质是不是经验论的破裂的讨论。例见 Hilary Putnam，"Is Water Necessarily $H_2O$?"，in *Realism with a Human Face*，Cambridge：Harvard University Press，1990。

力和精致程度之进展以及大脑生理学的新发现而言，这种比喻似乎是难以抗拒的。我们有理由预见：那些认知理论专家们的意识模型，是受大脑生理学数据制约的，同样也受到认识经验中现象学地被给予之物的制约。① 现象学家应当依据他们探究意识和语言结构的方式发展出一套有说服力的理论，并以此介入论争之中；他们所发现的有关世界的真相可能会与我们所了解的大脑的机能相一致。凭借其学说的明晰性和信心，他们可以在现代科学和认知哲学中取得一席之地；如果说将意识当作计算机般运行的模式已成主流，现象学则可以为人们提供一种不同于这一看法的有效备选方案。诚然如舍勒所言，形而上学和科学理论不一定和现象学的实事相互冲突；现象学家在展现意向体验中的被给予之物时所用的术语也不一定和我们有关大脑的认识相冲突。在谈到自我的时候更是如此——只要人们提出某个主管所有意识的神经活动的控制性的"我"。另外，大脑中所发生的东西和时间经验以及关于包含了时间维度之行为的现象学之间的关系，这也是个相关的问题。

在对其作品进行分析、批评和重新思考的过程中，我想保留舍勒毕生的工作给人带来的那种振奋感、探索感以及新气象。舍勒乐于且有勇气超出像他自己那样的欧洲资产阶级的局限，去探寻一种新世界观的基础，并以此调整他早先的教条主义倾向。这是非常值得注意的一点，也是他有别于笛卡尔之处。这种新的世界观将比照、理解并协调东西方、资产阶级和无产阶级、科学与宗教以及男性与女性之间的分野。他希望的是一种均衡，而不是某种占统治地位的意识形态的庇护下的强制性调和；他反对相对主义，但没有因此走向绝对主义，而是试图在人类大家庭的心智结构的更深层次上发现

---

① 有关这种控制可能起到的作用，以及关于胡塞尔的内时间意识现象学应用于认知科学之研究，参见 Tim van Gelder, "Wooden Iron? Husserlian Phenomenology Meets Cognitive Science", *The Electronic Journal of Analytic Philosophy* 4，http://www.phil.indiana.edu.ejap/，Spring 1996。

世界文化之基础。在人们探寻整个人类大家庭的自然立场中的普遍结构的同时，这种基础必然会容许多样性的存在。舍勒相信道德自律以及真正的精神发展之可能性；他相信：借助作为有限共同体的成员同时也是更广阔的世界之成员的那些人的自由精神，人与人之间的以及不同文化间的差别皆可被保留和超越。他比我们更早认识到，可能存在一个大家都放下偏见的世界，并且每个共同体在这个世界上皆有一席之地。这一观点不仅让我们乐见他人之喜悦（尽管与我们所喜爱的东西不同），也让我们怀着同情心认识到将我们维系在一起的纽带，以及人们之间存在分歧的必然性和正当性。它教导我们去爱——以同理心以及对他人所追求之良善的理解，即便此良善与己无关。它让哲学在民族文化与人类精神形态中重新成为主角。这是一种历险，它不在别处，而在存在分歧的生活世界以及人类共同体的自然立场中寻找奠基。

同时我们必然要深入追问舍勒的研究工作之基础，并拒斥那些不能被纳入适用于解释人们所处的寻常世界的思考模式中的东西。10我并不期望在本书中提出某种理论构架，并由此出发对诸如本书导论中所提出的批评和问题作出回应。然而，舍勒对哲学新奠基之探寻将为我们讨论他的思想及其对今日哲学之潜在贡献提供一个平台。第一章我们将研究自然立场上的被给予之物的问题，这也是舍勒所发现的出发点。

# 第一章
## 起点——自然立场

　　一种哲学，原则上将明见性的……标准问题**置于**对**实事**的拥有体验**之前**，使得事物看护者的态度成为原初的、唯一合法的一般精神态度，而所有真正的哲学正是这样一位客人，它利用了通向实事的每扇开放之门——为了自明地把握它们。①

　　导论中谈到了对于统一性的哲学诉求。我们发现：要使经验统一起来，要么将全部经验回溯到其最终源泉，要么就将所有的认识回溯到一种绝对无误的确然性上。对于《逻辑研究》时期的胡塞尔而言，探寻统一性的工作始于在意向性的意识中被给予的"事情本身"。认识论上的源初关系是在认识行为中被给予之物的关系。胡塞尔认为，现象学对这种关系的分析是整个哲学大厦赖以建立的基石。他的开创性工作拆除了早期现代哲学在主客体之间构筑的壁垒。这个壁垒将世界一分为二：一面是意识，它通过经由感觉和概念而被给予的映像使客体"再现"；另一面是物理世界，它被视为直接或"间接地"认识到的。确定或弄清间接地通达"外部世界"的途径的问题则

_____

① Max Scheler，*Gesammelte Werke*，Band 3，S. 329. 原文为德文。——译者注

被抛给了先验的、心理学的以及经验主义的理论。胡塞尔认为，世界中的这种不可思议的断裂源自一个错误的出发点。我们不能从关于事物或认识的本性的思考出发，而要从考察意识行为中实际被给予的是什么出发。在胡塞尔看来，世界的总体性是由那些在现象学立场的基础上能被给予意向性意识的东西组成的。

至于舍勒的哲学起点以及它和胡塞尔现象学哲学的最初尝试之间的关系，这段历史在我看来并不那么明晰。[①] 然而，大约在1905年之后，舍勒与这位年长的思想家在哲学词汇上开始有了基本相似之处，但某些专门术语的用法和意义迥异于后者。我并不怀疑，舍勒在胡塞尔的方法中找到了一个哲学起点，它可以描述某类能确定无误地被把握的源初存在。他将这类源初存在称作本质域（Wesensreich）。当心灵从对诸事物的日常经验转向这些经验中的意义结构时，它便感受到唤起所有哲学兴趣的那种惊异——它发现了本质域。舍勒认为，"价值""生命""上帝"或"人"等词所蕴含的本质，意指为有关人和共同体的自然立场奠定根本结构的那个世界的实事。要发现此类结构，哲学家们必须采取现象学的立场，重新发现或恢复那些构造了日常世界并在其中作为意义之所系的纯粹实事。意义结构是"纯粹的"，是就现象能够在单个的意向性行为中被给予而言的；舍勒认为，意义结构构成了所有哲学的基础和素材，对其进行描述是现象学研究的首要目标。它们为所有哲学提供了基础，而不是终点，因为哲学不只是现象学，哲学的目标更为宽泛。哲学必须给出与现象学所阐明的本质域相一致的关于世界的理性解释。

依靠对纯粹实事的现象学描述——这些纯粹实事充当着某人或某共同体特有的自然立场之中的结构性原则，现象学给哲学提供了一个基地，以对自然立场进行理性批判和阐明。只有现象学才能

---

① 有关这个话题的深入讨论，参见 Jorg Willer，"Der Bezug auf Husserl im Fruehwerk Schelers"，*Kant-Studien*，1981，72，S. 175-185。

够让人们绝然地把握意义结构；那些意义结构可能被粗浅领会或误解，并因此抑制或歪曲了人们日常的世界观。舍勒认为，现象学还能够说明认识的历史演进，即个人和共同体的"诸世界"是如何以其自身的方式建成的。他不断地提醒哲学家们，任何关于世界的解释都必须"回返到现象学的被给予之物"或胡塞尔所说的"事情本身"，以评判该解释之相即性（adequacy）和正确性。这种回返将使评判一种哲学理论的任何尝试有据可依。在本章，我们在解释舍勒思路的同时，还要展开对"被给予性""意义""结构"等概念的探讨。

13

以"被给予"作为哲学的起点，这样做的关键问题在于：对每一"给予"而言，总有相应的"获取"。世界总是被给予某人，而人总是处身于某世界之中。哲学家们已无法断定两者之间的互动的性质。宽泛地讲，这是一种"解释学的循环"。循环的问题与量子力学所谓观察者和被观察对象之间的"割裂"有关，它有时也被表述为观察行为会以观察者所不能及的方式影响到被观察对象的性质。因此便有结论说，"事情本身"或"纯粹实事"的概念是逻辑上不自洽的。

这个关键的问题没有获得圆满的解决，因此就成了哲学中有关"被给予的神话"的一种老生常谈。实际上，要在一系列牢不可破的事实上建立统一性基础的所有提议，如今都被视为天方夜谭，反倒是那剥离掉权力意志论的、自称毫无立场的尼采式视角主义，往往被当成哲学。这种"无立场观"自有其虚妄之处，对此我确信无疑。然而，这种对胡塞尔以"事情本身"为出发点的批评必然会让我们停下来思考。似乎明显的是，例如，当人们开始对经验进行有意识的反思时，他是"处境化的"（situated）。我们生来是男是女、是贫是富、目盲或眼明、说德语还是汉语；我们由特定的父母或机构抚养成人，被善待或遭恶遇，并形成自己的好恶感，这种种实际性（facticity）肯定影响着我们意识的关注焦点。而且，阻碍对被给予之物有清晰之见的因素很多，例如：我们的语言和可能超越语言的"事情本身"之间的界限就很难划清。有人认为语言的根本缺陷在于，它天生且不可改变的就是要为某些不可避免的人类目的服务的：每一个社会学家、心理学家、历史唯物论者或解构主义者，都以其特定的方式引入了笛卡尔的那个使得我们的理解笼罩上一层阴影的恶魔（malin génie），这个恶魔被称作生物的生存需要、世袭特权的维持、理性或存在的命运（Geschick der Vernunft or des Seins）。这些讨论的结果是，主张语言总是体现着一种特定的"拱架"机制，它决定我们对某个世界的描述，这些描述提供了关于这个世界的无限多可能且同等有效的视角。这样的想法其实是草率的：毫不迟疑地坚持认为，那些因素不会将其自身强加于或者限定那些作为世界而"被给予"之物，并且不能决定我们的认识的特定结构。还有一种想法只不过稍有进步，即认为：如果我们从经验当中减掉这些限定性因素，就不再有什么被给予的东西了，那些本可以成为绝然判断之对象的无条件之物也荡然无存。我们因而被带回一种幻象之中，即视角的无限而不受约束的多样性，它们不具有统一性或真理性，也没有超出其外的根基——亨利·亚当斯有关死亡的思考亦受此启发。

14

　　在我看来，我们必须承认"被给予的神话"这一说法，这是我们在胡塞尔现象学中遇到的一个"神话"——如果被给予在形而上学层面被处理为在还原当中我们能直接达到的一种永恒不变的透明结构。必须对"被给予"这一说法进行概念上的重新定位，这样，舍勒首创精神的力量和独创性将得以彰显。舍勒认为，现象学的兴趣之关注点，并非那些在每一种意识行为当中直接被给予我们的东西，而是在行为**之中**并**通过**这些行为而被给予的它们的结构。正是通过对感知的结构内容、感知得以形成的方式的系统关注，现象学的方法可以提供一种对于所有经验活动的结构特征的描述性说明。这种现象学的被给予是所有其他知识的中介，它是不变的，并且是在现象学的反思中绝然地被给予的。那么，这样的被给予是什么？它与人类寓居的纷繁世界之间是何种关系？我们如何纯然或无条件地获得它？让我们从考察舍勒早期的一篇值得关注的论文开始，尽管这篇文章是在其身后发表的，它就是《三种实事的学说》。

当不熟悉哲学的人发现"实事"这一概念在哲学家那里非常含混时，他们总是感到困惑，在他们看来，这个词所指示的是，大家只要不愚笨就不至于否认的那些实在性的坚实之物。詹姆斯式的机智的实用主义者或许会指出，实事只不过是由人类有机体所拣选出来的与其实践兴趣相关的那个经验项，而科学哲学家们也许会注意到关于世界的实事在数目上是潜无限的。"科学的"实事是一种"事态"，其本身是有意义的，但仅就某种理论或假说而言它是可以被确证或否证的。对舍勒而言，"实事"的概念之含混之处有所不同。实事这样一种经验的被给予项，它只显现于有关世界的特殊的心智指向的基础上。有三种关于世界的基本指向，因而有关于世界"实事"的三种内涵。科学的实事是基于"观察"的态度显现的，意即对是否获得特定"事态"的过程的观视。这样一种态度，对于有关行为理论的建立而言是必要的——这些行为关涉经验中的东西，从现象学上可描述的被给予之物的充盈之中抽取出来的东西。[①] **自然的**实事是在"自然立场"［或舍勒在其早期著作中所说的"自然的世界观"（Weltanschauung）］之上显现的，舍勒和胡塞尔都将其看作通常所接受的意识状态，它处于内在和外在的对象皆独立于意识而存在的那个世界当中。[③]**现象学的**实事，或**纯粹的**实事，是向经过现象学还原的认识行为显现的。对舍勒来说，现象学的实事关注诸本质及其相互关系（Wensenszusammenhänge）。这些现象学的实事是经验的**原初被给予之物**，所有的其他知识必须向其回溯并用它来评估。

这些原初的被给予之物并未构成哲学的起点，但是其首要的对

_____

① 参见"Absolutsphäre und Realsetzung der Gottsidee"，in *Gesammelte Werke*，Band 10，*Schriften aus dem Nachlaß*，Band 1，S. 209-210。

象。哲学的起点是被胡塞尔称为"自然立场"的东西，即关于世界的
看法——特别是在语言中表述出来的，它出现在所有人的非反思的、
自发的经验中。无论常识的世界多么混乱、局限和错误百出，对其
加以阐明，是所有科学与哲学的目标。科学寻求对我们日常意识中
被给予的世界的解释，现象学则寻求阐明、深化以及扩展我们有关
这个世界的自然立场。我们最终的**每一种**有关科学的或现象学的实
事的看法必须可被追溯到隐含于日常经验中的因素。这可能让人感
到惊讶。现象学家们似乎想将我们带回作为无预设的知识之源头的
**现象学的**经验。但这种现象学的经验，最终说来，是对已经以基于
自然立场的初期形式而被给予的东西的**再次**经验。现象学本质上是
为了使人们把已能够做的事情做得更好的一种技术，也就是说，面
向一个世界并在其中生活得充满意义。因而，它并没有给我们打开
方便之门，以通达某个日常所未知的或超出我们自然语言的领域。
舍勒没有设定先验自我——这在自然立场上是未知的，现象学则由 16
此发现世界是如何构成的。舍勒教导说："哲学知识的对象是**自身被
给予**的，而将其所有可能的象征符号排除在外。当然，哲学也使用
语言，是在启发和表征意义上，但从不靠语言来确定其对象，并且
只是将那些本质上用象征符号的方式无法确定的东西**带给直观**，因
为它已经在其自身并通过其自身被确定了。"[1]因此，现象学的目标
并非首先建立有关事物的新真理，而是扩展和澄清我们关于已经部
分地被给予我们的那个实事的世界的看法。这种扩展之实现，是通
过将隐含于我们的——或我的，因为有些现象学的实事只可以给予
我——世界经验之中的概念和情感的结构带给现象学的被给予性。
日常的"世界"在其内容方面是因人而异、因时代而异的，而诸个体
的世界之间是不相称的——它们可以借助本质域得以阐明。

---

[1] "Absolutsphäre und Realsetzung der Gottsidee," in *Gesammelte Werke*，Band 10，*Schriften aus dem Nachlaß*，Band 1，S. 412.

这种自然立场是什么？它是如何构成的呢？这是我们的第一个现象学计划。舍勒为所有自然立场具有的三个基本常项作了论辩。**第一**，基于自然立场的假设是，事物的实在是独立于我们的，或者是超越于我们对它的经验的。事物不依赖我们的意识而存在，并且与意识之间是主动或被动地相互影响的。在这一日常意义上，不存在所谓"事情本身"的问题，事情之所是，正如其给予我们的那样，并且，这种关于事物向我们显现的理解对我们的"日常"目的来说是足够了。例如，我们从自然立场"看"，太阳是绕着地球运行的，不管我们多么"知晓"实际上是地球在转，而太阳不动。我们的日常语言往往肯定了我们的立场的基本状况——我们说太阳"升起""落下""高挂天穹"等。第二，自然立场的**第二**常项是，由自然立场来看，与我们照面的事物，以及我们在世界中所见的事件，被认为是用某个共同体语言中的词语来恰如其分地加以命名的。对象被认为是充实语言符号的变量。我们将诸感官被给予的对象感知为与语词相应的简单统一体——我们看到的是桌和椅、人和植物。语言以这种方式**传达**并**决定**着我们在自然立场上可及的关于世界的知识。**第三**，正如我们在后续章节中将知晓的，在自然立场上被给予的东西，也是为价值所决定的。简言之，我们从感知领域的东西以及我们的身体状态(诸种感受①)中进行选择——那些要素作为与我们的兴趣相应的对象之指号。

舍勒并不是要说，自然立场就是"幼稚的实在论"视角，即肯定它在其自身"之外"感知的对象之客观的、独立的实在性。这样一种角度已经是相当哲学的和反思的了，它是一个哲学家的视角，这个哲学家思考了作为被给予之物的世界，拒绝了关于其本质的某些形而上学观点，并接受了其中一种。自然立场则是所有这些哲学的反

---

① 原文括号中注为"sensations＝Empfindungen"，此处将英文、德文词统译为"诸种感受"。——译者

思开始之处。把自然立场称作反思的根本的起点，是不带教条主义色彩的，如果我们认为这个说法仅关涉在前反思意识中被给予**任何**观察者的那个世界，事情就很清楚了。我们需要假设任何人的自然立场必然有前文所提到的三个共同特征。然而舍勒认为，迄今为止，哲学家们误加关注的，要么是世界的终极本性的形而上学问题，要么是这样一种自然立场究竟如何可能的批判问题。相对而言，描述的现象学，将对**奠基于**自然立场的本质结构加以隔离作为自身的任务。为此，自然立场必须被"还原"为其本质要素并从属于现象学的分析。我们可以用这样一种区分来衡量现象学和批判哲学在目标方面的差异。批判哲学寻求的是日常的和科学的认识的**形式**结构，它构成了其可能性的综合的先天基础。舍勒寻求的是所有种类认识的**质料**结构，即在这些认识中作为认识**所关涉的**东西起作用的各种本质。

舍勒关于日常经验的阐释与胡塞尔有所不同。莫汉蒂①告诉我们，在《纯粹现象学和现象学哲学的观念(第 1 卷)：纯粹现象学通论》(以下简称《观念Ⅰ》)中，胡塞尔认为体验(das Er-leben)是"在体验流之中被发现的东西"。但这不能充当体验的特征描述。这是一种隐喻——注意"流"和"发现"这样的讲法。无论隐喻的认识状态可能是什么，在胡塞尔对体验的描述中有一个困难，即我们没有被告知，这样一种"发现"是如何可能的——如果没有一种指向性的"看"。视而不见，那是因为见要有一种把握、一种**认识**。更有甚者，体验之"流"不必被体验者领会**为**一种"流"，因为首先必须有对变更(Wechsel)的领会。当我打量这个房间的时候，在向内的体验中没有什么是"流走"的。胡塞尔在《逻辑研究》的开头将认识描述为对其所意向之物的**切中**(entering into)——列维纳斯用这个概念来表示对其对象的观念上

*18*

---

① J. Mohanty，*The Concept of Intentionality*，St. Louis：Green，1972.

的遏制。① 胡塞尔因此否认，意识是代现的（representational）（间接的）。这似乎是对的。在意识是意向性的情况下（它也可能并非总是这样），它就是**对于某物作为某物的非间接的把握**。

然而，体验不仅在于发现处于自身之内的东西，且在于超越自身达到一个在其之外作为其认识对象而存在的世界。在此，舍勒对胡塞尔《观念Ⅰ》的背离就很明显了。在《纯粹现象学和现象学哲学的观念》中，胡塞尔认为感性"原素"（"hyletic"data）是由意向结构"激活"的。意向对象的显现在于这样一种对感觉材料的激活的解释。主体的主动性"构造"了其意向对象。对舍勒来说，对象是在主体关于世界以及他（她）的周遭环境结构之本质实事的认识的先天背景之上显现的。农夫能确切地认出其农庄里的东西，因为他已经以某种特定的方式习惯了其环境，还因为他已经对这些东西所具有的价值有所认识（例如，关于"有用"的认识），对空间、时间、统一体和物性这样一些原初的本质实事也有所认识。但如果所意向之物超出了主体，我们就必须知道为什么这种自身超越（self-transcendence）是可能的。这个问题困扰了舍勒大半生。在他看来，被认知的东西不是在经验中被发现的，但矛盾的是，被认识的东西不能完全与认识行为无关，以至于两者不可能产生关联。"观念上被包含的"对象必须适合包含者的结构，但如果这种把握是通过一种关于对象自身的意向行为进行的，对象必定不会被包含者所改变；或者说，如果是的话，必定有可能去理解，认识是如何构成并限定我们对其对象的领会的。

否认构造性原则的种种后果是要当心的。不是所有关于某个对象的意向性意识都是直接的，也并非所有意识都是认知的或意向性的。意向性行为是对某物**作为**某物或什么东西的把握。它们不一定

---

① 参见列维纳斯关于意识的意向性的讨论。*The Theory of Intuition in Husserl's Phenomenology*，Evanston，IL：Northwestern University Press，1973.

要完成对所意向的对象之展现。如果需要的话，它们将对象展现为一种图像，或者与某个语词相符合的东西，或两者兼而有之。如果不是这样，可以说它们是对对象的直接领会。因此，即使没有想起关于猫的先天的图像，或者在我的感知中将"猫"这个词用于它身上，我也能感知猫进入房间。这种直接的意向是基于自然立场的典型意识，关于猫的这种直接的意向意识不同于基于现象学立场的直接的意向性行为。在现象学的反思中，所有的认识都是直接的，认识行为的对象是"纯粹的"实事，即那些关于单纯本质的实事——它们将认识奠基于自然立场和科学立场之上。站在现象学的立场上，舍勒发现了他所认为的胡塞尔关于日常生活经验之解释的遗漏之处：**结构的**和**质料的**本质制约了人的意识。这些结构可通过现象学的反思得以恢复；借用列维纳斯的隐喻来说，我们能够在现象学的立场上包容我们日常经验的"容器"。舍勒现象学尝试提供一种有关经验的解释，它将那些结构要素的材料合并起来，这样做，对于在自然立场上作为超越之物而被给予但仍为体验者所拥有的对象，比胡塞尔在《纯粹现象学和现象学哲学的观念》中所能做的，舍勒持有更为忠实的态度。

舍勒这样的起点有更加困难之处（我已非常概要地描述了其立场，以后我们还要再回到特定的细节，并且默认读者对舍勒所使用的一种自然立场的概念是熟悉的），困难在于，它需要对有些观察者以为无法获得的那些日常经验之流及其内容予以客观公正的关注。没有这样的关注，我们就无法声称为哲学找到了**起始**点（starting-point），而被之前提到的严重问题所困扰，因为我们将不能逃脱这样一种反对意见：我们的描述借助一种先于描述的"情境的"立场。当然，这种描述不会是无中生有的，但它必须能够**对其情境作出解释**，并且**充分适应所描述的对象**。对于被给予的东西，并不需要假设有什么"一定是情况属实的"，因为那样我们就无法去为真正无预设的知识提供基础。这并非如同"用鞋带把自己提起来"那样的尝试，而是将注意力转移到有关被给予之物及其**如何**被给予的现象学实事上，它们不以语言为中介。这些现象学的实事是任何自然立场或任何人的"世界"之可能性的根基。

基于自然立场的人类意识是自身超越的，它是语言层面的、可评估的。首先，我们可以加上一点——它是**我的**。而经验之流是复杂的、分层的、含糊的。语言，作为用来描述我们所经验之物的手段，对于直接经验而言是一种笨拙的工具。语言后于现象学的实事，它被用来描述世界中的那些我们与之打交道的事物。现象学家因此有了一项任务，即发展出一套词汇，来正确地描述那种作为所有语言之奠基的东西——现象学的实事——不论是给予的(noemata)还是受取的(noesis)。并且，在探寻这种语言的过程中，现象学家往往遭到经验主义者的嘲笑——特别是语言分析论者，将现象学家指为蒙昧主义。在遇到陈述含混不清的情况下，语言分析在清晰性方面有优势，因为它一开始的探讨就伴随着自然语言以及这种语言特定的结构，这些都假设了所有重要的人类经验都能够以其术语成功得到分析；如此前行，或者基于对尼采或后期维特根斯坦的理解，它就渐渐滑向怀疑主义、解构主义或者文化多元主义。但是，鉴于语言的功能是基于自然观点之上将经验之物符号化，现象学所要探寻的是语言本身的预设。现象学哲学是一种对世界的持续去符号化①，它试图获得一种对在其纯粹性中(也就是说，在一个单独的意向行为中)被给予的意义的无言的意识。难以用语言来描述与语言的预设的无言遭遇。20世纪已有很多作者连篇累牍地以互不相容的方式探索、描述、指向——或者舍勒说的"指明"(Aufweisen)——而且也许定义了在这样一种描述中致用的那些概念。因此，哲学的冲突产生于那

---

① 参见" Phänomenologie und Erkenntnistheorie," *Gesammelte Werke*，Band 10，*Schiriften aus dem Nachlaß*，Band 1，S. 384。

些对现象学而言是基础性的概念，例如，"认识""意向性""周遭世界""感觉""感受"。不足为怪的是，胡塞尔有一次给一位同事写道，如果不能在其方法论原则创制方面获得明晰性，生命就无法继续。在日常经验中被给予的世界之充实不会轻而易举地在语言中被把握。

基于自然立场想一想生命瞬间那不可思议的复杂性吧。观念在心灵中掠过；感觉在身体上出现；各种感觉牵连着意向性行为与我们的意识照面，且心灵自身指向或未能指向其中某个观念、感受或未完全意识到的东西。感知的领域本身只有在我将我自己意向性地朝向我所见之物时才是可表述的；正如我此前所提到的，有可能出现视而不见的情形。那么，当我将注意力放在所感知的某个事物上——当我"意向"它，将其视作某物，我的心灵并没有在我所见之物和我的意识行为之间置入任何中介符号。我再一次意识到猫进入房间。我对作为猫出现的这个事物的意识暗示了很多并非直接显现的含义要素：例如，"生命"的意义在我将猫视作猫的感知中起作用；它的生命完全是在关于它的意识行为之中被给予的。类似地，我也可以将它作为某种价值之类的承载者；它进入房间在某种意义上是"受欢迎的"或"不受欢迎的"。另外，我还可以在看到它的行为中经验到一种身体上的感觉，例如，它已经离开很久并且人们以为它丢失了。

我们日常的理解中的所有被给予之物都是作为某种图像（Bild）以及某种意义的复合体而被给予的。我看了一眼桌子上方。直接被给予的是具有其颜色和形状的那些对象，我将其延展为某种精神光晕、对可能性的感觉——我感到只要我愿意就可以给所见之物命名。我将事物经验为具有统一性的东西，但我在空间中相对于某个被给予之物的位置是可变的，因此我对事物的感觉印象也会发生变化。但我在其周围绕行而见所有的面，看到的还是**同一**张桌子。通常我不会为给事物命名的事感到烦扰——我将在我视野之内的对象理解为熟知之物；在我关于它们的意识的某处，还存在着有关我可以置身时空之中或致力于我应当关注的与那些对象相关的某种筹划的认识。我意识到我的身体，但这也仅仅是作为某种随时会投入我有意识的心灵中的潜能：比如，在餐前餐后可能有一种或饥或饱的隐约感觉，在椅子上我的身体受到的压迫感会提示我需要稍许调整一下位置。这些统觉的潜能总是出现在我心灵的背景中，它就像按钮一样等着被按压（被我有意识的心灵，或者浮动于在意识中被给予之物底下的模糊自身意识所按压），通过某个按钮，这些潜能也就得以宣示。那样，我就意识到我自己要调整体位，或者我忽然想要写作或思考。心灵被描述为想象、推算、推理、意愿、冲动和喜好的处所，但这些概念仅仅是**描述**而不是**指称**（就像"书"这个词指称一本书）特定的、单独的"心灵事件"。

当我们在日常生活中进行反思（例如，试图就意识的某个对象或话语的某个主题"找些话说"），我们会发现飘散在我周围的感受、思想和记忆的松散交织，而我试图聚焦于当前对我而言的首要之事。注意力一下子集中起来，对于语词的模糊搜寻——不用完全把握——将使我要把握的思想对象变得明晰，成为属于我的。我不想让它们溢出环绕着我的意识场域，就像烟雾从一个中心散溢开来那样，或许什么也没留下。这些力场的焦点就是我们用来指称和描述我们的经验之物的那些观念；它们是我们想对力场中的某物"作出思考"时所按的按钮，有的按钮被忽略掉，那是因为它们不重要而不能形成主题化的思考，但是对于我们所知的——我们本就作为活跃的部分处于烟雾中的某处——只要愿意，我们就会按下按钮。

既然如此，意识总是关于某物的意识，这个说法就不太对了，因为潜能的光晕也是我的意识的一部分，哪怕它不能聚焦于某物。人的心灵更像一种力场的联结而不是出于数字计算的构造。只有相信心灵是由被称作心灵事件的等重的原子比特（bit）构成的人才会相信那个著名的口号：意识总是关于某物的意识！因为心灵并非如有些描述所说的那样是观念的混合或某种流。还有一种说法也不对（如休谟和罗素后来所主张的）：我从来没有意识到我的自我，毋宁说，自我不是一种事物，不是简单的或由简单的心灵事件构成的，也不是它们的凝聚物。就像我们确认自己或使得我们的对象适于描述时那样，自我是一种出于我们的心灵生活的更大场域而构成其自身（it-self①）的场域。这样的自我存在于对时空及其中的人格的经验加以提炼的一种神秘**连续**体验之中。我当下在此——这一点位在一段特别的旅程中，这一点位在我的生命轨迹中，我写下这些文字所在的旅馆房间、对面的盆栽植物、那个窗框，它们本身都是那么独特，受限于其所处的时空。这种理解适用于公共的对象。然而，它们每次向某人显现时都是独特的，并且只有对那个独特的人而言才是可能的。哪里有一种心灵哲学，它能够讲清楚马塞尔②在巴尔贝克的新客房里设法入睡的第一个晚上呢？

如果我们试图将那复杂的、多层次的日常生活之流"还原"为其中内在的意义结构，这种意义结构是为其"奠基"的，我们会有什么发现？舍勒的回答是，我们发现对象是作为通过语言被符号化的概念的实例而被给予的。概念是**意义**的功能，这样的意义可以成为现象学描述的对象。意义与感觉材料不可相互还原。在《三种实事的学说》一文中，舍勒表达了这样的确信：日常意识令人生畏的复杂性，永远无法通过将感官所认知的事物的意义还原为由感觉材料本身构建的结构，来获得令人满意的处理。舍勒把欲达成这种还原的企图称作"感觉主义"，并将该学说追溯到休谟和密尔。他认为，概念并非来自感觉经验。形而上学和认识论的思考将早期的现代哲学家引

23

① 作为"自生成"（self-constituting）的自我概念一定是和舍勒的自生成的人格概念相对的。在第十三章和第十四章，我们将联系有关舍勒的"全人"（Allmensch）概念的描述对后一个概念提出异议。

② 法国作家马塞尔·普鲁斯特（Marcel Proust）。——译者注

向了这样的结论：如果一个命题要担当得起知识之要求，其真理要么必须建立在语言的结构中——休谟称之为"观念的关系"，要么必须依据原子式的感觉聚合物得以验证——据说是按心理学的规律构造起来的，就像一座建筑是按照蓝图所展示的方案由砖块建成的。然而，这一分析还不适用于现象学的实事。毋宁说，具有现象学意义上的**明见性**的是：我们接受的诸感觉不是"原子式的"——在该词的任何意义上，心灵的活动也并非仅仅由协调和关联感觉材料的确定性的心理学规律所决定。

　　"感觉主义的"假设，即个体的概念，如"猫"的概念，出于与"猫"这个词的声音一同出现的某些感觉印象的反复关联，这种假设的失败是因为，对我们而言，那么多对色彩和形状的感知并非都具有意义，除非我们最初接触这些感知时就预先具有寻求世界中的意义并在语言中表达那些意义的能力。人与世界的关系本质上是意义的给予与获取的关系，虽然那些意义一开始可能是含糊的，就像孩童呀呀学语那样。意义独立于感觉意识，建立在纯粹的给予以及在自然立场上可通过感觉被给予并在语言中被符号化的结构之上。

　　而且，现象学的观点并非首先要证明某个判断的先天特征——通过将其回溯到为其提供明见基础的感觉材料，而是要描述先于并独立于感觉材料而被给予的意义结构。弗雷格曾向年轻的胡塞尔指出，任何形式的心理主义都不能证明我们关于世界的那么多知识的内在的先天本质。他的批评促使胡塞尔写作《逻辑研究》，这本书没有将数学与逻辑的先天性置于心理活动中，而是置于事情本身之中。舍勒进一步提出，不可思议的是，为什么即便**经验的**概念的质料也可以出于诸多感性认识；在下一章，我们将分析其对这种概念——"因果关系"概念——的现象学展示。心灵所见并非运动的形状和颜色，而是我们后来**通过**它们经验到的意义现象。对英国和欧洲大陆的近代认识论而言，感性与理智、杂多"材料"及其整理和认识活动之间的严格区分，这些都是非常根本的，大胆尝试去重新思考这些区分，可能是舍勒在哲学上最伟大的成就，这在他最有建树的伦理学以及人格概念研究方面也是显著的。我们会在接下来的一章（第二章）中讨论他对这种认识论革新的辩护和对先天的解释，在第三章中讨论关于意向性及其对象（本质）的一种新的、深入的现象学概念。

# 第二章
# 认知的本质

　　在第一章，"被给予之物"的观念作为心灵与世界联系的系统研究的起点已得到考察，同时多种"立场"——被给予之物据这些立场被观察——的含义也部分地得到澄清。我们注意到意识过程的巨大复杂性，并且提出：像胡塞尔曾希望能够达到的那样以一种清晰的方式描述意识的现象特征及其内容，即使不是不可能的，也是极其困难的。现象学要求我们首先努力回到任何民族在前语言领域——所有人都在此领域中开始与世界打交道——中的任何自然立场的可能性基础。对于胡塞尔来说，正是依据那种立场，意向对象的构造才能被发现，或者对于舍勒而言，现象学上"纯粹的"实事才能被发现。在描述我们在那里发现的现象时，我们必须留意使我们所有描述性的概念具体化，或者尝试根据那尚未或者只是不相即地被给予的东西解释被给予之物。哲学不能始于形而上学，也就是说，我们不能试图去解决诸如意识状态的本质或者它与心灵的关系这样的问题；意识状态是否在某种意义上存在；是否所有的心灵状态都是有意识的，如果不是，那么在什么意义上它们能够被称作"心灵的"；或者，心灵是否是一种"包含着"心灵的实体，像物质有可能被认为"支撑着"属性那样。我们也不能假定意识与一个世界**相对立**，或者以笛卡尔的方式设想它在某种意义上**外在于**世界。诸如此类的问题构成所谓心灵哲学，它寻求解决语义的难题，这些难题只有基于与特定事例的现象实事的先天意向相遇才是可能的；舍勒希望达到的正是与这些实事的再相遇。我们的分析必须一如既往地参照现象学上的被给予之物。我们必须学会观看"什么是"，而不是思辨"什么必须是"，或者思辨我们的语言结构很可能会诱导我们去说的关于被给予之物的东西。

舍勒现在主张，**有意识的人与其所意向的世界的关系是一种独特现象**，而且不能被还原为任何种类的因果联系；这种联系也不能26 通过将其中一方纳入另一方而得以消解——就像在某些形式的唯心主义和唯物主义中那样。人"拥有"一个世界。本章我们将讨论和阐释世界的意识领域的彻底描述性的"元素"——我们将谨慎地使用这个术语——的含义，这样，意识领域的认知内容可以被部分地分解为那些元素，但不能被还原为那些元素。这种分解的关键在于参照意向行为，依据现象学立场进行认知分析，在此立场中被人们意向的世界的某些固有本质内容有可能被给予——无论人们是依据自然立场生活还是依据科学立场生活。

让我再次强调舍勒在其早期没有发表的文章——《三种实事的学说》①中发现的激动人心之处，以及它对于我们理解西方哲学史所具有的深远影响。舍勒相信自己拥有清除哲学中某些极其错误的然而又是最基本的预设所需要的工具。在这些预设中首要的是，在**对象**侧，任何真实的东西都是科学地可认知的，即是说，按照"自然规律"而不是事物的简单表象是可认知的，这些"自然规律"涉及那些能描绘实在性的特征的不连续的量。据此看法，真理就在于数学上可表达的规律，这些规律绝不在直接经验中被给予，而是如其所是地

---

① 玛丽亚·舍勒夫人，舍勒谢世时的妻子和《舍勒全集》的第一位编辑者，她在《遗著》第 1 卷的后记中注明，《三种实事的学说》的原初打印稿有一部分被剪切出来放到《伦理学中的形式主义与质料的价值伦理学》的前面部分中，这部分讨论了价值的被给予性。

以从观察中归纳的方式从直接经验中抽象获得。在**主体**侧，人们假定，知道的人以感觉材料的形式从世界接收表征，这些表征随后借助多种联结规律，借助知性的形式规律或者一个人语言的结构特征而被编织为对象的意识。据此看法，人们越是依据规律而不是依据感觉材料的直接被给予之物来描述世界，就越是远离世界的真相。它的基本事实都是"协议陈述"（protocol statements），如"现在这里的红点"，或者古德曼著名的"瞧！一只兔子"。对于这些学派的思想家而言，所有"科学的"真理必须可被还原为这种类型的陈述，因为只有它们是直接的；然而舍勒主张，诸如"现在这里的红点"这样纯净的"**事态**"**绝不是**直接被给予的。事实上，相反的情况才是真的：关于世界的"这种"实事是**充实**的功能，它与充实一起被给予。他辩论说，人们越多地确定和区分经验的名目，同时越少尝试从事态共同具有的东西中抽象出"规律"并从数学上表达它们之中的数量关系，就越是靠近在直接经验中原初地被给予的东西。相反，我们越多地发展自然语言的描述能力，通过向我们显现的事物而被显示的本质性质将在我们的事物知觉中更好地起作用。

这是令人振奋的。有一种世界观，它强调一种远离我们自己经验并且从两个方面都逃离我们的真理，就像在各种物理学理论——它们提出一个被剥夺了价值、性质和意义的世界——中一样；取而代之的是一种哲学，它作为我们研究的起点，使我们明了我们在日常生活中经验的世界，同时，我们也得到明示：科学立场，无论是否适合于它为自身设定的任务，本身都建立在世界向人的被给予性的基础上。哲学不用放弃，不像美国实用主义哲学家 C. I. 刘易斯说的那样①，它必须放弃描述有关被如实给予的事物世界的"厚重"经

27

---

① 参见 C. I. Lewis, *An Analysis of Knowledge and Valuation*, La Salle：Open Court, 1946, 也可参见约翰·威尔德（John Wild）在现象学的背景下论刘易斯：John Wild, "The Concept of the Given in Contemporary Philosophy", *Philosophy and Phenomenological Research*, Sept. 1940。

验之计划。我们不能允许自然科学的方法论操作程序，它要么为我们提供形而上学思想的假设，要么规定基于自然立场有可能被给予的东西。我们必须学会自己寻找。

让我们开始从主体方面描述人—世界间的认知联系。舍勒心灵现象学的根本性质在第一章的讨论中已经明显地表现出来。他对感觉主义（该学说提出存在论的假设的种类的一个最好例子，即哲学家们迫于科学方法的声誉和力量而造就的例子）的批评不只是证明，从感觉材料的联结中获得概念结构是不可能的。他在现象学地描述被给予之物本身的基础上继续进行论证：我们事实上不是感知红点或孤立的兔子；我们根据价值和处境的背景感知对象。舍勒进一步论证说，现象学上明显的是，感觉材料本身向心灵的最初被给予性依赖于人格（the person）的精神的和理智的以及情感的构成。只有牛津大学和哈佛大学的英美哲学特定团体才倾向于让自己在看到对象之前"看到"感觉材料；例如，古希腊人似乎完全不曾见过它们。但舍勒的立场并不是观念论的一种形式，因为他没有否认独立于心灵的实事的存在；他的理论确实坚持有这样的实事。恰恰是我们对不同于感觉材料，或者休谟的"印象"和"观念"，或者胡塞尔的"原素"①的客观实事的觉察，构成了感觉材料被心灵占用的方式。这些都是**本质的**实事，或者**有意义的**结构，它们都不是心灵用"原初被给予的"颜色或形状拼凑起来的，而是被心灵把握为被知觉的对象所**携带**。它们本身能够成为现象学反思的对象。舍勒在自然立场的构造中对他在《三种实事的学说》和《伦理学中的形式主义与质料的价值伦理学》中称作"周遭世界"（milieu）的东西所进行的探讨，可以被看作我们的世界如何通过意义元素被构造的一个例子。

*28*

---

① 胡塞尔在《观念Ⅰ》中发展起来的原素概念，不是完全独立于心灵的，因为尽管它们都是前感知的构造性的产物，并且因此不外在于心灵，但它们都是被动的并且显然独立于自我。然而在其晚年，关于原素对于构造着的意识的相对独立性，胡塞尔似乎说了些确实是模棱两可的话。

这个概念，由于涉及主体一方的许多交易条件之一，对于理解人与世界的原初亲缘关系的现象学而言是很有吸引力的。总的来说，周遭世界是对世界的一种至关重要的协调。舍勒在一个警句中把周遭世界称作"被经验为实际起作用的事物之集合"①。这个世界首先被经验为一个价值世界；周遭世界就是被经验为实际起作用的，亦即对我和我的行动有要求的世界的部分。它很可能是我们动物遗产的遗迹，并且是生存本能的产物。它在人类中可以被看作在动物中被称作栖息地的东西的一种延伸。动物的栖息地由它环境的那些元素组成；动物在环境中行动并与之协调，在希望和恐惧中被引向环境，动物对环境已经形成与它的生存需要相关的期待。周遭世界在人类层次上产生作用，把注意力引向我们环境中的元素。它决定自然环境中什么客体将引发知觉和感受状态。我们不是"注意我们想去注意的东西"，而是首先想去注意我们注意的东西，因为我们有可能被引向尚不在我们视域中的对象类型。对象首先被周遭世界结构"选择出来"，然后在周遭世界内部起作用的兴趣会促发知觉以及诸如欲望和厌恶这样的感受状态。在田地中，农夫的周遭世界与一位描绘那些相同田地的艺术家的周遭世界是非常不同的。例如，这个农夫是否注意到一棵树的树叶上独特的暗棕色，将取决于其周遭世界所塑造的兴趣。对于他来说，农场是需要细心照料的一种特殊种类的对象；他知道这个农场是他的，他的任务就是去节约地使用其资源并且提高其生产率。然而，对颜色尤为敏感的艺术家，可能不会注意或关心那种暗棕色，但由于暗棕色是树木可能有疾病的征象，农夫会把注意力转向它，而且该迹象促发一种治理树木疾病的愿望。对农场中事项的关注以及引起这种关注的特定兴趣，都在周遭世界内部发生，舍勒断言，该周遭世界为它们提供了一个"坚实的壁垒"，阻碍某些兴趣和某些刚开始形成的注意力的发展，同时培育另外的

① *Der Formalismus in der Ethik*，*Gesammelte Werke*，Band 2，S. 154.

兴趣和注意力。因此，知觉在注意力的范围内发生，注意力在兴趣的范围内发生，而兴趣在周遭世界的范围内发生。舍勒在《三种实事的学说》中写道：

> 我相信……[感觉表象的现象学]将导致一种基本上与感觉论相对立的观点：特别是对于一个给定种类的动物或人或个体来说，只有那些表象——可以说，它们能够充实或装饰（假如容许我这样表达）关系、形式和诸如物性、肉身性等之类的范畴内容——能够成为**可感的**表象；问题中的存在通常可以看作它们的基础。[①]

所以，依据自然立场，我们在人之中——位于远比康德所猜测的更深的地方——发现一种前生存的结构，决定了什么将进入他的视界，以及在环境中可获得的一切事物中什么将被给予他。感觉材料不是"被联结"，没有产生某些它们所不是的东西，即范畴结构，毋宁说，**在**它们**之中**存在着一种根据周遭世界—结构所进行的选择。然后，人们可能会问，如果世界总是先于我们对世界中事物的知觉而被构成，我们将如何获得世界的原初知识？这个学说是否会引出"物自体"这个幽灵（此物自体是知觉行为的基础并决定知觉行为，而且不可能被给予知觉行为）？不，因为周遭世界不对我们遮蔽实在性，而是如其所是地使实在性成为易管理的。舍勒相信，我们能够转向"事物本身"，这只是因为周遭世界—结构的内容依据**现象学的**立场是可获得的。它具有可直观的、质料的内容，而且该内容能够经受现象学探究和展示。而且，当我们现象学地澄清周遭世界结构时，我们就能够超越它，并去知觉更多被给予的东西。就像人类已经脱离了动物生命的无言的"环境"，而进入一个可理解对象的世

*30*

---

① "Die Lehre von den drei Tatsachen," *Gesammelte Werke*，Band 10，S. 467.

界一样，我们同样也能够通过再认识那种构造和限定我们世界观的特有意义而脱离自然立场及其周遭世界的限制。

那么，当认知行为在周遭世界内发生时，它是什么，它如何能够依据现象学的立场被重新执行？无论何时，当我们从世界的完满中挑选出某些事项并且把我们的注意力指向它们，我们就执行了一个认知行为。在舍勒对术语"行为"的运用中存在着一定的歧义，因为当他论及自然的、现象学的和科学的立场时，他用这个术语指示不同形式的领悟（apprehension）。所有认知都包含意向行为，因为在认知中意识被导向某种超越于它的东西。认知是一个心灵的事件，在其中心灵意指或瞄准某个或某些事项；被意指的东西被把握**为**某物或他物。当我知觉猫进入房间时，我把它认识为众猫之一；它充实了"猫"这个词。我也可以把我的注意力指向"猫本身"；于是我意指一个复合本质。在其中被把握的是**单一的**事项，这样一种意向是原初本质的意向，或者是舍勒也称之为某种"纯粹实事"的东西。这个术语出现在整个现象学文献的许多地方，但其相关意义在不同的现象学家之间，或者甚至在同一个现象学家的早期和后期，常常难以觉察地变动着。通过简单比较胡塞尔的"**体验**"（Erlebnis）和意向行为概念，某些混淆就可以被避免。我再次遵循莫汉蒂的分析。① 对年长的思想家而言，意识是意向行为本身。因此只有那些意向的心灵事件或生活经验——**体验**——才是有意识的。这就从意识中排除了作为**体验**的感觉。所有有意识的行为都是反思的，也就是说，都觉察到它们本身。因此对于胡塞尔来说，一个意向行为就是一个有意识的、反思的、心灵的状态。但对于舍勒而言，意向行为可以依据自然立场显现在知觉中，尽管它们可能是或可能不是有意识的。例如，我们意指周遭世界的元素，尽管我们可能没有将它们主题化。农夫对他的农场健康状况的兴趣是他特殊的知觉行为的条件。他意

---

① 参见 J. Mohanty, *The Concept of Intentionality*. St Louis：Green，1972。

指这些兴趣，尽管他只是罕有地"抓住他自己"正在这么做。这样的意向行为是他的意识的背景。对于舍勒而言，关键不是去确定意向行为本身的**本性**可能是什么，而是去确定什么样的意义元素已经包含在一个给定的意向中并因此被此意向所假定，以及确定那些元素是否能够被给予，也就是说，那些元素中的每一个都能在**简单的**意向行为中**自身**被给予，以至于知觉的**所有**潜在的内容在它各个层面上都能够变成有意识的。简言之，现象学的任务就在于让基于自然立场的知觉的潜在内容成为自身被给予的。

*31*

让我们再次考察简单的知觉行为及其包含的认知。当人依据自然立场把握诸如处于知觉领域中的一棵树这样的对象时，他必定已经觉察到诸如"空间""时间""生命""事物"这样的现象。对于舍勒来说，这些术语标识关于世界的本质实事，在它们的指导下心灵统一其知觉，但它们不是心灵的创造物。这些本质实事在人类与他们周遭世界中的知觉对象遭遇时已经被人类理解。人的"世界"通过那种客观本质实事的知识，通过他的周遭世界，以及通过内在的和外在的知觉而主观地被构成。依据自然立场被知觉的事物或过程可能被知觉为一个统一体——正如当我们通过接近一棵树的种种视角知觉这棵同一的树时——但是这种知觉能够依据现象学立场被"还原为"它的本质的意义—成分。这棵树被知觉为"携带着""生命""植物""事物"的本质。因此，尽管我们对这棵树的意识是意向的，而且我们也把这棵树把握为一个统一体，但是，诸本质的复合知识在那种知觉意向中起作用，即使当问题涉及的是像一棵树这样的简单事物时亦然。这些起作用的元素——这种本质的复合知识——依据现象学立场可以分解为完全简单的"纯粹"实事，此等实事能够在单一的现象学直觉（intuition）中自身被给予。舍勒写道："现象学的或'纯粹的'实事是一种通过直接直觉的内容而被给予的实事。"①

---

① "Die Lehre von den drei Tatsachen," *Gesammelte Werke*, Band 10，S. 433.

基于自然立场，一种知觉如何可能**获得统一**——被经验为一件事——而且还不是**直接性的**？答案大概可以在直觉的本性中发现。对于舍勒来说，现象学还原的第一个阶段在于从特殊表象——通过它们对象被给予我们——转向，同时反思已被知觉的东西的意义—内容。还原的第二个也是更彻底的阶段是从**空间**和**时间**抽象，以便剥去对象的特殊化的特征。之后，并且仅在之后，心灵才能够直接遭遇——除了它们的特殊事例和符号之外——意义—元素本身，后者是依据自然立场被知觉的对象所固有的。**这些意义—元素不是孤立的，而是相互交织的**；本质域是**一个**世界。它们的相互交织在主体侧被舍勒称为奠基秩序，在客体侧被叫作相互联系的本质。这些意义—元素将在第四章中被定义为**本质**，并且我们将看到，它们**先天地**决定了基于自然立场的知觉内容。

让我们考察一个深层的事例，即舍勒关于意识行为依据自然立场发生的观点。回到《三种实事的学说》，我们在该文章的附录中看到关于因果关系认知的明晰分析。一块石头打破了一只玻璃杯：这里，当事物依据自然立场直接被给予时，我们在事物世界中具有"稠密的"经验。我们全然明白休谟在《人类理解研究》中给出的对因果关系的著名解释。对于休谟来说，因果关系的一般概念建立在由习惯培育起来的错觉中，它是作为奇迹发生的。一个人看到一块石头掉到一只玻璃杯上，这只玻璃杯破裂。他自然地相信这块石头**引起**这只玻璃杯的破裂，而这只玻璃杯的破裂就是这块掉落的石头的**结果**。但是，休谟论证说，我们没有理由得出这样的结论，因为在这个被观察的过程中我们没有感知到任何像"因果关系"这样的事物。（他认为）我们事实上所观察到的全部东西是印象的连续：石头下落，撞击玻璃杯，我们听到碎裂声，玻璃杯破裂，碎片和石头停在桌子上。休谟质疑道：在这个印象连续中**因果关系本身**在哪里？我们看到玻璃杯破裂了，但我们没有看到这块石头**必然引起**这一破裂；因此，把诸如"力""必然性""因果性"等此类范畴事后附加到我们看到的东西上，就是进行纯粹的虚构。尽管如此，他承认，人类心理学**使**我们进行这种虚构**成为必然**，就是说，在事件间恒常的同时发生的经验迫使我们相信："力""必然性"和"因果性"这些元素都是在场的，尽管我们不拥有与这三种观念相对应的印象。休谟寻求事物的实在性、因果性；舍勒却要寻求因果性的本质在其中被给予的经验。

　　舍勒对休谟解释的一个主要反驳是，它受到认识论的臆断——关于人类知识的真实情况必须是什么——的支配，而不是仅仅去寻求如其所现的事实。休谟假定了感觉主义的一种形式，即假设：为了让一个概念成为合理的，它必须被还原为某种感觉—印象系列。休谟相信，一个关于世界的主张要成为可接受的，它必须建立在他称为"事实情况"的东西的基础上，正如我们的科学判断一样，而且与这样的事实情况相应的经验的唯一事项是感觉印象。休谟说，除了那些能够被这样的印象证明为合理的东西，对与之有根本不同的其他任何事物作出推理，都是"诡辩和错觉"①。然而，这些假设都仅仅是依据科学立场写下的偏见。当我们经验玻璃杯的破裂过程，思考着，一个"俗人"（vulgar man）以为他看到的任何东西都必须接受深刻的、更科学的关于我们有可能经验的东西的分析的质疑的时候，这种偏见促使我们拒绝观看实际上被给予的东西。舍勒试图质疑的恰恰是这种偏见，并且试图代之以玻璃杯经验的现象学详细审查。那么，我们在这种经验中事实上知觉到的是什么（它校正并取代休谟把因果关系解释为恒常连续的分析）？让我们考察《三种实事的学说》的第二个段落。

---

　　① 人们已经多次毫无疑问地指出，休谟本人的"诡辩和错觉"标准也适用于他自己的著作，后者所关心的既非"实际事件"亦非"观念的关系"。我不知道他是否曾经觉察到那些明显之处，或者知觉其反讽。

正如首次瞥见一个物理对象没有给予我们独立的"表象"——它被连接到其他表象的连续中，会导致对事物的假定，毋宁是，在每一个表象中物理对象显现自身，相似地，事件A和B的一个重复序列并不导致因果联系的观念。毋宁说，这个联系在**每一个个别的**情况中已经被给予，在其中一个事物**作用于**[ist wirksam]另一个事物并且通过它的行动以及其他事物的被动性[Leiden]，一个过程[Vorgang]的特殊统一从环境的模糊完整性中分离出自身。①

这里的关键术语是**事物、主动性**与**被动性**，以及**过程**，因为意向行为——在其中这些术语所指示的意义被给予——提供了因果关系的"自然"领悟的基础。因果关系**首先**被经验为**在**事物作用于其他事物的过程**中**，而不是**在**"事态"**之间**发生。把我们称为"因果关系"的过程把握为一个统一的可能性正是建立在对主动性与被动性现象的察觉（awareness）的基础上的。这种主动性与被动性的经验先于如下判断：因果关系是显现的；在简单过程中主动性与被动性经验恰恰就是那为科学观念"提供基础"的东西。这并不表示，"俗人"无知地"投射出"风俗和习惯的偏见，它们产生于他关于事物的日常经验。同样不正确的是，我们的内在因果性经验，例如有意的推和拉的经验，或者克服我们自己身体中的抗阻（resistance）的经验，被投射到事物上（正如一个三岁的孩子可能会想一块石头是"坏的"，因为它打破了一个玻璃杯）。毋宁说，我们直接把石头对玻璃杯的有效性经验为一个发生在事物之间的**被统一**的过程。实际上，舍勒论证说，经验主义的还原，即把依据自然立场被给予的对象和过程还原为感觉材料和事态的连续，正在把一个伪造的"科学的"立场投射到我们的经验上。

①　"Die Lehre von den drei Tatsachen," *Gesammelte Werke*，Band 10，S. 477-478.

此外，我们没有知觉到主动地或被动地重复相互影响的那些对象之间的相似性，然后（不合理地）推论出自然的同一性原理——就像休谟说的那样；休谟论证道，现象的恒常同时发生经验导致了我们——通过习惯的作用——粗心地假定"将来将类似于过去"，一个既不能通过感觉印象也不能作为观念联系，既不是后天地也不是先天地可认识的假设。相反，我们在**相同**过程的每个经验中看到**相同的**功效，并且期望在将来相同活动将具有相同的效应。这里不存在必然联系的思想，因为这里根本没有联系：过程被经验为统一。科学打破了现象的统一，并且假定不可经验的"力"在自然中运作，因此如果给定一个效应 E，我们可以推断一个原因 C 在场。E 和 C 必定只是相似的，因为科学并不关心作为事物的它们，而是关心作为决定事态的性质的它们——人们相信在这些事态之间存在着"自然规律"。

　　依据科学立场被称作因果关系的东西依据自然立场被经验为一个过程，这个事实引起对**时间**本性的思考，舍勒在其晚年撰写的形而上学著作中探讨这个问题。《三种实事的学说》把时间视为在因果过程的展开中直接被经验的**绵延**（duration）。在这篇舍勒早期撰写的文章中，关于绵延的那些段落，不仅对舍勒晚期形而上学的展开，而且对理解他的认知和知觉概念，以及对现象学的程序本身，都是相当重要的。在这里我仅提供他对感觉主义指责的最简约摘要。①

　　我们对石头打破玻璃杯这个过程的知觉既是统一的又是同一的，*35*无论多久以后我可能会把这个过程分裂为图像的连续。我总能发现每一张图像都对同一过程有贡献，在很大程度上就像事物知觉的可感内容总是涉及那个被统一的事物；我们正是通过这种方法表征那已经被把握为一个统一体的东西。我们对作为单一过程的知觉的最深层的基础是对"有效性本身"现象的知觉。把握这个现象，先天地"建立"了对这个过程各部分的把握；此外，正是这个过程的被知觉

---

① "Die Lehre von den drei Tatsachen,"*Gesammelte Werke*，Band 10，S. 485-487.

的意义——在这个例子中，我们称之为"打破"的"有效性"（Wirken）之种类——决定了在知觉行为中被注意到的事物的物理方面。这在很大程度上取决于在因果过程的知觉中我们愿意认作"被看到了"的东西。休谟说，就其本身而言，我们在原因和结果之间没有看到联系，我们只看到感觉—材料，并且我们的心灵"联结"那些材料。舍勒强调，我们在过程的统一中看到有效性本身的现象，而且这种现象，这种**意义—元素**，或者如果你愿意的话，这种质料的本质，能够使我们把这个过程知觉**为**一个因果过程。

知觉一个统一过程的行为本身可能不具有绵延，因为我们能够在单一认知行为中把握有效性现象。尽管如此，我们在单一行为中把握的过程本身，允许结构化为"之前"和"之后"，并且**这个**过程拥有绵延。因果过程的知觉统一的观念似乎是引人注目的。"这块石头打破了那只玻璃杯"指的是**一个**事件的知觉；人们把这个事件吸收、把握和理解为一个单一过程。然而，这个过程能够被分析为质料本质的知识，这种知识在此过程中所起的作用是，作为事件依据自然立场而如此这般被给予的可能性基础。此外，时间的规定性，舍勒认为，在过程本身之中：过程不在时间"之中"，毋宁是时间在**过程**之中作为它的必要的规定性之一。我在单一行为中理解这个过程，但我认为这个过程本质上拥有绵延、开始和结束。舍勒的这种思想是引人注目的：除了一连串事件现象之外，绵延还是现象学上可直观的明确性质。[①] 因此，舍勒总结说：

> **36**　　在这个问题上假定只有过程的一个瞬时阶段能够直接被给予是错误的。**被给予**我们的东西总是一个**完整的**过程，随着时间的推移而不断扩展。行为包含了整个过程，而且即使作为一个行为也不占用时间。没有任何判断或推理，没有任何类型的

---

① 参见 *Der Formalismus in der Ethik*，*Gesammelte Werke*，Band 2，S. 108。

解释，没有任何非时间内容的配合，能够给予我们绵延的事实，如果它不是在我们在一个过程中所经验的东西中**直接地被给予**的。①

舍勒的出发点不是对因果性本性的形而上学的研究，而是把不同过程的知觉的日常事例还原为意义—成分，这种意义—成分决定它们，并且是它们可能性的认知基础。现在我们必须进一步推进。前面我们已经谈到那些行为，在其中对象依据自然立场作为"被奠基"于质料的先天条件而被给予。什么是先天的质料？它如何依据自然立场"建立"统一的知觉？它如何依据现象学立场被给予？我们将在后续两章中讨论这些主题。

---

① "Die Lehre von den drei Tatsachen," *Gesammelte Werke*, Band 10, S. 487.

# 第三章

# 先天之物与奠基秩序

　　在第二章我们探讨了舍勒的意向行为概念。舍勒对它的解释不同于胡塞尔的解释，这种不同表现在舍勒强调意向意识的结构的或质料的特征，在本章我们转向这些特征——舍勒称之为**先天的**质料的东西——的详细规定。舍勒区分了三种意向行为，每一种都揭示了关于世界的一个种类的实事：基于自然立场的知觉行为，事物是通过它被给予的；基于科学立场的观察行为，事物的状态通过它被给予；直观行为，或者舍勒晚期称为**本质直观**（Wesensschau）的东西，通过它关于知觉的意义—内容的实事被给予。对于舍勒来说，对所有这些认知能力以及在其中被给予的东西的现象学分析，构成了哲学的新起点。其终点将是对现象学实事的广泛描述：意义—内容，或者舍勒也称为质料本质的东西，通过它们自然的和科学的世界观被构造。然后，哲学必须通过构建伦理的、形而上学的和人类学的理论——它们符合被现象学地还原的、再—经验的、组成本质域的意义结构——解决它的难题。

　　我们必须小心接受这个哲学方案。初看之下，它似乎包含了苏格拉底在柏拉图早期对话中已经作为辩证法建立起来的分析类型：两个或更多的人建立一个分析主题，通常是关于虔诚、友谊、正义等道德现象的，同时试图通过追溯他们心灵中具有的观念的含义，澄清他们对问题现象的根本的直观，并获得一个表达其本质的定义。此方法类似于舍勒的方法，舍勒试图通过自己的方法使现象学实事在直观中被给予，并把它"展示"给其他人。舍勒没有强调对话在这个方法中的中心性，尽管他提及一种方法，用这种方法，现象学家的各个群体可能会完成他们的现象展示，直至达成共同的清晰性和最终一致。然而，以后将会明了的是，舍勒并不打算按照这种柏拉图式的模式进行概念分析。38

然而，舍勒哲学中强烈的柏拉图主义因素不能被忽视，尽管舍勒否定了柏拉图实在论的形而上学特征，正如这些特征被我们时代的大多数哲学家所否认一样。对于舍勒而言，本质并不决定那些"分有"它们的事物。下一章将讨论舍勒的本质概念的这种特征。此外，当代哲学家在柏拉图事业的**方法论**阶段特别反对的东西是柏拉图关于意义的被信以为真的素朴性（naïvté）。舍勒将如何回应这类批评，这将启发我们了解他的现象学程序的一些独特特征。"**对话**"假定，语言的意义—结构能够彼此独立地被分析，它同时假定，在原则上我们可以充分地定义"正义"，比如说，正义本身，而不需要参考它所出现的整个语言结构，而只要参考这些语言之外的事项（语言中的术语被认为是指明它们），即关于正义的"事实"就可以了。意义—整体论观念源于弗雷格，而意义—整体论的诸形式在近几十年已经受到诸如奎因这样的唯名论者的捍卫，奎因定义："一个表达的意义就是与这个表达等值的那些表达的类。"①这是意义的一个句法定义，并且寻求根除产生于语言的实在论解释的哲学问题，但是它却产生于一个信念：意义能够且必须根据其他意义，而不是根据它们指明的事项被分析。意义—整体论的观念，或者维特根斯坦关于独立的和不可通约的语言游戏的相关观念，不仅是为了防止所有种类的基本本体论，也为了防止对我们能力的一种不成熟的自信：通过仓促

① 奎因对这个概念发展遍及其作品。引文出自 *Journal of Philosophy* 40(1943)。

地开始分析事物本身——在缺乏对我们在这种分析中使用的语言的预备研究的情况下——解决哲学问题。舍勒想象，没有语言的中介直接进入"事物本身"是可能的。

与意义—整体论相关的另一个问题已经得到唐纳德·戴维森的论证。在许多摘自哲学史的例子的基础上，他试图表明，对柏拉图式形式的分析，不变地、无意识地但不合理地，把他们用以分析他们认为有问题的概念的那些概念，看作无问题的。例如，笛卡尔假定，上帝这个形而上学概念和明白与清晰性的认识论概念都是没有问题的，并且能够被用来分析那些有问题的概念，例如数学的和物理学的观念；休谟假定，印象和观念概念是没有问题的，并且可以用以澄清因果关系和自我的有问题的观念。类似地，诸如**"世界""体验""行为"**这样的术语被舍勒认为是没有问题的。当然，一个时代的哲学家可能认为没有问题的东西，为下一代哲学家提供了问题，而阅读过去著作的年轻哲学家，他们教授现在所讨论的问题，会感到惊讶：为什么以前的大师从没有提出这些位于他们的哲学之正中心的、在今天引起如此多令人惊愕的议题。他们问道：为什么笛卡尔从不对他赞同数学是其他科学的典范感到惊奇？舍勒相信，只有现象学的程序，才能通过将所有概念结构归于事例的现象学实事，来防止这样的错误。

唯名论使语言的语义特征成为问题，如果它是正确的，那么就会出现如下情况：我们永远不可能支持我们语言的结构，并且在事物本身之中建立我们的哲学。毫不奇怪，胡塞尔相信自己能够绝然地拥有意向相关项的对象（noematic object）的唯一途径在于，断言它在心灵中的构成：任何被给予的东西因此都是完全的；在被给予之物中没有任何东西躲避我们。而且，如果哲学仅仅是关于语言（或者仅仅是关于我们观念的构造），而不是关于外在于语言的世界，那么，由于语言是一种人类的创造物，研究语言只是在研究我们自己。

由于在哲学分析中我们所运用的工具必然是语言，所以我们的结论将永远受到语言的影响，这个结果是不可避免的吗？因为任何工具都将决定工具所做的工作——刀具的尺寸决定切口的尺寸。

唯名论者一般会论证，发现经验的先验条件以及它们在知识中作用的康德式计划，与一种为能生成普遍道德律的形式主义伦理学建立坚固根基的计划一样，是没有希望的。认知经验范畴的观念和绝对命令的观念，两者都试图弄明白暗含于任何可能的理性行动者自然的和道德的立场内部的东西；但是，20 世纪的语言研究断定，这样的努力必然产生一种无限倒退。一旦人们是在语言之内，亦即，一旦人们遭遇一个用语言并通过语言而被给予的世界，如下情况就是必然的：弄明白暗含在任何给定的论述中的东西的努力，必须回头求助于语言去实现，或者通过利用一个当前可得的论述，或者通过生成另一个论述，例如，某种被解释的语言𝓛的论述。这种 *40* 语言必将拥有可理解性的某种更远的视域，这个视域的诸多部分在当前的论述中是不清晰的。正是在这一点上，现代语言理论对现象学提出的挑战是必须面对的。现象学不能在我们的时代生存下来，可能是由于哲学家们相信胡塞尔的追随者们未曾或不可能应对这个挑战。

但是，对舍勒哲学方案的另一个反对意见来自语言的后现代主义解释。一些当代思想家已经论证，正是语言，或者说，语言单独地，给予我们这个世界。用现今常用的隐喻性的表达来说，语言"刻画出"存在的领域。这个世界由语言构成，而不是表达我们与某个世界——它向我们的显现先于语言——之间的交往。试图建立语言对世界的优先性的论证，其主要的事实前提在于如下观察：话语作为隐喻可以超出自身，由此打开看待熟悉对象的新途径。这些隐喻可能如此普遍，以至于它们变成世界观的一部分。因此，例如，我们会发现，钟表隐喻的运用，即惯常地运用钟表隐喻来表示太阳系中天体的有规律运动，最终成为 18 世纪机械论哲学的核心。理查德·罗蒂，大概是从海德格尔那里获得一些哲学启示，把隐喻概念发展为"信念的第三个来源"，在其中我们把语言看作"可扩充的。需要抛弃这个观念，即思想的目标在于达到上帝之眼……可以说，［隐喻］是来自外空间的声音"①。话语经由它们的意义逻辑之外的空间扩展到它们最初没有在意的区域中去，正是这种扩展拓宽了我们观看世界的眼界，并且使我们的语言与诗性的联结——并不简单地伪造真理，而是创造真理——产生共鸣。尽管语言最初是作为一种生存机制发展起来的，这一生存机制帮助它的言说者在一个共同世界中彼此交往，但是，它终于从诗歌处借用它的抽象概念，并且在变成抽象的过程中使得它的言说者遗失了他们与存在的原始联系，同时伊甸园也变成一个世界。经验这个世界就是生活在一个语言空间内，言说者就在这个语言空间中说出、理解和交流一个难以捉摸的实在性的符号表征：自然喜欢隐藏，它显示出来的东西必须采取话语的面貌。

41　　　现象学的实事是存在的，舍勒在未出版的早期论文，即我们在第二章中讨论过的《三种实事的学说》中坚持这个观点。这个观点取决于如下考虑：心灵能够意指**本质的**对象，即非语言的但"创立"语言的对象。人类精神向本质域的开放使人的语言能力成为可能，并且决定人的语言能力。当一个孩子看到苹果，且其父母缓缓念出这个词时，儿童早期发育可能已经达到一个临界点，在这个点上儿童不仅仅把声音和某种颜色与形状联结起来，而且如其所是地在一瞥(erblickt)之中看到本质的事态(它是一个苹果)，并且开始"理解"父母试图教给他的东西，即事物、声音和本质以一种独特的方式纠

———————

① Richard Rorty，"Philosophy as Science，as Metaphor，and as Politics，"In *Essays on Heidegger and Others. Philosophical Papers* (Cambridge：Cambridge University Press，1991).

缠在一起。从那时起，语言就向一个孩子开放，同时他的小世界不再由感觉、颜色、味道和嗅觉组成，而是由话语和事物组成。

但是，如果允许以这种方式把本质概念引入哲学，那么就同样有可能应对如下挑战：使暗含的东西变成清晰的，同时使可理解性的视域成为透明的。尽管这是正确的，即语言分析总是预先假定这种分析在其中受到引导的其他语言，但是，这种向本质域的转向打开了**自在之物**的世界——任何一种语言都隐含着可理解性视域的真正渊源，毫无疑问，这些语言都具有被归为意义—整体论的共同隐含关系。舍勒的现象学断言，转向本质能够系统地进行，而且我们总是可以看到我们的语言所概述和规定的东西：建立我们的自然立场的意义世界。它提供了语言哲学——它仍然关注其论述中母语固有的一种特殊系列的逻辑关系——所不能达到的一种自由。诚然，语言分析导致一个具体的知识体系；但是，那种知识以它自己的结构为中心，而且拥有自身独特的视域，无论这些视域可能有多广和多远。它的从业者们倾向于保持仅在他们彼此间对话；然而，他们对不相关的指责，尤其对于这样一种指责感到惊讶，即他们关于世界的政治观反映出他们自己周遭世界的政治观。舍勒的现象学渴望理解延伸到人类事业远景的本质域；他在描述遥远的时间和地点的世界观中所固有的先天结构方面的成就，如果没有做到更多，至少也提醒我们：无论其结果多么模糊，哲学绝对不能抛弃它在意义的直观探究中的根源。因为正是在意义的直观领悟中，就像那个孩子和苹果——苹果已经以一种新的方式充满意义，哲学的惊奇开始出现。 *42*

由唯名论和后现代主义促进的对语言和经验的解释，没有涉及使语言和世界两者的可理解性成为可能的本质域。本质，正如我们将看到的，不是对象分有的和作为影像显现于心灵中的柏拉图式的形式，或者在语言中表达出来的笛卡尔式的"天赋观念"，而是在事物本身之上可发现的意义，力场作为我们心灵中的事件聚焦于这些事物本身，同时，这些事物本身能够在现象学直观中被课题化。它们是隐喻的可能性基础。但是，我们在世界中的存在仅仅参照语言或者仅仅参照本质域都不能被理解。在世界中起作用的话语的玻璃般的明晰，和在我们心灵中蔓延的意义和意义结构的模糊和通常的不透明，两者之间存在着一种不可避免的、在其中我们的自然立场得以建立的辩证法。隐喻本身就产生于那种在心灵的意义之蔓延和心灵说出的语言资源之间的辩证法。隐喻，如果不是延展到那种自然立场，延展到什么？当我们的意向意识之光线向本质域伸展时，如果不是由于我们关于事物的本质的本性知识，有意义的句子如何能完备地涌到我们的心头？舍勒的现象学提供了一条探索介于语言和思想之间领域的途径，同时提供了一条返回意义结构的道路，"事物本身"凭借这种意义结构在自然立场上被给予。

我们已经到达一个节点，在这个节点上可以初步评判舍勒哲学，对于持我们时代流行的哲学立场的人来说，它作为一种哲学的出发点是可接受的还是不可接受的。我们在明确舍勒视为现象学主要任务的东西是什么时，就必须提出批判性的问题。是否真有可能像舍勒所主张的，在我们日常知觉意识的视域背后，甚至在我们语言结构背后作一番窥视，同时，在一种无言的直观中，现象学地知觉那些我们的语言和我们关于世界的日常经验奠基在其上的**原现象**（Urphänomene）、纯粹的现象实事？坚持明确的定义是否更合理？这种明确定义只有通过符号性表征才有可能实现，即使是以每一种知觉所给予的内容的模糊充实为代价。

这个问题充满困难，其中的一些困难我们只在论本质的章节中遇到。尽管我们可以处理方法论问题——哲学起点和分析程序的问题，但是，我们如何处理这个问题，这一点有着巨大的形而上学意味。我们不能忘记，对于舍勒来说认知行为的意向相关项的关联至

43

少在某些情况下是关于世界的本质实事。舍勒否认胡塞尔的构造性观念；他宣称心灵不创造任何东西，不制作任何东西，不形成任何东西。① 尽管在他的早期论文《三种实事的学说》中，他否定——我认为这是正确的——意向性学说隐含一种本体论，但他是个实在论者，因为他相信人类是"向存在开放的"。如果一种本体论隐含在意向性学说中，那它只断言：人与世界之间的知识—联系在本体论上是基本的。在某种意义上，"联系"观念启发式地起作用，因为既非一个独立于心灵的世界也非一个内在于心灵的世界的实存是现象学地明见的，然而依据自然立场，世界被给定**为**独立于心灵的。本体论地被断言的唯一东西是：世界和心灵是必然交织在一起的；一方没有另一方在本质上是不能想象的。

对于舍勒来说，有意义的东西不是两者的形而上学地位问题，或者某个假设的形而上学裂隙如何可能被语言搭接起来的问题。毋宁说，他关注这种交织的**结构特征**，由于这种特征，人和世界变成意识的对象。因为无论心灵和世界的本体论地位如何，两者都借助或者通过现象学上可获得的质料结构被给予。心灵在世界中以其日常认知态度知觉意义的义项，同时，这些本质实事在语言和思想活动中建立自身。我们依据自然立场的思考活动受这些意义—结构的指导，我们没有立即觉察到这些结构，但它们在现象学的反思中是可得到的。当然，舍勒打算建立世界对于心灵的独立性；他论证说，世界对我们显现为承载着我们不曾创造的本质实事。手头的任务不是以某种与语言联结在一起的方式，即通过其他被假定为没有问题的术语定义有问题的术语的方式定义概念，而是首先去**学习观看我们已经知道的东西**：把我们的注意力指向**先于**语言而被给予的东西，

---

① "Phänomenologie und Erkenntnistheorie," *Gesammelte Werke*，Band 10，*Schriften aus dem Nachlaß*，Band 1，S. 415："Der 'Verstand'-mit Kant zu reden-schafft nichts, macht nichts, formt nichts."（"'理解'——与康德商榷——不创造任何东西，不制作任何东西，不形成任何东西。"）

我们日常经验的被给予之物——它们在很大程度上取决于语言和符号——就在其中被"建立"。只有当我们已经看到事物的固有意义时，寻求它们的定义才是有意义的。舍勒写道：

44

> 哲学的对象是被给予之物本身，包括所有适合于它的可能符号。当然，哲学也在启发式和表征的意义上使用语言，但绝不在它的帮助下规定它的对象，而只是把依靠符号本质上不可规定的东西带向直观，因为它就其自身而言并通过自身已经被规定。①

显然，舍勒在这里关注的不是他的任务的本体论视域。相应地，现象学的中心问题在于使心灵脱离它的语言并使它返回语言的根源——纯粹的本质实事。因此，毫不奇怪，被用以规定现象学反思之计划的术语，诸如"达到被给予性"或者"现象学行为"这些术语，本身都是抗拒定义的。诚然，抗拒定义不是变成不清晰。舍勒注意到，关于语言的冲突（关于符号和惯例的冲突）都是关于被规定为"纯粹的充实可能性"（Erfüllungsmöglichkeiten）的东西的冲突②：X这个事物充实了概念 Y 吗？他注意到，这样的争论假设：用心灵的眼睛先天地**观看**据说是充实符号的东西。语言被舍勒降级为一种支持在直观中与意义—现象的前语言遭遇的真理—述说工具。这种遭遇要求，在此现象上运用一种独特的方法论立场。同时，这并不奇怪：如果为了准备进行现象学的**本质直观**（Wesensschau），我们将不得不致力于发展某种方法，以克服那些把我们系结到语言的（这种语言的符号部分地由所有人类的自然立场构成）、人类的甚至是动物的冲动。现象学使我们适合于清晰地观看基于自然立场趋于被遗忘的

---

① "Phänomenologie und Erkenntnistheorie," *Gesammelte Werke*，Band 10，S. 412. 这篇文章对于理解舍勒的哲学而言是基本的，其写作时间大约与《三种实事的学说》同时。

② "Phänomenologie und Erkenntnistheorie," *Gesammelte Werke*，Band 10，S. 393.

东西，以便我们日常生存的那些必要任务能够被完成。因为把我们系结到那种立场的语言假设根植于生命的自然和生物条件之内。为**本质直观**进行精神准备的问题萦绕着舍勒，终其一生；他把这个问题视为所有精神文化的核心问题，一个与世界精神文化的"均衡"同等重要的问题。

当舍勒在语言和日常生活的面纱后面移动时，如果我们愿意追随他，那么，依据现象学立场，通过那种决定了普通意识的结构方式，我们首先发现什么？一种这样的结构，正如前面的章节中提到的，就是**周遭世界**的结构。周遭世界，通过从被给予之物的总体中挑选出那些指明对象和价值的符号元素，决定了基于自然立场可能成为被给予的东西；那些对象和价值对于个体的生存，对于他在其日常努力中的成功，或者对于他的共同体的成功，都是重要的。确实，周遭世界可能被建立在我们在其中成长起来的共同体的传统之基础上，或者建立在我们人类的心理学结构的基础上。而我们语言的特质决定了在知觉中被给予我们的东西的规定性。然而，在更深层次上被发现的**意义—结构**，决定了自然立场上对象被给予的秩序。这恰恰体现了舍勒构想的独特性和原创性。

舍勒对康德的"哥白尼式的转向"观念给出一个解释，这个解释使他疏离康德和胡塞尔。与康德的起点相似，舍勒相信，存在着基于自然的或科学的立场的知识可能性条件，在人类特有的"拥有世界"的方式能够被获得之前，这些条件必须被满足。对康德来说，他只希望建立心灵的**形式的**结构。他追问我们必须把什么假定为意识的固有结构，以使得人类的认识不是混乱的，而是像牛顿式的世界本身曾被假定的那样，是有结构的———一旦这些结构被经验概念所填充。康德提出的是结构的三种样式：决定对象知觉的结构、决定对象理解为统一体的结构，以及决定经验主体统一的结构。舍勒同意，所有这些现象都具有先天结构。然而，他在两个重要的方向上偏离了康德。第一，他否认经验的条件是纯粹形式的。相反，他论证，我们的经验由成为我们语言基础的质料的意义—元素构成。这些就是我们前面提到的"本质"（Wesen，Wesenheiten）。在原初层次上，本质作为"纯粹的"或绝对简单的观念或"原现象"被遇到，后者是前者的意向相关项的相关物。原现象，如"生命"，由在自然立场上显现为一个生物的对象所承载。当我们的注意力指向"活着"的本质域时，它就显现为如此这般的，而且变成现象学反思的主题。第二，舍勒和康德的不同也在于，对他来说，本质不是内在于知性工作中，而是由人类主体在其认知发展的过程中**习得**的。它们不是通过经验主义的经验被习得的；诚然，所有经验主义的经验以它们为先决条件。它们在康德意义上先天决定着可能经验，但不是单独地作为逻辑的结构。它们提供了我们从自然立场出发**在**对象**上**知觉到的那种**质料**。

如果本质被习得，那么几件事情随之而来。第一，它们的习得有可能很好，也有可能很差——有可能获得关于本质或本质联系的**歪曲的**或**不完整的**知识，由此一个人依据自然立场的知觉乃至感受有可能被限制，或者被歪曲。第二，通过现象学反思，**改善**我们的本质知识，并且**把**我们的知觉和感受**扩展**到它们假定的意义和价值中，这将是可能的。我们越是走到我们的世界经验的根源，就越是扩大我们对事物的充实、复杂性和特异性的认识。与此相反，正如我们在第二章所了解的，经验主义的哲学坚持，我们的知识越是适当，它就越抽象、越衰弱。此外，舍勒反对康德的如下看法：我们知性的形式范畴是**静态的**，而且我们只能扩大我们有关事实情况的知识。而舍勒坚持，我们的本质域知识能够扩展，并且能扩展到决定并构成其他文化和文明世界的结构知识。第三，质料本质被习得，从这一事实推出，心灵是在学习某个独立于心灵活动的世界的**客观的**结构，而不是简单地把内在的和非习得的知性结构应用于一个本质上逃避我们知识的世界。

决定秩序——对象在其中基于自然立场成为被给予性——的**意义**—结构，或者说先天质料，在认知过程中位于比康德的知性范畴更深的位置。这一点对于舍勒思想来说是根本的，所以我们将考察《现象学和知识理论》的一长段引文。

> 康德称为"直观和知性形式"的东西对于现象学经验来说是**可展示的被给予之物**。确实，存在着这样的东西，它们根本上绝不在自然的世界观中或依据科学立场"被给予"，而是在其中作为**选择**的原则和形式**起作用**。这告诉我们什么？这告诉我们，存在着一个严格的奠基秩序，在其中现象在两个类型的经验(例如，基于自然或科学的立场)中成为被给予的，所以，如果现象 A 没有"**在先**"——在时间秩序中——被给予，那么现象 B 也就不能被给予。因此，空间性、物体属性的性质、有效性、运动、变化，等等，都不是通过所谓"知性"——作为它的相关活动的综合形式，或者只是作为从它之中抽象出来的一点东西——被添加到一个被给予的对象中去，毋宁说，所有这些东西都是一种独特类型的**质料现象**：每一个都是小心的和费力的现象学研究的对象……但自然经验是如此被构成的以至于这些现象必须总是在它之中**已经被给予**，以便**其他**的现象，例如颜色、声音、气味和味道的性质，能够被给予……先天之物仅仅是——如果这个选择秩序被建立——那种知识，其质料**必须在被给予性的秩序中被给予**，就对象——关于这种对象的知识是先天的——已经被给予而言。①

舍勒为这个奠基秩序理论提供了下列例子。**空间性**必须先于且

47

---

① "Phänomenologie und Erkenntnistheorie," *Gesammelte Werke*，Band 10，S. 415-417.

独立于在空间中的对象被给予，即是说，先于事物的位置和状态甚至事物的性质。这种"事情"（thing）的本质[事物的观念，物性（Ding-heit)]、物质（matter）的本质，以及物体（body）都必须在物理对象能够被给予为一个特殊的"什么"和具有质料性质之前被给予。空间中的图形在它们性质中的联系可能被给予之前被给予。类似地，舍勒写道："可直观的关系，例如'相似的'都是先于且独立于这些关系的载体被给予，但是毫无疑问，是作为加入载体的知觉内容的东西，即那个能建立被知觉到的相似性东西的选择原则。"我如何能发现马克斯和莫里茨是相似的男孩？除非在他们之外，或在其他任何事项之外，我已经发现了"相似性"的意义，因为这种"相似性"意义先天地决定了我的知觉，使我能够在那些东西——它们如果没有这种相似性意义就是不相关的事项——中看到特征。尽管如此，"相似性"本身就是关于那个我能够依据现象学立场直观地"观看"的世界的一个本质实事。

我们可以估计舍勒在这些早期文章中疏离胡塞尔的程度。毫无疑问，在舍勒的奠基秩序观念——它先天地决定我们基于自然立场的知觉——和胡塞尔的构造性观念之间存在着种类的同构。但是，对于舍勒而言"被构造的"东西不是对象本身，而是作为价值和本质之载体而成为被给予之物的对象，这些价值和本质已经被认知主体在其与本质域的交往的基础上，在感受和认识中认知。基于自然立场的人类知识的发生受到不是由人类心灵所创造的，也非从事物，更非从感觉—性质中抽象出来的意义—元素的影响。这些是我们经验为超越的和独立于我们自己的实事。① 关于舍勒的立场，值得注

① 存在着一种有趣的争论，这种争论不时地从关于存在论的讨论中产生，即某一心理学类型的哲学家是否不会被这样一种观念所击退——世界能够是任何避开人类认知、语言和选择的东西的产物。加布里埃尔·马塞尔（Gabriel Marcel）对萨特的"存在的憎恨"的值得注意的批评就是这种冲突的一个例子，这个冲突的解决显然超出了这个事例的现象学被给予之物。

意的东西是，这些影响（意义元素）本身可以在现象学的反思中被给予，即是说，我们可以清晰地看到我们用以知觉我们日常生活中所遇到的相似对象和物品的眼镜。对于舍勒来说，没有任何东西从根本上来说是对我们隐藏的；尽管我们不能够用我们自己的鞋带把自己提起来，但我们仍然可能理解使我们与地球保持接触的重力的本性。对于舍勒来说，"事情本身"不仅是知觉的对象，而且是本质自身，因为它们通过现象学可以被给予。舍勒没有设想现象学的程序是容易的；但我们已经在本质域中，否则我们将不能认知世界中的对象。不存在我们不得不通过现象学还原的方式达到的先验自我。对于舍勒来说，在现象学还原的中间阶段，还原被视为是方法论的，而且仅仅包含注意力指向本质域的转向——为了发现构造我们对世界的日常认识的那种意义。

把这个想法应用到**知识概念本身的奠基**问题中的一个例子，可能有助于我们的问题的理解，因为本章始于对知识本性的反思。舍勒在后期著作中对知识概念进行规定，并且更谨慎地强调他与胡塞尔之间的差距。在《认识和劳动》中，他注意到，所谓认识论，只是最近才致力于研究自然科学以外的知识形式。他注意到，"正确"和"谬误"在科学中是相对清晰的语义概念，但它们绝不构成**最终的**或最原初的知识概念。确实，正确和谬误被主要应用于判断，判断本身必须具有被给予性的"有意义性"和"相即性"范畴——已在先被应用于判断，人们能够在奠基秩序中评定它的正确或谬误。认识（Erkenntnis）理论的多样性本身——这在当今关于认识论的著作中得到捍卫——证明如下事实：对于每一种理论来说，都有被研究的不同**种类**的某种知识。例如，知识的**实用主义**的概念——舍勒把它定义为在"导致有用的行为的判断的形成"中被建立的——显然仅仅适用于科学所追求的知识，并且，我们可以补充说，它仅适用于那种把自身理解为以根本的方式与技术联系在一起的科学。按照舍勒的

*49*

看法，胡塞尔把知识定义为"在各种感性直观之间，以及在所有感性的和非感性的具有明确含义的直观内容之间的一种'明见的'相合统一的创造"①。这似乎是适用于舍勒本人的现象学知识定义的一种知识定义，它是纯粹实事的"展示"的结果——被意向和被给予之物在自身被给予性中一起（sich decken）出现。在胡塞尔的定义中，舍勒所反对的是什么？

胡塞尔的知识定义的问题是，它假定了世界对于人的被给予性，并且假定了在科学中具有其适用性的一种真理概念（作为某个判断的"正确性"），因此它没有渗透到那种拥有一个世界的**原初**行为中，知识在其中作为一个判断的正确性，或者作为感觉的被给予物和意义的被给予物的一致，才开始变成可能的。在这部后期作品中，舍勒倾向于以本体论而非现象学的方式解释纯粹实事或**原现象**，但他的话语本质上是纯粹实事与知识的现象学展示：

> 知识是一种**本体论的关系**，并且事实上是这样一种本体论关系——它假定我们称之为整体和部分的存在形式。它是一个实存事物在另一个实存事物的**如是**（thusness）——通过这种如是，在被参与的东西（what is taken part in）的是——如此中没有预设变更——中的**拥有一部分**（having-part）关系。"被知道之物"成为"知道"者的"部分"，但没有在任何方面从它的位置上移开，或者在其他方面以任何方式被变更。这个本体论的关系不是一种空间的、时间的，或者因果的关系。"精神"（Mens）或"心灵"（Geist）对于我们来说意味着 X 或者在那种"知道"存在中行为的全部内容，通过那种"知道"存在，这样的参与（taking-

---

① *Erkenntnis und Arbeit*，*Gesammelte Werke*，Band 8，S. 202. 德文为："Das Herstellen einer 'evidenten' Deckungseinheit zwischen Sinnesanschauungen untereinander und aller sinnlichen und nichtsinnlichen Anschauungsgehalte mit bestimmten Bedeutungen."舍勒引用了引号中的这段文字，但没有指明它在胡塞尔作品中的出处。

*50*

part）是可能的；通过它，一个事物，或者，更好地，任何存在的**是——如此**——并且仅仅是这个是——如此——变成一个"**意向存在**"（ens intentionale），与必然**外在于**和超出知识领域的简单实存相对。这个 X 的根源，决定了导致任何形式的"拥有——部分"行为执行的运动因素，它只能是超越自身以及它自己的存在——我们在最正式的意义上称之为**爱**的那种**参与**。①

人们想知道，舍勒对于不确定性原则将会怎么想；在这段文字写下几年后，维尔纳·海森堡提出了一个原理，它指出，对象**存在**实际上受到观察它们的特定行为的影响。确实，这样一个发现对舍勒的可能影响要小于对胡塞尔的影响，对于后者来说，认识行为是内在于构造过程的。然而，正是这种不确定性原则已经使一些现代思想家相信——在前面的一章中，我在此语境下指的是希拉里·普特南——在观察者和被观察之物之间存在着一个不能逾越的"割裂"，它使关于实在论的探讨，即便不是靠不住的，也是成问题的。

上面那个段落提供了舍勒观念，即现象学反思能够发现和展示的奠基的先天秩序的一个例子，同时它也向我们呈现了舍勒哲学的两个主要的论题和不变的关注点。第一个主题是，人格观念对于那种本体论是根本的，那种本体论假定世界对于人——而不只是对一个抽象地被设想的知识"主体"——的客观被给予性，在那里人超出他或她自身去把握世界中的对象，并且**让自己被这些对象改变**。这是一种交互活动，双方在其中并通过它使其自身得以实现；人类、世界，甚至（在其后期著作中的）上帝，都不是完满的。第二个主题是，我们具有这种观念，即就人类的人格而言，知识的可能性本身被奠基在一种**爱**的行为中。这些是后续章节将讨论的主题。但此时我们可能会特别注意这个段落用以阐释现象学程序的方式。舍勒在

① *Erkenntnis und Arbeit*，*Gesammelte Werke*，Band 8，S. 203-204.

反思知识现象，并且追问，在人类智力成就的所有领域中被称作知识的东西如何**被奠基**在更深层次的或更原初的现象经验**之中**，而且他得出结论：在其最深层次上，知识以超越认知主体本质中的取得—部分（taking-part）为前提。主体必须到达自身之外，而不是进入自身，像胡塞尔的《纯粹现象学和现象学哲学的观念》教导的那样，去发现世界和它的本质的本性（essential nature）。

　　它也可能有助于研究如何比较舍勒的知识理论和柏拉图、亚里士多德的知识理论，后两者的概念对于许多西方关于本质问题的思想是基本的。亚里士多德把本质划分为对象的"图像"（或者可感形式）和意义—内容，当它们符合时，它们就给予我们一个对象的具体的如是（thusness）。对于亚里士多德来说，这两种元素都属于事物本身。他的观点把柏拉图那里显现为假设的东西主题化了。在《欧悌甫戎篇》中，欧悌甫戎和苏格拉底辩论虔诚的本性。双方都试图上升到理论层面上澄清他们对这种现象的本性的理解，而且双方似乎都同意他们关于它的观念，无论是清晰的还是模糊的，都是某种存在于他们的理解努力之外的最终本性的一个近似物。他们尝试这样做时带着如下信念：只有在他们适当地理解虔诚的本质时，他们才有能力正确地判定，一个特定的被知觉对象是不是虔诚的一个例子——在这个对话中，欧悌甫戎控告他的父亲谋杀。由此我们就在辩证中拥有某种特定对象的一个"图像"或例子；存在着认知主体，他试图定义某个概念所表示的本性，同时，辩证活动希望终止于这样一种判断，即例子是或不是概念所规定的东西的一种情况——现在已被充分地认识为它是什么。显然，好的实践要求关于正在被实践的东西的一种好的理论或解释。对于柏拉图来说，虔诚、正义、政治才能，甚至友谊，均要求哲学的有效实践，尽管在《吕西斯篇》中苏格拉底总结评论说：他的对话者全都是好朋友，然而他们尚不能澄清友谊的本性。

舍勒无疑会同意，把一个行为知觉为一个虔诚行为，这假定了虔敬概念事先已经被把握，尽管它还是模糊的。他会同意，这个概念本身可能涉及：预先把握了诸如神圣、礼仪、正义，以及在《欧悌甫戎篇》中起作用的其他概念这样的观念，这些观念每一个都为现象学研究提供了主题。同样，他无疑会同意，他确实坚持，虔诚的知识对于某人自身成为虔诚的是有价值的，即是说，这种知识本质上具有道德转变的力量。舍勒不同意柏拉图的如下观念：对象"分有"形式，对象是这些形式的摹本，而且是它们依靠这种分有的方式所是的东西。对于舍勒来说，本质本身并没有可以施加于参与其中的对象的任何形成性的（formative）力量。毋宁说，我们——人类的人格存在——通过把对象知觉为**承载着**本质的方式参与或融入一个世界。这些本质都是概念结构的元素，我们通过自身超越的行为习得 *52*
这些概念结构，并借以去经验世界中的对象。现象学是对这些概念结构及其奠基秩序的研究。

对本质的先天奠基秩序的介绍和展示，为回应针对柏拉图式和亚里士多德的本质概念的典型反对意见提供了基础。例如，亚里士多德因为主张我们能够清楚和精确地区分事物本质的本性和属性，在过去和现在经常受到批评。我们记得把人定义为"理性动物"或"无毛两足动物"中所固有的那些困难，因为这样的定义招致反例：傻瓜或者拔毛的鸡。更进一步说，古希腊人和中世纪欧洲人理解事物的本体论——在这个例子中是人类的存在——的尝试和这样的一种宏大企图，即试图了解什么东西在其最内在的本性中把世界结合起来，都遭到了嘲笑。舍勒的现象学哲学，在后期著作中还没有转向形而上学的时候，是在探索现象的描述内容和我们语言所假定的意义—结构。因为他的现象学不是使人们在把握一类事物的本质中能够区分某个特征的相对重要性，像古希腊人相信"理性"在人的定义中是最重要的那样，而毋宁是使人们区分意义—元素的复合结构的相互联系，这种联系构成判断的基础——例如，"人是一种有理性的动物"。在我们能够把诸如"理性"这样的事物或者这样的"动物"带到被给予性**之前**，关于作为本质世界的世界还有什么是我们必须已经把握的？同时，**在那里，在它们相互联系的本质结构中，**是否还有一些**为其他元素作奠基的，**并且它们本身不奠基在更深层次的、作为它们被把握的可能性基础的条件之上元素？这些东西可能是原现象，关于宇宙的最"原始的事实"——之所以是原始的，是因为它们不能从任何其他东西中衍生出来。下一章我们将考察本质本身的本性，和人的人格存在借以去认知世界的那种过程；也就是说，本质如何以一种特定的秩序并且按照被给予性的先天规律被"奠基于"我们之中。

# 第四章
# 本质的概念

不知是否有人写过有关"本质"的概念史，抑或全面考察过这一概念与西方哲学史上的有关概念——人们立即会想起柏拉图的"理念"、拉丁文 essentia 之类的表示"本质"（quiddity）的术语以及舍勒本人所说的"所是"（Sosein）——之间的联系。无论其意义和用法如何千差万别，此概念可谓根深蒂固，甚至一再出现于日常语言之中。近数十年来，它又成了效仿弗里德里希·尼采的形形色色的后现代主义者和解构主义者攻击的焦点——尼采诋毁这一概念，斥之为西方文明的一种偶像，一种助长了西方文明中的绝对主义和褊狭的偶像。[1] 然而，本质的概念现今之所以被弃之不用，并非只是因为尼采的大声疾呼。对古希腊和中世纪哲学而言，这一概念是普通的，它意指事物因其分有某种本性而是其所是；而对摒弃这种定性分析的现代科学来说，这是一个不相干的概念。在现代人看来，认识事物的本来面目绝非认识其本质，而是认识在可观察的事态中决定着现象的特性或变化的力——"力"在这里被看作可以量化描述的四种（或说五种）基本的力之一。我们称之为"科学"的领域中发生的这

---

[1] 参见 Eugene Kelly，"Essences," *Aletheia：An International Yearbook of Philosophy*，1993/1994，Ⅵ，pp. 100-115。

种断裂恰恰使我们意识到：当人们想"认识"或"理解"某事物时，要对所探寻之物作出具体规定谈何容易。

然而，在西方历史进程中，本质的概念在认识的具体规定以及理解方面起到了首要的作用。对西方文明抑或对所有人而言，这也许是一个必不可少的思想范畴。佛教要求不落言筌，认为一切皆是空（sunyata），但还是保留了"真如"（suchness）这一说法，并以此来标示某种存在状态之性质——例如，一朵玫瑰的"真如"，同时否认"玫瑰性"（roseness）所指的本质具有任何实体性。本书始终认为，本质的概念必然保有其仍可为今日哲学家们所用的坚固内核。本章的任务就是要澄清这一概念并分析它在舍勒的现象学及其后来的本体论思想中所起的作用。

为什么本质的概念对西方思想家而言如此重要？为什么它在西方哲学史上的很多时期一再出现？我们可在最后一章提出的有关问题中找到一种答案。判断如何可能具有语义方面的价值，也就是说：判断如何可能是关于外在于语言和语言规则的某物之"真"或"假"的判断？问题的根源之一在于这样的事实，即我们对其作出判断的东西本质上通常是单数的（"那是一棵树"），但用来指称它的词则可能是一般性的。我们有关世界的种种经验的单一性是否必然不会超出语言之所能及的范围[语言用通名（譬如"树"）来描述这些单一性的东西]？启蒙思想家们解决这一问题的巧妙方案是：认定我们所用的通名不仅"意谓"（refer to）单个之物，而且借助某种性质如实地"表现"（represent）了那些事物，这种性质构成了所表现的事物之特定存在，并且其本身是不依赖于事物的。这类性质——在此被称为本质或实体的性质——成了意识和世界之间的中介；人们借助它们认识世界，并且，对柏拉图主义者来说，这些性质就是事物赖以成为其所是的东西。柏拉图主义者和亚里士多德主义者之间的争论（舍勒最终以自己的方式来处理这种争论），即本质是自在的还是存在于事物之中的；如若后者正确，本质是和事物同时存在还是后于事物而在——不论赋予本质何种地位，至少他们都预设了谈论本质之类的事情的必要性。柏拉图主义者回答了这样的问题：如果在我们的日常感知中出现的只是事物的影像，那些不断变异和破灭着的影像，我们如何能获得关于事物的本性的知识。对他们而言，认识即认识事物的**本质**——用比喻来说，即认识事物的"蓝图"。本质是精神性的，但能以某种方式在物质的方面体现出来。事物的本性既可与意识也可与物体相结合，因为它能被意识所认识并参与物质性的存在之中。因此，本质的概念可以作为一种中介，意识凭此中介由关于事物的意见进至关于事物本性的认识，并最终升华为有关这些本性的精神根源的认识。

在美国哲学家中，乔治·桑塔亚纳是以本质的概念作为其思想之核心的最杰出代表。在我看来，他的"本质域"（Realm of Essence）接近佛教有关本质的说法。因为，对他而言，本质是世界上有意义之物的一种结晶（crystallization），其暂时性的形式是由不具有意识的事物匆匆构成的，又被偶然的、作为副现象的人类意识所观察到。和舍勒后期的哲学思想类似，桑塔亚纳将意识看作物质性盲目冲动的一种无力的表现（但和舍勒的形而上学不同，他并没有在精神那里找到一种与物质相对的东西，桑塔亚纳认为意识是大脑中的事情，和物质没什么冲突）。他们两人都认为意识所察知的本质使意识本身发生了改变，但认识本质的能力很可能是一种不受监控的进化过程的偶然的副产品。对桑塔亚纳而言，本质不过是任何在意识中被给予之物的特征，那些特征唤起了意识对该事物本身的兴趣。例如，巧夺天工的艺术品让人的意识有机会凝思本质，本质给凝思者带来了喜乐以及某种生命的意义。物质性的"灵魂"（psyche）——桑塔亚纳用这一术语描述使人类的思想得以可能的冲动机制——激发起意识中凝思的因素，即精神；人们在精神中寻求、察知本质，并享受本质所带来的喜乐。他写道，灵魂和精神"是这样的一条溪流，它从岩石上流过，或又注入池塘，潺潺水声演绎着变幻无穷的音乐，但它并未因此失去其存在的任何部分或改变其行程，却不知不觉地以一种崭新的美使世界变得丰富多彩"①。这一比喻本身就是桑塔亚纳所谓"本质"的一个完美典范；在后面的章节中，当我们谈到他的这种看法与本质概念在舍勒的形而上学、人类学和教育理论中的作用——而不只是其特性——所形成的有趣对比时，或许可以重新思考这一寓意深刻的比喻。②

耶鲁大学哲学家保罗·怀斯（Paul Weiss）在为第一版的《形而上学评论》③而写的一篇论文中曾试图去辨析本质知识的特性和作用。他写道："本质，是一种意义、一种结构，是事物的特征、特性，是事物之'所是'（what it is）。"显然，如果本质非得要用这样的一连串的词语来加以描述，那么它就不是件简单的事。这种笼统的描述直接导致了一系列问题（而不是混杂隐喻）的产生，也就是怀斯在其长文中想要解答的那些问题。事物的**意义**显然不同于"它是**什么**？"这一问题的答案，我们所说的某物的"特性"也显然和其"结构"或所意指的东西不可同日而语。另外，"意义"这个词似乎适用于人的言语和行为方面（"他那样说有什么意义？"），而"某物是什么"虽然可能适用于言语，但也只是作为事物而不是作为意义而被运用于言语方面。这种分析已和桑塔亚纳的本质概念相去甚远，因为，他所说的"本质"确实指的是特性和意义，而不是**关于**事物的。毋宁说，他讲的"本质"是精神在被给予它的或所关注到的对象作为现象的显现方面

---

① 转引自 John Herman Randall, Jr., in "The Latent Idealism of Materialist,"*Animal Faith and the Spiritual Life*, ed. John Lachs, New York, Appleton, 1967, p. 98。

② 有关对桑塔亚纳的本质概念的批判，参见 Eugene Kelly, "Platonism and Pragmatism in Santayana's Philosophy of Religion," In *Religion and Philosophy in the United States of America*, ed. P. Freese (Essen; Die blaue Eule, 1987), pp. 427-447。

③ Paul Weiss, "Being, Essence, and Existence," *Review of Metaphysics* 1, 1 (September 1947)。

所察知到的东西，而不是旨在获得关于事物的真理的那种认识的对象——怀斯就是这么理解的，虽然他可能对其本性感到困惑不解。对桑塔亚纳而言，虽然把握本质可使人活得有意义，使人生少经历些"疯狂和痛苦的事情"，而且本质也可能成为某些空想的形而上学的重要范畴，但本质存在不过就像溪流中美妙的水声一样，它只为驻足聆听的漫游者而存在。

以上概述或许可以表明，现代美国人在谈论本质时要么感到茫然，要么就是心不在焉。难怪当今美国严肃的哲学论文中很少使用这一概念。[1] 抛弃了"本质"概念，其结果首先是：即使关于世界的历史和演进过程的科学知识增长了，我们还是觉得这个世界不可理解。要理解语言如何能够"把握"世界并使不同的经验内容统一起来就成为难事。用欧陆解释学的话来讲，意谓（reference）的问题表现为一个"文本"如何能与另一文本融合。[2] 如果人们找不到一个文本的本质意义，而对文本的每一种解释都是一种创造——创造一种独立于文本的意义，那么，一个文本（哲学作品或者诗歌）和用来解释它的文本就是相互隔绝的，它们存在于各自的真空里面。如果没有参照系，文本之间也就不存在可理解的意义关系。那么说"文本之外无物存在"（Il n'y a rien hors du texte）也就不足为怪了。

本质的概念对舍勒而言相当重要，它不只是一个认识论范畴（如怀斯），也不是一种高蹈的唯美主义所关注的焦点（如桑塔亚纳），而是哲学话语的**特定**对象。在其后期作品中，本质是世界的一种基本的本体论特征；如果说得更神秘一些，本质在自然立场方面的作用就是充当了我们的教养乃至虔敬的基础。我们先来看《认识与劳动》

*57*

---

　　[1] 我注意到，本质这一话题最近重又引起了人们的兴趣，但我认为，这种兴趣仍未对流行的唯名论构成重大挑战。参见前面提到的论文："Essences," *Aletheia* Ⅵ。

　　[2] 关于英美和欧陆思想的联系的分析，参见 Hilary Putnam, "Why Is a Philosopher," in A. Cohen and M. Dascal, *The Institution of Philosophy：A Discipline in Crisis* (La Salle：Open Court，1989)。

中的一段话，舍勒在此谈论的不是三种实事，而是**获得知识的三种途径**：科学的、哲学的和宗教的。其目的分别是：技术的控制、教养和拯救。他只分析了第一种途径，接着就谈到了哲学的主题和目标的问题：

> 据亚里士多德确切的说法，哲学始于心灵中的一种被称作"惊异"的精神活动——惊异于那些具有持存本质的事物竟然**在此存在着**。哲学的思想运动最终总是指向这样的问题，即宇宙作为一个整体，其根基和起因必定有哪般构造，以至于一个"如此"——如此一种世界的**本质结构**——是可能的。在"第一哲学"中，哲学的对象是世界的先天本质结构以及总被一再提出的问题：究竟是什么使具有本质的这个或那个事物得以存在……哲学的问题即发端于此：严格地讲，它与显现之物在时空中偶然存在的规律无关，也和它们的用数字规定的、可度量的量（quantities）无关。恰恰相反，哲学的问题关系到持存的"**本质**"以及在因果性方面的行为的**起源**问题，进一步讲，关系到那**些一般地显现在此之物**的意义和目的的问题。①

我们会觉得这种说法带有浓厚的形而上学色彩，但舍勒思想的基础仍是现象学的。他在这段话里所说的本质是"纯粹实事"——在我们的日常感知活动中，纯粹实事作为意义结构（meaning-struc-tures）而起作用，并在现象学的直观中被给予。现象学，在其为形而上学哲学或一种提纲挈领的世界观提供基础的意义上，是某个时代文化的构成物。文化借此途径认识到：**自有者**（Ens-a-se）是在本质结构中展示自身的。现象学的工作是探究世界的**本质**结构；形而上学的任务则是追问世界为何必定如此，以至于事物完全有可能在现象

---

① *Erkenntnis und Arbeit*，In *Gesammelte Werke*，Band 8，S. 208.

学所发现的本质结构中并且通过这种本质结构显示自身。不过，在本章中，我们的任务是评论性的且并不好高骛远：本质**是**什么，我们为什么必须设想本质是存在的？

我们已经说明了舍勒对这个问题的后半部分的回答：我们必须设想本质的存在，因为，感觉主义的学说并不能说明意识中的概念结构之存在，也不能说明概念结构之建立为什么必须出自本质。关于概念结构的解释只能采取探究世界的意义结构的形式——我们向意义结构敞开并且以认识的方式参与其中。出于自然立场的认识也就是将对象看作本质和本质结构的载体。我看到这张书桌——对我来说，被给予的东西不只是某种特定的颜色和形状，而是一张书桌；它是事物的一个普通**种类**中的一员，经验概念的"书桌"之一例。要将这样一种对象带入被给予性之中，我们必然已对空间、事物、个体以及像书桌这样的人造物所产生的社会背景等有一定的理解。我们的意识已在参与本质域的过程中具有了结构，这样，我们带着本质知识的踪迹——它们是由语言中的范畴所形成的，并先于我们的感知——进入日常经验。这样的知识对所有基于自然立场的将来经验而言是先天性的：我们对事物的经验以以前在类似事物方面隐约感知到的意义结构为根据。只有通过这些意义结构，世界才可理解，并真正成为"世界"，而不像在动物那里，世界仅仅是"环境"。① 当我们在现象学的反思之中回返本质域，我们就能澄清和深化本质知识，并因此使我们对自然立场上的被给予之物的理解臻于完善。就像在柏拉图那里一样，这种理解的实现对舍勒而言也是摆脱日常生活的世界的一种精神解放，并且是进入形而上思考的唯一合理门径。现在，我们转到一个更困难的问题上来——本质会是什么样的一种存在？

———————————

① 舍勒在《人在宇宙中的位置》(*Die Stellung des Menschen im Kosmos*，*Gesammelte Werke*，Band 9)中阐释了有关动物生存于某种环境当中而不是在世界之中的说法。

我们来看舍勒在《伦理学中的形式主义与质料的价值伦理学》的
第二篇中的另外一段话。他认为"先天的"就是"观念的含义统一和定
律"，它可由直接的直观获得；这样的统一通过直接的直观进入自身
被给予性之中。接着，舍勒转到了如下的问题：这些观念的统一是
什么？它们是在何种意识行为中被给予的？

> 如果我们将这样一种"直观"的内涵称为**现象**，那么"现
> 象"就与（一个实在之物）的"显现"或"假象"（Schein）无关。但这
> 种直观是"本质直观"，或者也是——我们想说——**现象学的直
> 观**或**现象学经验**。它所给予的那个"何物"（what）……或者
> 在一种观视（vision）①中被把握，或者就没有被把握并因此也未
> 被给予。因此，本质性或何物性（Washeit）**本身**既不是一个一般
> 之物，也不是一个个体之物。例如，红这个本质既在红这个一
> 般概念中，也在这种颜色的每一可察知的细微差异中一同被给
> 予。唯当本质性在显现时与对象相关联，一般性的含义或个体
> 的含义的区别才初次产生。如果一种本质性同一地在很多不同
> 的对象那里显现出来，并且以所有"具有"或"载有"此本质的东
> 西的形式显现出来，那么这种本质性才是**一般**的。但是，它可
> 以构成一个**个体**事物的本质，且并不因此而不再是一种**本
> 质性**。②

被给予的或者为任何人所"拥有"的世界有一种本质结构，意识

---

① Erschaut：因为这个词常用来指看到重要时刻中的某事物，所以我的英文翻译中
使用的是 vision；类似地，vision 指的是看到奇异的、伟大的东西或把握到某种新的东西。

② *Der Formalismus in der Ethik*，*Gesammelte Werke*，Band 2，S. 68. 此处自英文
译出。该书中译文参见[德]马克斯·舍勒：《伦理学中的形式主义与质料的价值伦理学》，
倪梁康译，57～58 页，北京，生活·读书·新知三联书店，2004. 以下注释参考该译著
时简写为"《形式主义》(倪梁康译)"。——译者

以各种方式能够领会并且确实领会着这种本质结构。在这样的领会中，意识自身获得了一种先天的结构，一种感知和认识的**秩序**，并且通过在现象学的直观中向其结构之根源，即本质自身的回溯，这种秩序可被**澄清和校正**。使本质在人的意识中得以激活的过程，舍勒称之为"功能化"（functionalization）。这一说法在《论人之中的永恒》中表述得极其清楚，文中有全部用斜体着重标出的一段话："在针对偶然实事的情况下，本质认识作为理解的单纯'应用'的一种法则而发挥其功能，［理解］'依据'本质关系去把握、分析、看待、判断偶然的实事世界。"①在对有关"无并不在"的认识的抗阻现象中，意识被**唤醒**；而在爱的行为中，意识被驱使去探究世界的本质结构。意识以一种隐秘的方式习知关系与本性，并且将理解运用于它在内外感知和感受中所遇到的对象方面。从自然立场看，仅在充当一种**选择的原则**的意义上——在那些呈现于感官的偶然对象中作选择，本质才作为一种关于可能经验的"规则"起作用。作为选择的规则，本质是为意识所习知的，而不是意识所提供的东西；它是关于世界的质料实事，而不是我们对世界的理解的形式结构。正如我们在前一章所注意到的，正因为本质是可知的，以及伴随着本质在感知中被给予之物的充盈，本质知识的领域才可能得以扩展。作为关于世界的质料实事，本质当然是认识的对象，并且可被用来遏制主观主义和相对主义。

借助本质直观，我们进入了人类意识的一个非常特别的领域，并且，也不会对胡塞尔要选择某些意识区域以涵盖这一领域的做法感到诧异——这样，我们就可以将其"先验本我"（transcendental ego）看作现象学的本质直观的"场所"。舍勒并不想揣测人们进行**本质直观**之能力的特性和根源，也不想将本质直观置于某一具体化的精神"空间"中；对他来说，本质直观只是一种可经验到的意识功能。

---

① *Vom Ewigen im Menschen*，*Gesammelte Werke*，Band 5，S. 198.

60

人类是我们所知道的唯一既能使用语言又能了解语言所具有的意义的生物；人不但能运用逻辑关系从前提推出结论，而且，正如亚里士多德最早所说的那样，人能够反思逻辑关系的抽象性质，甚至能构造具体说明其句法现象的人工语言。我觉得，其他动物或者计算机设备尚未表现出这种能力。如果有本质这回事，似乎也只有我们能了解。甚至当我们还是小孩子的时候，我们就不但知道躲避明火——正如所有动物都会的那样，而且同样也知道：**如果**我们或**任何人把手放到火上，那么**我们就会被烧伤；我们还能由此反思火的性质或者"如果—那么"的一般关系。

这种反思意义的能力似乎是显而易见的。然而，对本质和本质关系的论断却让我们坠入浓浓迷雾之中。神秘的东西不是形而上学或认识论意义上的。形而上学问题固然会引起对本质的地位或其可能具有的存在类型的关注。认识论的问题会关注：是否任何含义理论都必须用到本质这一概念；或者，我们是否应该使点小聪明，赞同一种论证充分的唯名论而消除这一概念。当我们为其确然性而探究**现象学的**根基的时候，我的心里产生了一个谜团。本质的功能化学说明晰得足以证明其确然性吗（虽然这种学说在其他方面可能是有用的、有趣的或新颖的）？我本人不能毫不犹豫地就肯定它，原因在于：我难以将我思想中的前语言的预设和语言的莫测变幻区分开来——本质的概念倾向于为这些预设提供根据和指引。前一章提到舍勒关于本质知识是习得的事实这一观点。但他并没有给出有关此习得过程的现象学的解释。或许他认为，我们在所有的语言学习之前就已经意识到后来体现在语言的符号和结构中的本质。紧接着上面所引的《伦理学中的形式主义与质料的价值伦理学》中的一段话之后，舍勒告诉我们：现象学的经验与任何象征（symbol）无关。

> ［现象学的经验］给予实事"本身"并因此是直接的，即不通

过任何类型的象征、符号或指示的中介。所以，例如一种特定的红可以以极不相同的方式得到**规定**：譬如，被规定为"红"这个词所描述的**那个**颜色；被规定为**这个事物**或这个特定的表面的颜色；被规定为一个特定序列中的颜色，如棱镜光谱的序列……它在这里似乎处处且同时显示为一个等式中的 X 或充实着某种条件关系的 X。但**现象学的**经验是这样一种经验，在其中符号的**总体**、指示或有关规定类型都可以找到**最终的**充实。只有它才给予我们红**"本身"**。它使 X 成为**直观的实事内容**……因此，我们可以说：所有**非现象学的**经验原则上都是通过或借助某些特定的**象征**的经验，因而也是永远无法给予我们事情本身的**间接**经验。只有现象学的经验本质上是**非象征的**，并且，正因为如此才能去充实**一切**可能的象征。①

所以，我们对本质的最初习得即便是认识方面的和意向性的，也一定是前语言的。但我们能说一种思想不以象征为中介，或者更宽泛地讲，不以语言为中介吗？② 此前我们曾注意到，唯有人能够反思语言中概念所蕴含的意义。然而，这种反思可能还只是言语行为的一种形式，而非如舍勒所认为的，是一种去象征的（asymbolic）直观。认为鉴于语言的运用本身是可能的，因而前语言的直观之类的东西就必然是可能的，这样的观点是行不通的——因为，我们并非要思考必然怎样的问题——这样做会违背一条原则，即不可假设那些在现象学的经验中未被给予的东西；而这里所要讨论的问题恰恰是现象学的经验。更何况在结构语言学家、行为心理学家以及意

62

---

① *Der Formalismus in der Ethik*，*Gesammelte Werke*，Band 2，S. 70. 参见《形式主义》（倪梁康译），第 60 页。——译者。

② 关于这个问题的一般性的而非总结性的讨论，而且是参阅了广泛的文献资料的讨论，参见 Charles Landesman，"Does Language Embody a Philosophical Point of View?"*Review of Metaphysics* 14（June 1961）。

识哲学研究者中间，儿童的语言产生的问题仍是个极具争议性的话题；并且，这个问题无法从经验方面作出清晰而肯定的回答。[①] 我们必须向我们自己发问，而不是针对舍勒是不是真的想将语言行为奠基于非语言的直观之上——这种直观可被确切地描述为一种与关于世界结构的本质实事之间的精神交流——提出疑问。在下面的章节中，我们将考察他对纯粹实事或本质所作的相当多的现象学的展现。在此，我想提出我自己对这个难题的一些看法。

日常经验中的意识内容既可以是清晰的也可以是模糊的。我们的日常生活世界成为其所是的过程是不确定的。我们关于我们早期的学习经验的记忆也不清楚。经验心理学家们试图了解儿童学会理解世界的过程——而不只是各个阶段；但据我所知，他们所得到的仍是些非常粗略的结论。当我们开始思考诸如此类的问题时，我们早已置身于世界之中并且已经具有了语言以及种种理解的习惯。我们只能在非常有限的范围内分析用来解决新问题的算法（algorithm）（假设我们所分析的实际上是意识所运用的算法）；而且，只是和有着非常严谨的结构的事情有关的规则系统，如下棋之类的游戏的玩法。有些问题即使在今天仍是晦暗不明的，甚至难以对它们作出描述性的回答；例如，我们如何获得新观念；在解决问题的时候，我们是如何使用所谓聪明才智的；甚至，当我们意欲运动手指的时候，我们究竟是如何开始运动的。在前文中，我曾提出可以借助"力场"这个比喻来描述意识的认识内容。由此看来，不同观念在各个方面相互扩展，它们各自的变化并非以可分解为"范畴"或"智力活动"或"理解的图式"的那种数字式的方式产生的，而是处于一种过程中——这个过程可被从"我们内在的某处"浮现于意识之中的，或者从外部借助舍勒所说的看、听、嗅之类的"功能"而出现的新观

① 在此语境中使用"习得"（learning）这个词是有问题的。参见拙著 *Max Scheler*，Twayne Publishers，1977，pp. 48-49。

63

念所打断。照这样的分析看来，本质就是在此过程中起作用的意义结构。当意识去接近世界并理解被给予之物时，意识倾向于使本质明确化。

除了那些牵涉感知的结构性特征之起源的谜团以外，还有其他的含混不清之处可能会使人们对舍勒的本质概念产生困惑。有一种困惑或许与舍勒认为在自然立场方面本质知识作为可能经验的"法则"而起作用有关。法则与本质似乎会"约束"世界中的客体的特性。我们说，狗只能是狗，水只能是 $H_2O$，因为它们本性如此。类似地，如果把"自然法则"和目的在于约束人的行为的法学意义上的律法扯在一起，"自然法则"的概念也可能使人产生疑惑。甚至在像牛津大学数学家和意识哲学家罗杰·彭罗斯（Roger Penrose）那样精深的当代思想家的文章中，人们也会读到这样的句子："但如果意识能够通过使身体摆脱物理规律的约束的方式来影响身体，那么，这将扰乱纯粹的物理科学法则所具有的精确性。"[1]然而，在这个世界上，法则和本质所起的作用并不是对可能存在的事物加以"约束"，它们也不会被"扰乱"；毋宁说，自然法则是我们借以理解存在之物的物理结构并对事物如何运动作出具有普遍意义的描述之手段。先天知识，就像物理规律的知识一样，也可能是有限的、被歪曲的，而且也可能不适用于人们（误）以为可在其中加以应用的某个广泛的经验领域。世界仍会轻快地运转，因为重力的规律的存在和下落的物体的存在并非一回事，狗或水的本质的存在与狗或水的存在也不可混为一谈。"存在"适用于这两个系列的问题或许是一个形而上学的问题，或者说是我们如何选择使用"存在"这个词的问题；但是，狗与本质，这两个系列的东西都是我们关于世界的**经验**的局部。本质并不"使事物成其所是"；只有自然的力量，或者用舍勒后期的形而上学的术语来

*64*

---

① Roger Penrose, *Shadows of Mind. A Search for the Missing Science of Consciousness*(Oxford: Oxford University Press, 1994), p. 213.

说，原初的欲求(Drang)才是使事物是其所是的东西。

舍勒会赞同这种关于本质和存在的分析。对他来说(对桑塔亚纳也是如此)，本质是**无力的**，也就是说，与柏拉图的理念相比，它们不能决定偶然实事的发展方向。我们不要忘了，本质"结构"的说法，和自然"法则"的概念一样，本身只是一种比喻，而不是这个词的字面意思——这正如我们用比喻来言说托起一幢建筑物的"力"。但结构、法则以及本质绝不是空洞的东西，它们关系到所有人的一切意向行为，而且可能与所有能意识到其世界的有感觉能力的生物有关。它们是可知的——尽管可能只对人类而言——只要我们转换视角并反思那些已然有所意指和内在于日常的意向行为中的东西就可以知道了。当我指责某些政客扶持我认为是不公正的社会立法的时候，我心中早已有某种引导我作出判断的对正义的理解。实际上，我可能难以使这种理解诉诸语言，但我凭心灵之眼看到其一般特征。当然，我也可能以正义作为分析和描述的课题，那样我会成为一位哲人。

现在回到本章开头的问题上来：哲学需要有一种本质的概念以使我们能够理解意识与世界的相互关系吗？20世纪初叶，桑塔亚纳、怀斯等人以不同的方式为"本质"作了辩护，但当代英美哲学家已经抛弃了这一概念，并且，当他们不是唯名论者时，比如奎因，通过转向语言——作为由自然立场出发即可把握的结构关系之根源的语言——而对意谓问题引发的诸问题作出了回答。他们认为，自然立场和日常语言是唯一可能的起点，并且是哲学家所要分析的唯一合法的对象。有些人得出结论说，因为存在着很多种语言或语言游戏，它们是不可通约的，我们必须设定许多不可通约的世界，并且每个世界都涉及它自己的语言游戏中的变项。另一些人坚持认为，鉴于很多语义的问题是由于日常语言的误用而产生的，对哲学家而言，唯一合适的态度就是放弃思考某种本体论，并保持一种孩童般天真无知的状态，且不受以往哲学家们关于世界的理论解释的影响。当英国哲学家 G. E. 摩尔发现让他感兴趣的诸如意识、上帝、物质、善之类的东西并不等于人们所**谈论**的这些东西的时候，他非常谨慎地保持了那种无知状态。因此，我们可能会怀疑研究哲学是否需要有"现象学的经验"。难道我们就不能只依靠日常语言并研究**它的**结构，以此尽可能地获得一种关于**我们的**话语之前设的知识，并且解决那些困扰我们的哲学问题（它们归根结底都是概念问题）吗？那样的话，至少我们能够——用维特根斯坦"不可忘却的比喻"来说——让苍蝇飞出捕蝇瓶。实际上，我的一位老师就认为语言分析能够做得更好，并且在分析必然的真（本质关联，Wesenszusammenhänge）的方面已经取得了比胡塞尔现象学更大的成就。①

虽然在这问题上有如此多的不确定性，但我还是愿意相信本质概念对哲学而言是必要的，并且本质可以单独作为基于自然立场的认识之评价标准。认识，就是认识事物之所是及其被给予的次序，并由此转向意义结构，即在现象学的直观中可以获得的意向对象。在本章开头我曾说，至少在最后一章中我们会进一步讨论将本质纳入哲学之中的问题。或许，我更多注意到的是舍勒在理解和解释关于语言结构的认识基础方面所表现出的才华，而对纯粹实事或本质的现象学的被给予性关注不够。在我们继续探讨的过程中，暂且不要对此问题给出一个草率的结论。但愿至此我已充分而清晰地说明了舍勒现象学的方法及其研究的内容是什么，这将有助于我们对其质料的价值伦理学以及与之相关的人的位格的学说进行仔细研究。在下面的四章中，我们将讨论这种现象学。

---

① Chauncey Downes, "On Husserl's Approach to Necessary Truth," *Monist* 49, (January 1965).

# 第五章
# 质料的价值伦理学

　　我们现在已经看到亨利·亚当斯思索但没有发现的舍勒的统一愿景的轮廓。他的愿景是一个几乎无所不包的本质域，这个领域构成人类对偶然事件过程的领悟，但不在因果上影响此偶然事件的过程。本质是：

　　(1)由符号表示的意义；

　　(2)现象学直观中的自身—被给予，本质直观(Wesensschau)；

　　(3)先于基于自然立场的所有经验并且在对象之上被知觉为它们的承载者；

　　(4)独立于人类对它们的意识，它们是关于世界的实事；

　　(5)被人类功能化为在知觉领域中被给予的对象的选择原则；

　　(6)能够在奠基秩序中被排列，在这个秩序中最原初的成员被称为原现象(Urphänomene)；

　　(7)因此关于它们的知识是绝然的(apodictic)，这种知识不容许改变、减少或修正，尽管某个人的本质域知识的**范围**和**秩序**可能扩大、缩小或被颠倒。

　　这个本质域的开放对于马克斯·舍勒来说是"所有奇迹中的奇迹"。它打开一个结构的实在性(realities)的世界，这些结构的实在性决定着我们向世界的开放性，并且使关于事物本质的绝对知识——不同于我们关于事物**行为**的知识——对于我们来说是可获得的。本质的现象学经验给予我们本质的事物本身，加上它们的语言象征和"基于"对象的表象。它使我们能够直接理解那些习得的概念结构的交织，这种交织是我们对世界中事物的日常认识的基础并且影响这种认识。人类在本质域的知识统一愿景的最值得注意的运用在于伦理学，我们现在必须转向这个主题。

舍勒的元伦理学提出一种**价值**伦理学和一种人类的人格的伦理 *67*学。看看这意味着什么。让我们考虑一下价值理论的一种运用，即**道德**理论或关于是非行为的理论。请允许我简略地浏览一下对一些常见类型的道德哲学的分析。其结果将对我们分析舍勒的道德理论有重要意义。多数西方元伦理学理论都属于三个类型：**动机主义的、内在的或形式主义的**，或者**目的论的**。前两类中的任一种理论通常都被称作**义务论的**。它们可以被描述为对受道德判断支配的行为的关注，以及对和先于、内在于或后于它的判断的正当性相关的考量行为之排布的关注。因此，我们考虑道德上相关的善的和恶的行为动机、道德上善的和恶的行为准则，以及道德上相关的善的和恶的行为后果。

目的论的伦理学（功利主义是其最著名的样式）根据人类行为的后果判断其是非；决定该行为道德价值的，既非动机也非道德规则（这个行为可能是其例子）。对于边沁主义的行为功利主义者而言，即使以我自己的舒适为代价，使他人受益，对我来说也是好的（只要我自己的不舒适不大于我所生产的利益），与我使他人受益的动机是否纯粹无关，与我的行为是不是某种可接受的道德准则（"布施饥饿者"）的一个实例无关。对于一个直觉主义者或形式主义者而言，在决定一个行为的正确和错误中，唯一重要的是，这种行为是否为道德律所要求。济贫是善的，即使我的动机是有问题的（我可以给一个乞丐钱财以给那些跟我在一起的人留下好印象，或者仅仅是为了摆脱他），即使这个行为的结果不是有益的（这个乞丐可能用我给的钱去买枪并且杀了人）。对于动机主义者而言，在判断行为的是非中唯一重要的是，这个行为的动机是否纯粹，例如，"做正确的事"的动机，或者"爱邻人"的动机。像爱自己一样爱邻人，按照这种爱的命令对待邻人，这在道德上是善的，即使当那种爱导致不遵守某条道德律，或者即使当我对待他的行为因为错误或者意外而对他有害。我能够以一种非常宽泛的方式，把"登山宝训"（Sermon on the Mount）称为动机主义伦理学的大纲，把"托拉"（The Torah）称为一种形式主义伦理学。康德道德理论的一个巨大优点在于，它致力于**统一**义务论的伦理学：对于康德而言，道德上正确的行为是一种由对道德律的尊崇所激发的行为。

68 　　这些元伦理学理论中的每一种都可能涉及种种具体的规范伦理学。显然，一种动机主义的理论可能赞扬不同的动机，并且把它们之中的任何一种视为真诚的道德行为的源泉。任何形式主义理论或直觉主义理论都可能包含许多不同的道德律体系，它们被当作事物本性所要求的、直觉地被证明为正当的或上帝命令的。而一种目的论的理论可能包含对那些构成"利益""效用"，或者更一般地，人类的"繁荣"或"幸福"的东西的许多解释。此外，与来自道德判断的这些事例一样清楚的是，每一种理论都将证明，义务论的或目的论的伦理学可能至少在一些情况下会谴责其他类型伦理学所同意的行为，或者同意其他伦理学谴责的行为。由此产生的西方道德理论统一性之缺乏，已对当代道德理论造成灾难性后果。苏格兰裔美国哲学家阿拉斯代尔·麦金太尔在其名著①中已经论证，启蒙哲学家们无法用可接受的证据去证明其规范伦理学理论的任何特殊内容，这已经在今天的道德理论中导致相对主义和情绪主义的绝境。鉴于麦金太

---

① Alasdair MacIntyre，*After Virtue*（South Bend：University of Notre Dame Press，1981.）

尔以启蒙方式构想的道德理论分析，马克斯·舍勒的理论可以为道德理论提供一个新起点，它建立一般价值论（包括但并不局限于道德行为理论的价值理论），以作为道德理论的必要准备。

但西方的道德理论不能分解为仅通过目的论道德理论和义务论道德理论的区别而提出的简单阐述启蒙运动计划的那种分类。以一种非常一般的方式，义务论理论和某些形式的目的论理论都是基于规则的，并且都可以回溯到植根于摩西十戒的犹太—基督教传统。西方伦理学传统的这种复杂性以及可能存在的模糊性在于这一事实：这个传统不仅是犹太—基督教的产物，而且也是古典文化的产物。再者，在非常一般的意义上讲，古典传统是基于美德（virtue）的传统。它的主要程序不是判断（把规则运用于人类行为）的形成，而是基于质料价值的行为评价，这些质料价值体现了被认为适合处在种种处境中的人类的品质标准。明确阐明这种类型的理论的最早尝试就是柏拉图和亚里士多德的理论。让我另用一点时间一般地叙述这些理论，以便我们可以拥有一个适当的背景来鉴别那些被我视为舍勒的道德哲学所贡献的力量和原创性的东西。我们可以考察柏拉图 *69* 和亚里士多德在他们的道德理论中共同具有的东西，然后提出他们的值得考虑的差异。

基于美德的伦理学没有忽视行为与道德理论之间的关联。尽管如此，柏拉图没有把人类的美德（aretē）刻画为体现在具有实践才智（intelligence）的人身上（在亚里士多德那里美德的化身是政治人物），而是体现在具有正义、勇敢、虔诚、明智（wisdom）和节制这样的难以形容的品质的人身上——这些表达自身的方式通常只有开明的人才能看到。① 对于柏拉图而言，一个公正的人之所以是公正的，是因为他分有正义本身的形式，这种正义本身的形式的影子就

--------

① 舍勒认为柏拉图的美德形式是不可直观的，并且因此它在一门价值的质料伦理学建基中是没有用处的。

是在这种人或城邦中发现的——在他们灵魂的冲突元素中，或在城邦的构成阶层中已经达到和谐。尽管如此，美德对于他来说不只是一种占有，更是一种成就，并且要求一种管理好自己（既作为公民又作为个人）事务的能力。可以认为，柏拉图的正义理论建立在灵魂概念的基础上，这种灵魂渴望三个层次上的对象，即推论的对象、意愿或意志的对象，以及食欲或生命需求的对象。正义就是允许这些功能中的每一个在获得这些对象的过程中达到其最佳成功的秩序，正义分别作为渴望知识、荣誉和食欲的满足而指向这些对象。正义和其他美德不可分离，尤其不能与明智美德相分离，后者使个人有能力谋划他的道路，并且去实现悲欢离合所不能摧毁的最大幸福。因此，这种正义理论没有直接提到特别的**道德**行为，但正如邪恶和不幸是无知的副产品一样——如苏格拉底坚持认为的，道德行为和快乐同样也是使人能够与自己内心以及城邦同伴和谐相处的明智生活的副产品。有了这样一种成就，遵守普遍道德规则之要求的、不依赖于美德成就的道德观念几乎就消解了。

在亚里士多德那里，善的生活——**幸福**（eudaimonia），也被构想为理性的一种成就。然而，美德（aretē）是一种只有在积极的政治生活中才可能的成就。美德是人的自然潜能借以实现的方式。作为其所是的人与作为其所能是的人形成对比，如果他实现了人类与生俱来的全部潜能，即他的**目的**（telos）。当亚里士多德把作为其所是的人放在一个**城邦**中时，自我实现的过程就只有在积极的政治生活中才是可能的。幸福或者说生命的康乐（vital well-being）就是从潜能走向行动的副产品，在理性活动的生活中按照美德在使人的才能得到发挥的背景中得到实现。一个人的美德被他在**城邦**中的同伴认作一种自我—掌控的成就，以及对重大的共同生活目标作出有益贡献的能力上的成就。美德概念通过那些活动的本性和目的被赋予内容。特定的美德，如正义或者勇敢，不能脱离它们而被定义，而且

70

无论如何，亚里士多德早在《尼各马可伦理学》中就提醒我们，伦理学的主题不能像其他学科那样具有精确、明晰和普遍性这类性质。毋宁说，具有美德的人在他的实践活动中，将在激情可能会驱使他走向的两个极端之间寻求一种中道（a golden mean）。我们承认勇敢的人是既不屈服于蛮勇，也不屈服于怯懦的，即使他强烈渴望这样做，而且承认他在寻求那种中道，即理性指引他走向的勇敢。他反思他自己灵魂的善以及**城邦**的善，并且从实践经验中知道何时抑制他自己，以及何时激励他自己走向这种战斗。罪、犯法、邪恶——**不能自制的**（akrates）——对于有德之人确实不够好，有德者知道它们与其**目的**之实现和**幸福**之享有是不相容的。

亚里士多德能够根据审慎智慧（prudential wisdom）——它能让一个人快乐并且对其共同体的兴盛作出有意义的贡献——的不足或缺失，从道德上解释古希腊人关于人的品质差异的信念。共同体的某些成员凭借训练或与生俱来的能力能够作出这样的贡献，而其他人不能。实际上，亚里士多德把生活在**城邦**内部构想为一种**斗争**（agon）或竞争，在其中设立了明确的活动规则，而且胜利被确保（除了命运的诡计之外）属于优秀的竞争者。然而，有道德的行为在竞争中的最终目标不唯是胜利，而毋宁是个人的满足，以及由于表现优秀而赢得的自己同辈的赞赏。在这样一种体制中，实现隐含在竞争本性中的那些价值的能力构成好的和坏的竞争者之间的差异。因此，竞争者的道德程度是完全确定的，当然他们的生存与城邦举行的比赛的性质是相关的。于是，与柏拉图不同，亚里士多德的美德理论使美德与那种斗争相关，同样使它与**城邦**的体制相关，尽管亚里士多德无疑认为比赛的重要特征在所有文化中或多或少是相同的，同时认为表现好的必要条件、理性的拥有都是一种普遍地、尽管并非相等地被分配到人类种族成员中的能力。因此，亚里士多德的美德理论并不包含正义、明智、节制、虔诚和勇敢这些超感觉的型式(像在柏拉图那里一样)，但是，与柏拉图的理论类似，它描绘了一幅道德美德(moral virtue)图像，这种道德美德是建立在理性战胜食欲或冲动、取得灵魂品质的基础上的，而灵魂品质的实现显现为一种去做正当之事的志向，其回报是最佳的幸福或生命的康乐。

这些就是一个成功的**城邦**、行为有理性的人的宏伟愿景。虽然在其他方面与柏拉图和亚里士多德保持一致，但是舍勒的人格主义的质料价值伦理学在两个重要方面与他们决裂了。例如，他赞同在知识之外不存在真正的美德。例如，他在《伦理学中的形式主义与质料的价值伦理学》中论证，① 义务(duty)伦理学，如康德的，可能会以对道德律的盲从代替对规范奠基于其上的价值的真正洞察。在不理解体现在规则中的价值的情况下遵守这些规则，以及仅仅服从控制这些规则的人的权威，都是无知，并且因此与道德行为不相容。同时，舍勒同意道德美德是一种个人成就，它激励一种道德正当行为的志向，并且在人的人格(the human person)上显示为他所承载的价值。而舍勒与他们的决裂，**首先**在于他坚持价值都是在我们善的知觉中先天地充当价值载体的可理解的实体(entity)，而且道德价值是价值一般的一个属种；**其次**，道德价值与所有价值一样都既非超感觉的型式，也非从人的活动中显露出来的性质，也不与活动可能采取的特殊社会形式相关。价值不是"相关于"人类、生命或者任何这样的价值承载者。价值是**独特的**，独立于心灵，在对象(被称作"善"的肯定价值的承载者)上可见的，而且它们的内容在现象学直观中是可获得的。

但是，奠基在价值之上的质料伦理学是一种**伦理学**吗？也就是说，在这些价值本身的现象学解释的基础上，它能够使我们形成规范概念、约制人类行为吗？一种质料伦理学似乎更能够在古典伦理学的框架范围内奏效，同时形成一种美德理论。因为如果我们把古

---

① 参见Ⅳ，"Wertethik und imperative Ethik"，特别是第200～202页。中译本参见《形式主义》(倪梁康译)第四篇 价值伦理学与律令伦理学，第247～354页。

典概念引入 20 世纪，那么有德之人将是具有实践或政治才智的人，是具有英雄和领导者风范的人，他们促成肯定价值的实现。这种理论本质上是目的论的，就其最终的正当性而言，它存在于人类"繁荣"的重要福祉之中，而繁盛作为一种副产品，过去一直如此；所有人都天生地渴望幸福，正如我们在亚里士多德那里看到的，基于美德的伦理学是在"按照美德理性地行动的生活"中实现幸福的一种实践指导。显然，可能存在这样的情况：重要的肯定质料价值的实现是以违背道德律为代价赢得的。因此，看起来似乎是，尽管基于美德的伦理学和基于目的论的伦理学事实上都是**质料的**，但它们都不能支持**道德律**概念——用今天流行的话说，这个概念将"胜过"所有其他的价值思考。对于我们来说，舍勒在其天主教批判中①特别关注的这个问题具有的重要性，足以让它成为一个单独章节的主题。但毫无疑问，舍勒希望他的价值质料伦理学在一般价值理论中包含道德律的概念；的确，既然道德价值也许是一般价值论的中心关注点，那怎么可能不是这样呢！它怎能是另外的情形，毕竟道德价值可能是一般价值论的核心关注点。正如据说苏格拉底曾经说过，在道德哲学中我们不关心琐事，而关心我们应当如何生活的问题；而且，生活得好不仅意味着快乐地、成功地生活，而且也意味着正当地生活。从舍勒在《伦理学中的形式主义与质料的价值伦理学》的开端处提出的对质料伦理学的系列批判中，可以直接明了地看出这种关注。舍勒的目标是反驳这些批判，并且论证质料伦理学作为道德理论的可行性。以下条目提供了一个看待这部著作提供给我们的东西（事实上是一种价值理论）的很好的视角。如果舍勒是成功的，那么他就将提供一个取代康德伦理学的替代物，因为这些批判可恰当

① 例如，参见 James Collins, "Catholic Estimates of Scheler's Catholic Period," *Thought* 19 (December 1944); Quentin Lauer, "The Phenomenological Ethics of Max Scheler," *International Philosophical Quarterly* 1 (May 1968); Georges Kalinowski, "Karol Wojtyla Face Ii Max Scheler," *Revue Thomiste* 80 (July-September 1980)。

地运用于康德伦理学，而康德的义务论伦理学是一种**卓越的**道德理论。

质料伦理学的批判如下。

（1）所有的质料伦理学都必然是善和目的的伦理学。

（2）所有质料伦理学都必然仅拥有经验—归纳的和后天的有效性；只有形式伦理学是先天确定的和独立于归纳经验的。

（3）所有质料伦理学都必然是成功行为的伦理学，而且只有形式伦理学能够涉及志向（disposition），或者涉及表达出志向的意志，作为善恶价值的最基本的承载者。

（4）所有质料伦理学都必然是快乐主义，而且可以回溯到在对象中获得的愉悦感的实存。只有形式伦理学才能在其道德价值和以它们为基础的道德规范的正当性中避免涉及愉悦感。

73　（5）所有质料伦理学都必然是他律的，只有形式伦理学能建立和坚持人格自律。

（6）所有质料伦理学都只会导致行为的合法性，而只有形式伦理学能建立意志的道德。

（7）所有质料伦理学都把人格寄托于为他自己的国家的服务中，或者放在外在于他的价值对象上；只有形式伦理学能论证并证明人格的尊严。

（8）所有质料伦理学最后都必定会把全部伦理价值判断放置在源于人类生物结构的冲动般（drive-like）的利己主义中，只有形式伦理学能为道德律辩护，对独立于所有利己主义和所有人类生物学特定特征的任何理性生物与所有理性生物都是有效的。①

这是舍勒摆在自己面前的一个非常有雄心的计划。它要求舍勒转到犹太—基督教的和古典的这两种道德价值的基础，找到它们的接触点，并且尝试超出它们，达到一个几乎还没有被探究过的区域。

---

① *Der Formalismus in der Ethik*，S. 30-31.

舍勒把它们接触的那个区域称作**爱的秩序**（Ordo Amoris），它既是人格的也是本质域的中心。这个秩序既是意向活动的结构也是意向对象的结构，因为它既涉及那种能够在现象学洞察中被详细规定的客观价值秩序，又涉及在那些情感和个人的价值判断中起作用的价值秩序。这种主观秩序是让康德充满敬畏的事物之一；康德称之为内心中的道德律。但这个秩序不仅仅是一种道德价值秩序；它也是价值一般的秩序，因为它们在那些情感认知中起作用，并因此在人们的价值判断中起作用。这种价值知识把人的世界创建为一种价值世界。因此舍勒必须说明，人类有能力通过现象学还原恢复和扩展这些价值本身的客观知识，包括根据这些价值的内在价值（worth）对它们的**排序**。他必须向我们展示那些价值和它们的排序。这种知识必须被表明是普遍的（能够被所有人所认知）、绝然的，并且能够在评估特定的善业（goods）中起作用。

我们必须强调这项任务的明确现象学性质，以及它与被舍勒所确定的知识在人向世界开放中最终的本体论位置的关系。因为，尽管在现代世界中人类的本性已经从诸如心理学、人类学、生物学乃至人种学这样的不同立场出发彻底地被探究，尽管人们重视的东西从柏拉图和亚里士多德时代以来已经得到研究，但只有等到现象学连同其意识的意向性的深刻意义出现之后，给予者和接受者、价值实事和这些实事所给予的人格之间的联系本身才被确立为哲学人类学的中心主题。舍勒的思想向绝然的价值知识可能性的决定性突破在于，他认识到感受（feeling）是**意向的**，并因此是认知的——它意指并把握关于价值的本质实事。舍勒注意到，迄今为止，认识者只是按照目标指向理论或实践的知识的一种理智功能、理性被构想的。然而感受和情感也是认知世界本质结构的一种正当合理的方式。他的价值理论基于对意指价值的情感认知的不同模式和层次的一种展示，以及基于对特定价值如何只能通过人类感受的特定模式被给予的一种演示。正如人的感受可能或多或少是深刻的，或多或少接近人的人格的中心，而远离那种仅仅被构想为一种有感觉的动物的人类，同样，价值也可能显示为在彼此关系中本质上"较高的"或"较低的"。

这个哲学过程的关键建立在我们前几章已经研究过的意向行为及其对象的现象学的基础上。我们在自己基于自然立场遇到的善业上知觉到价值。它们被给予我们，不是通过符号或感觉材料，或情感感受状态（例如愉快和痛苦、"快乐的刺痛"，或出自本能的厌恶感受）的中介，而是通过知觉中固有的**感受**和**偏好**的意向行为。情感所意向的价值实事在随后的意向行为中作为选择原则以及作为它们的先天基础发挥作用，与源于我们向本质实事开放的意义—结构先天地在对象知觉中作为它们所是的特定对象产生作用几乎一样。现在，正如我们可以把自然立场"还原到"在这种立场中被给予的本质一样，我们同样可以把价值善业（value-goods）（它可能包括人类的行为和目的以及事物）知觉还原到其本质的成分，而且重新经验这些本质内容，在现象学直观中使它们达到自身被给予。就像柏拉图，我们把我们的意识指向诸如美本身的现象，而不是似乎指向正确地被判断为美的特定对象。这种**本质直观**的结果就是对质料价值本身、现象学行为中自身被给予性的把握，而现象学行为已经"清洗"了它们与特殊物事的关系。尽管如此，还原并**没有**祛除对被自身给予价值的人的人格结构的所有指涉，因为感受和偏好行为本质上属于不同的种类，并且只有在人的情感结构的一个给定层次上才是可能的。简而言之，感受丢勒所创作的一幅蚀刻版画所承载的价值是一回事，感受某人正在吃的食物所承载的价值完全是另一回事。尽管两者都承载可描述的、"浓厚的"质料价值——它们使得指向作为有价值事物的意向成为可能，但两个系列的价值本质上涉及人类感受的不同区域。

此外，由于在现象学层次上人们考虑的是价值本身而不是它们在特定物事上的实例化，所以舍勒能够宣称质料的价值伦理学不是"归纳的"，也就是说，不是基于物质上成功的或从实践活动中产生的渴望。价值作为所有目的和活动的基础**先于**它们被给予。但是，当基于自然立场最初被经验时，价值作为肯定或否定感受的对象被给予，并且因此可能会发挥行为动机的作用。我们想要某些物事，因为我们把它们知觉为肯定价值的承载者。价值在感受中被给予这个事实并不意味着，任何物理上的吸引或拒绝都涉及认知。在现象学直观中被重新经验的感受行为与意志的所有指涉同样会被"清洗"，当我们考虑价值**善业**时，这是不可能的。同样，正是现象学立场，把人格从生命领域及其周遭世界中解放出来，并且建立起一种沉思的立场，唯有依据这种立场，先天地镶嵌在我们日常感受和偏好行为中的本质结构才被建立。因此，正如我们将在论述质料伦理学和道德律的章节提出的，认为价值不能涉及意志，这是不正确的；然而，它们自身不能**支配**意志。

如果舍勒的道德理论与古典的和犹太—基督教的传统是不能相互比较的，那么他必须在自己的道德理论与基于规则的和基于美德的道德理论之间建立怎样的接触点呢？在舍勒谴责价值质料伦理学的那些条目中，有一个难以翻译成英文的关键术语——Gesinnung（志向），我把它翻译为"disposition"，而《伦理学中的形式主义与质料的价值伦理学》的翻译者则把它翻译为"basic moral tenor"。这个概念是犹太—基督教传统和古典传统所共同具有的，而且通常是目的论伦理学所缺失的，无论是基于规则的还是基于行为的伦理学。"**志向**"是我们从道德上评价一个人的方式，有别于他的特定行为和导致这些行为的特定动机。正是在这一点上，价值知识通过给予冲动（drives）以质料而激发意志。这个概念无疑涉及或者说被奠基于古典的和基督教的人的灵魂观念，因为**志向**是人类的道德核心——无疑有别于舍勒的更加精致的人的人格概念，这种人格比人的灵魂根基更深。的确，对舍勒来说，人格是比志向更基本的现象；他的志向不规定人格，因为人格并非简单地是道德价值的承载者，亦非道德行为的行为主体。更重要的是，一个人的志向不规定它的人格性（person-hood），因为这个人能够经历他的**志向**的**变化**，能够如其所是地被"再生"。对于舍勒而言，志向如果没有一定的透明度就不存在，因为他否认"唯独上帝能够评判"一个人。一个人的志向是根据这个人的行为和姿势而被揭示的一种可经验现象。对于康德而言，**志向**确实是不透明的，而且他把它设想为行为主体中的统一，意志行为持续地由行为主体产生。因为出于对道德律的尊重而被执行的行为，当它们是道德谴责和赞许的对象时，必须被看作与行动着的人的行为主体相关。如果舍勒能够表明，志向是一种质料的而非形式的行为主体结构（structure of agency），那么他就有根据断言：一种人格主义的质料价值伦理学能够回应这种指控，即唯有形式伦理学能够建立人的人格的自主和尊严的基础。而这就是舍勒在《伦理学中的形式主义与质料的价值伦理学》的最后部分试图去做的，在那里他致力于人格的现象学。在舍勒伦理学的这一简介之后，我们将提出：①依据自然立场的各种价值本身及其功能化的质料奠基秩序的观念；②舍勒的道德理论；人的人格作为道德价值承载者的理论；③爱和恨的现象学作为道德行为最深层的视域。

# 第六章
## 价值秩序及其颠覆

在整个 20 世纪，哲学家们关于其学科的基本原则缺乏完全一致
的意见，然而，几乎全体同意其中一条原则：价值的主观性和相对
性原则。只有基督教哲学家才愿意与绝对主义伦理学的可能性作
斗争，而绝对主义伦理学通常被认为是相对主义之外唯一可能的
选择；另外，同意某种形式的相对主义已经使英吉利海峡两岸和
大西洋两岸的思想家们联合起来。这种几乎完全一致的原因何在？
充分地研究这个问题会使我们离题太远，但在许多哲学家把人视
为某种价值中立的详细审查（scrutiny）（能够配得上"科学的"头衔的
唯一种类的详细审查）对象的趋势中，看到其根据并不困难。生物
学（当它转向人类时）的目标和人类学的、心理学的，甚至经济学的
目标都在于，理解和解释人类根据他们乐意接纳的自然原因在不同
时间和地点所信仰的价值。把人的人格当作一个对象，似乎就是否
定任何价值的基础，因为它们随后可以被解释为人的行为的一项，
或许是我们的动物生活中压力、挫折、成功所产生的愉悦或痛苦的
印记。

在哲学内部，价值相对主义表现为形而上学崩溃的一个自然结
果。前一章提到的一个观点可稍作引申：许多现代伦理学的特征都
可以回溯到尼采对以前的非相对主义伦理学所基于的形而上学的猛

烈批判。这样的理论或者依赖于切身需要——它们因为建立在人类"科学的"或自然主义的观念的基础上（例如在边沁和密尔的作品中）而被认为是基本的，或者依赖于可以从理性、假定的道德感或启示中导出的道德律观念。尼采通过断言能够解释这些道德信念的原因，从而根除了道德知识的所有这些认识基础，他不是把它们回溯到明显的切身需要或者根据理性反思可获得的信息，而是回溯到他称为权力意志的一种非理性的**元存在**（Ursein）。按照他的著名箴言，道德"真理"（事实上是**所有**真理）都是一种为实现生物兴趣，亦即显示和扩张其权力的生命冲动而被设计出来的谎言。我们从这个关于我们处境的最终真理退缩："我们创造艺术［或者'善'］以便不毁于这个真理。"考虑到这种动物生命耗尽其中的社会、政治、地理和历史背景极具多样性，男人和女人都已经相信有效的道德规范展现出这种惊人的多样性，也就不足为奇了。确实，它与人类在"艺术"标题下生产出的事物一样多。我们知道，解释这些行为的原因不是为了宽恕行为邪恶的人；但解释往往是中立化的。如果我们认为我们知道人类价值评估的原因，并且能够根据某种权力斗争解释它们，那么我们自己与价值之间的关系将变成疏远的、沉思的、无私的，即"科学的"。

当然，关于人的处境的各种人本主义理论，例如存在主义，试图通过处于危机状态的人以直接主观领悟的方式通达诸种价值。然而，当他们这样做时，他们通常已在无法用爱和恨、欲望和厌恶的主观经验以外的术语加以分析的，一部分人类动物身上发现了价值。例如，在萨特的短篇小说《墙》中，当巴勃罗·伊比埃塔躺在监狱地板上等待破晓被处决时，他沉思了他曾以为生活之于他的价值：他的女朋友、他找工作的努力、他的无政府主义信念。然而，现在他即将毫无意义地死去，他断定生命毫无价值。他被他的情感激情折磨得辗转反侧：他没有任何新的认知发现，而以他甚至他的作者都不能够理解的方式，应对他的苦境。

返回前面章节曾略提及的一种基于美德的伦理学，它似乎预示了客观主义伦理学——尽管它与一般人类事业相关——的重新开始。美德产生于人类努力有效实现自身需要的技艺，而这样的技艺成就是一种差不多可以评估的能力，就像可以评估一个足球运动员的技艺那样，可以按照运动员依比赛规则去做的事情取得的成功，即对他的团队的胜利作出的贡献，作出评估。带我们在这个方向上走得更远的最近一本书是《作为社会手工艺品的伦理学》①，其中论证说，"道德法典是社会工具"，而且必须按照它们帮助人类实现一种"得到合理估值的生活方式"的能力而被评估。这种理论是相对主义的，但又是客观主义的，因为尽管一部道德法典可能与特定时间、民族和环境相关，然而，它还是受到理性的批判，因为它实现了其追随者自由而有意追求的善业的潜能。

尽管如此，公正地说，这种共识于今尚存，当我们准备进入 21 世纪时，情况就像 20 世纪初一样：理性的研究不能通达价值；在价值之中保留着非理性的不尽根（surd），它抗拒所有实现启蒙运动计划的尝试，即证明价值和道德规则对所有理性生物是有效的。J. K. 麦基简要地指出这种立场。他写道：

> 当我们详细研究道德话语对其公认地处理的特质所提出的要求时，我们发现这些要求都是不能令人满意的……从语义学来看，它[道德话语]是表征性的思想，其是真的或不是真的，取决于某些实在属性是否适用于世界。但事实上，没有这样的属性；实在性仅仅是所有事态的清空，这些事态的表征要求特

---

① Michael Philips, *Between Universalism and Skepticism：Ethics as a Social Artifact* (New York：Oxford University Press，1994).

殊道德内容的思想。①

这差不多是人们能得到的最好的一种道德虚无主义的基础。现在，这场关于"价值"或"道德属性"实存的争论很大程度上取决于为讨论提供信息的对"实在性"或"世界"的理解。如果对麦基来说"世界"被认定为广延的物质实体，正如它在科学自然主义中那样，那么很明显，我们没有在事物之上"看到"道德属性。拉斯柯尔尼科夫之斧表现为暗灰色，而它在那个老妇人头上的运动表现为一个弧；但我们没有以类似的方式"看到""邪恶"这种属性、阻止谋杀的道德准则或者凶手的堕落。依据科学立场，实在性似乎不具有这样的事态。然而，通过拉斯柯尔尼科夫杀害老妇人而显示出来的邪恶属性，依据自然立场直接被感受为某个人格的"世界"的一部分。对于"在世界中生活"的人格，用舍勒对这个术语的理解来说，价值处处可见；它们构成我们的世界，它们被感受为人格所"拥有"的世界的一个不可还原的部分，而且它们与斧头本身的性质是一样真实的。把表示尊敬的术语"真实的"或"世界"限定为可测量的物理性质或力的做法，是道德虚无主义树立其上的形而上学原因。

马克斯·舍勒的质料的或非形式的价值理论——不仅仅是纯形式的，同样也是质料的价值论——在 20 世纪的一般价值论和元伦理学历史中代表了一种有特色的少数派立场。我们必须批判性地检验舍勒的理论，就像任何非相对主义道德的和非道德的伦理学理论要想被接受都必须通过这种批判性检验一样。它必须采取以下措施并制订实现这些措施的策略。

（1）非形式伦理学必须为价值判断提供一种认识论的或**正当性的根据**；也就是说，它必须通过现象学反思揭示价值本身，当它们在

---

① J. L. Mackie, *Ethics*: *Inventing Right and Wrong* (Harmondsworth: Penguin, 1977).

情感认知中被给予时，根据这种认知价值争论能够被裁定。为了这个目的，舍勒引入一门价值实事现象学，按照价值的值（worth）揭示它们的排序。

（2）非形式价值伦理学必须解释暗含在人们（既作为个人也作为共同体成员）的相异价值判断中的极大**多样性**。为了这个目的，舍勒发展起一门知识社会学，它研究价值的一个普遍秩序如何能够以可理解的方式在众多不同的个人的、社会的和历史的背景中发挥作用。

（3）由于价值是生活中习得的关于世界的客观事实，所以非形式价值伦理学应该提供一种方法以**扩展**和**深化**我们的价值知识，并且提供一种方法以**克服**基于自然立场可能扭曲价值知识的无知和人类的任性。为了这个目的，舍勒发展教育的和自我训练的方法，以在我们主观的**爱的秩序**中理解和融合那些在不同于我们自己的文化中起作用的价值，由此它们成为我们自己生长着的传统的一个活生生的部分。

（4）非形式价值伦理学一定不能把行为的道德性定位于抽象地被构想的人类行动主体中，而是必须定位于人的**人格**中。为了这个目的，舍勒的《伦理学中的形式主义与质料的价值伦理学》以超过三分之一的篇幅致力于人的现象学及其既作为道德行为的主体又作为其客体的职能。

在评估舍勒是否成功满足这四个要求时，重要的是要考虑他的步骤的一个方面，这个方面把他的步骤与作为大多数元伦理学（它的结果与这些元伦理学对立）的典型特征的程序区分开来，同时把他的步骤描述为现象学的。尼采（或者马克思主义者，或实用主义者）试图解释人们为什么倾向于通过如下方式"对他们自己说谎"：人们坚持他们的价值具有一种独立于他们的信仰、他们共同体的信念和全人类的地位，并且试图把这种人类倾向回溯到意志或权力（或回溯到阶级斗争，或者实践兴趣）。舍勒的分析开始于研究价值判断行为内

*81*

容和这些行为的认识基础。它们的内容显然独立于它们的系谱学。例如，尽管这个星球上生命的出现可能是前寒武纪海洋中偶然化学构形的直接结果，但是舍勒在不同的地方论证说，生命本身的现象是一种非衍生的**元现象**，即一种在反思直观中自身被给予的元现象，而不是奠基于作为它的先天之物的其他本质，或从中导出。生命**事件**可能在因果上是可解释的，但生命**现象**不是。

从生物学还原到化学，这与生命现象作为不可还原的自身被给予这一事实相矛盾。因此，为了解释这样的原初本质的来临，形而上学(尼采、马克思和实用主义者都是形而上学家，就像我们所有人大概不可避免地都是)不能假设某种与现象学被给予性的基本事实相矛盾的任何实体的实存，例如假设"人的本性"或者世界的结构。而且，把人"还原到""生命"，或者"无意识"，或者"经济斗争"都会损害人的存在之充实完满的愿景，尤其是其**价值**的充实。类似地，尽管我们可以从社会学或心理学上"解释"人们如何作出价值—对象选择，或者"解释"他们如何从自己意识到的多样价值中选出特定的行为规范，但我们不能"解释"这些价值本身，它们建立了这种选择的可能性。为价值辩护就是在一个判断失误的科学祭坛上祈祷；它是**怨恨**(ressentiment)的一种形式，正如我们将要看到的，这种怨恨扭曲了我们对价值本身秩序的洞见。总之，单独依据物理原因来解释现象，遗漏了对本质域及其先天秩序的解释。

我们拥有什么样的方法以知觉价值，它们基于自然立场如何被给予？让我们进一步分析一个关键的观念，即价值在意向行为中被给予，它们都是**认知**的对象。它们在其中被给予的意向行为是**感受**、**偏好**，以及**爱**和**恨**。舍勒了解这个断言的激进性。几乎所有的西方文明都在理性和情感之间作出明确的区分。在犹太—基督教背景中，理性被神圣化为神在人类中的形象本身，而情感被狭隘地解释为盲目的物欲(appetite)或趋向(inclination)，或者被解释为自身意志，它是我们堕落的结果。在世俗背景中，理性被称许为行动和知识的唯一可靠工具，而人们的情感生活则被说成是受幻想、冲动和动物本能支配的。与帕斯卡一起断言"心有其理"（"Le cœur a ses raisons"），正如舍勒所做的那样，就是断言情感生活的理性恰恰是理性，而非冲动。作为理性，它们拥有人类感性的现象学研究能够提供的先天合法性。更有甚者，我们的情感生活作为价值的被给予之所在，不仅仅是某种人们沉浸于其中的东西，正如在理性言说之后，人们也感受到所言说的。感受和理性并非彼此对立，感受相对于理性也并非一种较低层次的知识：两者都同等地是本质域知识的有效渊源，尽管每一个能提供的知识**种类**是独特的和有差异的，尽管情感像理性一样也包括复杂的意向行为，并且在人的感性的不同层次上发挥作用。

价值—本质在感受意向行为中被意指并且被给予。价值—本质的**相对值**（relative worth）在偏好和"偏恶"（Nachziehen）①行为中被给予，而将对象知觉为拥有价值的**可能性**，是在爱和恨的行为中被给予。价值—**对象**是作为承载着某一价值本质而被给予的知觉经验的事项。我们在听到的声音上感受到一段乐曲的美，这是因为我们可以知觉到经验的两个事项之间的相似性。美的知觉受到感受和偏好的先天秩序驱动，正如我们对两个事项相似性的知觉先天地由"相似的"本质的一个概念指引一样。对一个对象的美或者美的相对高的价值（例如超过物理的快乐或身体健康的感受）的判断，只有基于这些现象的本质在我们与世界的知觉和情绪交往过程中先天地功能化才是可能的。

重要的是在价值—对象和价值之间作出区分。价值的对象是一种事物，这种事物不是被知觉为满足欲望或需要的行为的事项，而是被知觉为**承载着**某种价值—本质。舍勒用"承载"来表示的只是对

---

① 此处 Nachziehen 或许是 Nachsetzen 的笔误。——译者注

象满足它激起的意向感受：我以一种非常特别的方式在一张制作精巧的桌子之前感到高兴；我在那张桌子上感受到"手艺"的或者"好的设计"的价值。我只是在我事先已向这些价值开放的范围内对它们有一定了解；我已经学会认知这些被舍勒称作"效用"的模糊感受所意指的价值。随着我生活的进步，我可以通过学习"手艺"和"设计"如何在橱柜制作者的工作中显现，来磨砺我的那种感受，而我感受手艺中可见的更大范围的价值的能力也得到提升。在这个过程中引导着我的就是柏拉图称为对所有存在和本质的爱，这种爱驱动我去探究世界并驱动我在情感和感受中对这个世界内在的价值作出反应，而它们最初可能是对我隐藏的。进一步发挥我举的关于手艺价值的例子：当我在爱的指引下走出无知的洞穴时，我进一步深入感受之光中，揭示出专家家具设计与生产中出现的价值和技艺。我的这两方面的知识都有助于我作为一个橱柜制作者的实践，或者我对一个橱窗制作者的欣赏。没有一个好理论就没有好的实践，而我对橱柜制作理论上的理解就包含价值—本质知识，这些知识由这种手艺的优秀范例和在它们的制作中起作用的技艺原理所承载。

重要的是不要混淆感受和感受状态。后者是物理的感受状态，例如在我们感受到"恶心""得意""不适"或"喜悦"时身体的内脏状态。这样的状态不是意向行为；毋宁说，意向可能被指向它们，例如，由于是在殡仪馆，我的喜悦被我感受为不适宜的。我们回想一下舍勒对感觉主义的批判。他在那里断言，感觉—印象不能产生概念结构；只有在事物之上知觉到本质的心灵才能认出对象是它们所是的对象，也就是说，认识它们所承载的意义，或者，认识它们所代表的意义。感觉—材料，恰如其所称谓的，是诸如痛和痒或确定位置的疼痛和舒适这样的感受（Empfindungen）；它们可能伴随也可能不伴随认知行为。类似地，感受状态是身体的状态，这种身体状态可能伴随也可能不伴随价值在其中被给予的意向感受。我感受到一个和蔼或不公正行为的价值、一段交响乐或一辆汽车的价值，即使我没有经验到伴随的感受状态。感受状态不会"引起"一个人对促发它们的对象作出一个特定的价值判断，就像在经验的事项中被给予的感觉材料不会引起如下判断一样：马克斯和莫里茨在喜欢调皮捣蛋方面是相似的。另外，我把经验的事项知觉为那些价值之承载，使之成为可能的，正是我对诸如"正义"和"和蔼"这样的价值的在先理智认识，而不是这些价值的实例可能激发的感受状态；但是，按照感觉主义的理论，我的价值认识可以被还原到这种感觉状态。显然，当听到贝多芬的某些乐章时，我感受到的"喜悦的刺痛"不是我的判断——这些乐章是美的——的基础。当我没有感受到瞬间的快乐时，就如当我头痛或者极度悲伤，或者甚至当我作为一名音乐学家冷静地检查艺术技巧（作品依靠这种技巧在我们之中激发美的感受）时，我可能同样会完全而强烈地意识到那种美。似乎令人惊异的是，回想起来当代哲学家们是多么乐于宣称，美、正义或善良只是我们用来描述在感官或生命的层面上取悦我们的事物的术语。正是价值本身，当它们在事物或人类行为上出现时，向我们发出召唤，同时我们在感受和情感的行为中意指它们。确实，如果我们没有在事物上知觉到价值，事物为什么会取悦我们呢？因此，难道价值一定不能独立于可能伴随或不伴随价值被给予性的愉悦或痛苦的感受状态而被给予吗？ *84*

现象学要求在意向活动行为（在这里就是一个感受行为）和在行为中被给予的意向对象之间建立起联系。这样的感受状态与价值知觉之间的联系不难发现。价值本质上与它们在其中被给予的意向情感行为的种类相关，情感行为不是单一的种类，而是实存于各种各样的层面上。例如，不能把友谊的价值还原为朋友在我们之中引起的身体的或生命的愉悦。友谊本质上在精神层面上被给予，而不是在生命力的或愉悦或痛苦的层面上被给予。我们不能把友谊的独特价值还原为我们在朋友那里获得的某种无差别的愉悦状态。毋宁说，友谊的简单的和统一的价值在对精神性情感的现象学反思中被给予；在我们的朋友这个事例中，我们在这种精神性的情感中知觉到友谊本身的价值。我们不只是把他评价为一个助手、一个宾客、一个需要的同伴，而是也简单地评价为一个朋友。诚然，当一个人对友谊的承载者友善的时候，友谊的价值就更容易显现。这种倾向本身可以被奠基在我们的指向性（在我们周遭世界的层次上朝向与他或她同类型的人们）的基础上；友谊可能更难在外侨或外国人身上发现，只是因为他的不熟悉的举止可能会遮蔽他的友好意向。但友谊绝不可还原为朋友给予我们的愉悦！这个错误在斯宾诺莎那里是极为清楚的，在他那里，一个人或事物的爱被等同于一个无差别的"与一个外在原因的观念联结在一起的喜悦"①。相比之下，柏拉图的阿里斯托芬是正确的，他在《会饮篇》中提到，男人在女人那里获得的欢乐不能被还原为性交的生理愉悦，或者还原为性愉悦的念头引发的色欲。这种欢乐奠基于对永恒女性内在价值的精神性感受，这种内在价值有可能向某个观察者显露出来，也有可能不向其显露。②

　　价值被知觉为统一体，尽管引发它们的知觉对象可能是非常不同的。回到舍勒的例子，我从这位特定的朋友对待我的行为上知觉到友谊的价值，并且在他向我致意的微笑中感受到他对我的友谊。他的友谊不是由他以友好方式对待我的所有时间片段"合成"的；更为荒唐的是假定，我关于友谊本身的本性和价值的知识是从一长串由微笑、热情握手、雪中送炭等组成的价值中立的经验中抽象出来的。我们发现并将**基于**他人和我们自己行为的友谊的价值功能化，但并不构造它。友谊是关于人与人之间的一种可能联系的本质实事。

---

① *Ethics*，Part Ⅲ，Proposition Ⅷ，Note.

② 注意：我们能够理解这种欢乐的实质，即使我们自己没有在其中发现任何欢乐。女人非常好地理解它，尽管她们不以与男人倾向于此的同样方式受这些价值的影响。还可列举这种类型的许多其他例子。

意向感受的层次是什么？舍勒的文本包含两种模式；他论证价值在四种或者五种层次上的情感意向行为中被给予。在我们可以称之为情感调式（tonality）的每一层次上，特定的价值意向对象被意指。首先存在的是**感官**感受，在其中**令人愉悦的东西**和**令人不快的东西**的价值被给予；其次是**生命的**感受（Lebensgefühle），通过它们诸如健康和不健康、高尚和卑劣这样的生命力的价值被给予；再次是**自我**的感受或灵魂的情感，在其中我们意指像真善美以及它们的对立物这样的价值；最后是诸如丧失信心和至福（beatitude）这样的**精神**的感受，典型的**宗教**价值在其中被给予。这种分析描述了认知感受的一种渐增的深度，它对于理解舍勒的人格（作为道德价值的承载者）学说非常重要。因为在我们个人实存的每一个行为中可见的，正是感受我们通常所意指的价值（后面我们将作为主观的**爱的秩序**加以研究的东西）的能力。当我们的情感达到更高的层次时，我们就相应地更深地进入我们个人实存中重要的东西。例如，当我们对我们的拯救感到绝望，或者厌恶明显的不公正时，比起当因失去工作或失去机会而感受到失望，我们更加充分地感觉到我们的独特人格。

然而，感受的这种相对深度不能单独地建立起在感受中被给予的价值本质的相对排序。这种排序必须通过对这些**价值本身**的独立现象学分析建立。为了在其相对排序中展示价值本身，我们必须考 86察**偏好**现象。当我们独立于价值在事物上的实现而把偏好和轻视的情感行为指向价值本身时，我们发现，当现象是自身被给予的时候，我们就能得到绝然的确定性，即在每个感受层次上被给予的价值的排列秩序。**愉悦**和**痛苦**是最低的价值，**高尚的**和**卑劣的**、**健康的**和**不健康的**处于第二层次上，**善的**、**真的**和**美的**，以及它们的对立物，**恶的**、**谬误的**和**丑陋的**在第三层次，而**神圣的**和**世俗的**处于最高的等级。这些都在它们的渐增的、内在的、规范的优先性秩序中被给予。舍勒相信，理解心灵的这种秩序同时否定这种秩序的有效性是不可能的，正如理解数字系统却否定 $2+2=4$ 是不可能的一样。那么，无神论者的情况如何——他们否认古老圣人或神圣经文的神圣价值，是因为他们否认这些神圣的事物所诉诸的神吗？无神论者知道神圣价值是所有价值中最高的价值，尽管他否认：它们事实上被宇宙中的任何事项所承载。他没有借助这种认知缓和他的无神论；确实，它揭示了对他的立场而言是本质性的东西，即人类的那种**最高的**抱负被导向空无的神龛。类似地，我们借助伟大演员在其每个姿势上承载的王子般的行为举止，而把哈姆雷特认知为一个王子；但我们知道现在没有哈姆雷特王子，也不曾有过。我们理解这个被塑造的王子所承载的生命价值，即使将来某个时候当世界任何地方都不再有王子的时候，也是如此。我们可以完全清晰地理解和感受公正价值，即使我们接受了《圣经》上的话："没有义人，连一个也没有。"

除了在感受和偏好中对价值的这种直接认知外，对于知觉的任何给定事项，它们的在场都没有任何"标准"。价值是**独特的**，并且只能被知觉。尽管如此，舍勒向我们提供了一系列标准，以判断价值在它们与事物的联系中的相对高度。这份清单的意图只不过是作为一种引导，即个人在试图再体验舍勒所指向的那些价值感受的过程中可以用得上。他告诉我们哪种价值是较高的：

（1）它们持续越长；

（2）越少地参与广延和可分性；

（3）越少地通过其他价值建立；

（4）它们提供的满意度越深；

（5）它们的感受与"感受"和"偏好"的特定承载者假定的关系越紧密。①

这份清单是直观的吗？通过引用反例，它是否经受得住批评？

---

① *Der Formalismus in der Ethik*，*Gesammelte Werke*，Band 2，S. 107-117.

标准(4)极其模糊；我们需要一些方法来决定如何解释"深"的空间隐喻。标准(2)引起一些可能的反例。美是一种高价值，而且，例如当它被一件伟大艺术作品承载时，它没有参与广延和可分性；我们可以说，它比起那些与愉悦或身体健康关联在一起的价值更持久。虽然如此，某些形式的美确实是短暂的。落日的美非常短暂，无论它的美可能是多么激动人心，樱花绽放的美也如此。标准(3)显示，价值的常规秩序本身是一种"奠基秩序"，如果这种奠基的秩序是正确的，它将意味着：舍勒认为，除非行为主体已经先天地掌握神圣性，否则不可能带来诸如有用事物的价值和令人高兴的事物的价值这样的简单价值。最后的这个观念值得认真研究，并且也值得认真的个人的灵魂探索。它不是直观明见的，而它的说服力可能在于它与舍勒下列断言之间的联系：在时间秩序中，婴儿先于且独立于它对物理世界领域的意识，而意识到绝对者(the Absolute)的领域。确实，人的生命是一个统一体，正如我们在对舍勒的人格概念的讨论中将看到的一样；我们没有被分裂为不能再分的情感的领域。较低的或更为物理的价值——根本上将被知觉为有价值的——必须适应基于更高立场被知觉为值得生活的生命。虔诚的人为了他们每日的面包祈祷神，因为正是他们分享神的旨意使得面包值得食用。

标准(5)引发舍勒所谓价值的"此在相对性"(Daseinsrelativität)问题。例如，"感觉"的实存与被赋予躯体的存在者相关。某些价值只能被给予确定的人群，而且舍勒论证，某些价值可能只被给予一个人。为了证实这一事实，他提到古希腊建筑的价值只能被古希腊人发现；它们是与他们的**此在相关的**，尽管它们的美可以被大部分人欣赏。它们的价值接近普遍性。然而，那些价值，例如被格里高利圣咏承载的，是普遍性较低的，并且与感受和偏好的特定承载者之间关系更紧密。

让我们稍微展开"相对于它们的实存"观念，因为它关系到价值领域的统一，而且关系到舍勒对伦理相对主义的否认。古希腊人不是从无中**创造**他们建筑上的价值，像术语"**此在相对性**"或"相对于在其实存中的希腊人"可能暗示的那样。毋宁说，他们**发现了**它们，作为物体在空间中功能性排列的固有形式和表达的可能性，而后在他们的建筑物中**实现**这些价值，在这些建筑物中，这些价值先天地充当知觉这些建筑物——作为它们所是的审美的统一体——的可能性基础。在这样做的过程中，他们按照他们的诸如优雅、强壮、秩序与和谐这样的被感受到的价值知识进行建造，创造出我们把它们认知为古希腊的，并且能够在审美认知中再经验的独特风格模式和建筑学词汇。我们通过沉思其建筑物接近古希腊人的审美感受性，尽管在我们自己的时代，我们无疑不可能发现并实现他们承载的这些价值。**此在相对性**这个概念是否打开了舍勒现象学似乎设法去克服的相对主义的一种可能性？我认为没有。在这一论述中隐含着审美价值的多样性，以及某些已实现的审美价值对某个给定民族的实存相对性，表现出舍勒采取我在本章前面已经提到的第二个措施的策略。他的理论对在个人和共同体的世界中起作用的价值多样性给出了一种动态的解释，尽管价值—本质的领域是固定不变的。

**此在相对性**概念是舍勒应对如下事实的方法：真理有时可能与语境相关，即使当绝对真理在现象学反思中是可获得的。例如，舍勒注意到，在日常生活中"太阳正在升起"是正确的，尽管从科学立场看"太阳绕着它的轴心转"才是正确的。此外，"相对于它的实存"这个观念在现象学还原的范围内发挥作用。在其实存中，空间和时间都与某个能够自发产生某种物理运动的活的动物相关。因此空间性在其实存中与生命相关。天使大概生存于非空间的周遭世界。因果关系也不是源自人类的精神，而是源于对事物彼此间效应的知觉。当空间和时间被加上括号，世界对于精神就显现为纯粹的本质域，或者表现为舍勒后期作品中的所谓"大宇宙"（macrocosm）。不连续地被统一起来的、承载着意义和价值的对象世界消失了，纯粹本质的视域开始出现。在价值理论中，**此在相关性**概念与价值的相对高度紧密联结在一起。最低的价值与一般生物的食欲相关，生命的价值与健康和疾病，或者与兴盛的和衰败的生命相关。对于纯粹的精神存在者而言，这样的价值没有实存；对于一个采取现象学立场、具有人类精神特征的人而言，这样的价值实存并得到理解，但并没有在这个人的生活世界中发挥作用。

对这些非形式价值伦理学特征的误解比比皆是。昆汀·劳尔（Quentin Lauer）曾经写道，由于对舍勒来说，情感具有它们自己的先天规律并因此绝无错误，因此他所作的价值判断必定是绝对正确的，但是，这似乎有违直觉，是一种道德绝对主义的恣肆。① 但这并非舍勒的本意。价值本身的认知在现象学反思中是绝然的（apodictic），并且它们所给出的东西基于自然立场可以先天地充当选择规律，这是正确的；然而，这些事实并不意味着将先天价值知识运用于对象和行动同样是绝然的。尽管价值秩序是先天的、确定的和固定的，但它绝非普遍地被所有人掌握。舍勒论证，价值知识可能是片面的或扭曲的。对基于自然立场被知觉的善业作价值判断容易出现歪曲和谬误；男人和女人都可能会受他们的感受状态或者他们反常的爱或恨驱使，以至于他们的价值判断受到影响。这种反常的主要途径之一是**怨恨**。这个术语是一篇独立文章的主题，② 而且在批判性的文章《爱的秩序》中具有重要作用。一个人被对价值对象的无能欲望困扰（其他人阻止他拥有这种对象），他的情感调式可能变成一面扭曲的镜子，影响他根据现象学明见性观看这些对象的能力。例如，舍勒提到，当个人受怨恨控制时，他就未能将自己对物事的欲望与先于其欲望被给予他的价值相比较，而是相反，开始按照他

① "Four Phenomenologists," *Thought* 33（January 1958）.

② *Das Ressentiment im Aufbau der Moralen*, *Gesammelte Werke*, Band 3.

的欲望评估价值是高的还是低的。① 因此，一个人可能会把他邻居的财产视为承载着比这些财产实际所具有的更大数量的价值，只是因为他妒忌他的邻居拥有它们。因为这种妒忌，他可能会想象所拥有财产的价值高于美的或神圣的事物的价值。以这种方式，贪婪控制了他。然而，当他从欲望转移并且寻求去直观价值本身时，在这个如此受折磨的个体身上就可能会出现一种治愈过程。假如折磨是深刻的，这个过程可能会要求一种精神的再生。不足为奇地，舍勒在其生命后期开始把佛学的形式视为对价值的现象学追寻的核心。佛学教导古代的技艺，该技艺可以使个体从无休止的自我的驱策中解脱出来，并且获得一种专注的、宁静的和纯粹的存在愿景。

舍勒相信，道德相对主义本身就是**怨恨**的一种形式，是由于人们未能或者无能力在行动中实现那些他们秘密地认定的最高价值而产生的。它是把所有价值都降低到一个单一层次上的方式，所有价值在这个层次上全都是同等无能的。在相对主义被采纳之后，就没有一个人有权力说"他的"价值"好于"其他人的价值——似乎人们能够"拥有"价值！而给出的相对主义的证据是，在不同时代和民族的价值判断中存在着多样性——它似乎意味着，在这种多样性中不存在任何**秩序**，这种多样性没有任何结构！毫无疑问，在舍勒看来，价值认识及其产生的规范和判断，确实随时随地地变化着。但是它们全都被奠基于一种现象学上可获得的价值领域，即客观的**爱的秩序**，人们主观的爱的秩序经常是客观秩序的歪曲反映。考虑到民族精神气质的多样性，当其他时代和民族的精神气质在自己的文化作品中表达出来时，对它们必须小心注意。于是，我们也可以敞开我们的心胸和心灵，接受自己不可避免的是有限和片面的精神气质视野范围之外的价值，并且以这种方式扩展我们的本质域知识。在探

---

① *Das Ressentiment im Aufbau der Moralen*，*Gesammelte Werke*，Band 3，S. 50.

90

索人类价值体系的表面混沌之下的共同秩序的过程中，现象学反思是向导。同样，价值**在其实存中**可能与某个特殊的时间和地点相关，但无论什么时候当它们引起寻求在**本质直观**中重新直观它们的冷静心灵的注意时，它们**就其自身**被经验。

舍勒对感受和偏好的这些层次的现象学分析在《伦理学中的形式主义与质料的价值伦理学》第五篇第 8 章中可以发现，这种分析的深度与精微都是令人钦佩的。这些文本值得仔细研究。但我们必须有批判的眼光。例如，有人可能会认为，剥去所有感觉元素的情感或感受是一种过于脆弱的工具，以至于不能承受价值论的重量，这种价值论不仅试图详细描述价值世界，而且也试图详细描述它们的**相对的价值**，以及它们**对我们意志的要求**。我们真的能够从一种分析——它自称要在我们感受行为的价值知觉中"清洗"所有无直接关系的、符号的和可感的因素——中获得价值的质料内容知识，并且使这些价值在现象学的反思中成为自身被给予的吗？这个过程不会剥夺价值产生规范的能力吗？我们将在后面两章转向这个主题。现在请让我用一段我最喜爱的出自舍勒的年轻同代人尼古拉·哈特曼的引文来结束本章，以便我们能够看到这个问题的关键是什么。价值领域不是单独地构成了我们的道德知识。舍勒的价值论引出这些 *91*
问题：如何良好而正当地生活？同时，在我们活着的时候，我们如何深入吸收存在于这个世界中的肯定价值？

> 淡漠的人从人们和他们的命运旁边走过，令人震惊的东西没有使他震惊，激动人心的东西也没有使他激动，对于他来说生命是徒劳的，他没有参与到生命中……当一个诗人塑造了一种人类的处境并把它放在我们眼前时，我们很容易在其伦理的充实中看到它的组成部分；我们以某种方式忽然完全地感受到它们的价值，尽管是模糊的，而且没有意识到它们的评价结构

的特殊复杂性。因此我们把伟大的感受为伟大的，把崇高的感受为崇高的。在实际生活中，与戏剧艺术中的东西相比，只有一件事情是不同的。在这里缺少大师的引导，大师不易觉察地把有意义的东西带到前台，以便使它在普通人的眼里也变成明见的。但生活完全就是一出戏，而如果我们只能可塑地看到我们被置于其中的处境，正如诗人看见它一样，那么这个处境将向我们显现出像在诗人的创造物中一样的富饶并充满着价值。证明这一点的事实是：回顾我们过去的生活中价值的最高点，对于我们而言就是在细节的全部具体性和完满性中徘徊于我们面前的那些重要时刻——独立于在那个时刻我们的价值感是否实现这些伦理的内容——是的，经常与我们以前的粗糙的知觉形成对照，并且或许因这一想法，即它已经永远消失了，它曾经是我们的但现在不再是我们的了，而伴随着一种隐秘的痛苦。①

在价值领域的探究中，哲学最接近人类精神的最深层。在这里我们要执行苏格拉底的命令，去照料我们的灵魂。那么，让我们去发现这些内在于生命的每一个处境中的价值——高贵的和可耻的、善的和真的、愚蠢的和非凡的。为了做好这事，我们不仅必须变得更富想象力，而且也必须擦亮我们的眼镜片。这种努力就是价值的质料伦理学最具重大意义的人类目的。

---

① Nicolai Hartmann, *Ethics*. Translated by Stanton Coit (London: Allen and Unwin, 1932), pp. 35-41.

# 第七章

# 基于价值的伦理学
# 和规则伦理学

在前面的章节中，我们提到，基督教思想家尤其对舍勒明显缺 92
乏一种基于道德规则的伦理学持反对意见。他们的这种灰心的部分
原因可能是对舍勒意图的误读，也可能是对舍勒价值伦理学支持规
范伦理学能力的低估。然而，人们必须承认，舍勒的理论较之犹
太—基督教基于规则的伦理学更接近美德伦理学的古典模式。舍勒
简洁地陈述了这一点：美德学说先于规范学说。①我们必须在这两种
道德理论之间进行选择吗？如果我们必须这样，那么这样一种选择
的有效性条件是什么？重读尼采的《论道德的谱系》，与此同时，在
心灵中对比如下两种情形是很有趣的：犹太人坚持道德体系，提出
即使以人类之优秀者为代价（例如法利赛人），也要有原则地遵从"托
拉"的命令；古希腊人和古罗马人甚至无视伟大个人对道德命令的违
背（例如亚西比德）而赞赏他们。对于古罗马人来说，优秀的人不是
服从道德规则的人；而对于犹太人来说，正义的人不是在古罗马人
的美德意义上是优秀的。用现代的表达方式来说，这两种道德理论
是不能比较的：它们之间存在一种终极的和无标准的道德原则的裂
隙，并且因此远远宽于尼采对它的描绘。对于尼采而言，一种道德

---

① *Der Formalismus in der Ethik*，p. 50n.

理论引起高尚的古罗马人的蔑视，而另一种道德理论引起"无能的"犹太人的**怨恨**。至少在尼采看来，犹太人似乎非常了解古罗马人的价值，尽管他们把它们当作无用的而加以拒斥。在舍勒的视野中，这两种理论是可比较的，尽管它们绝非相等的或同形的。它们朴素地代表着所有人都可获得的同一道德世界的不同功能化。然而，尽管舍勒的道德理论是根据价值，而非主要根据规则来判断行为的，也尽管他没有像康德那样不妥协地遵守道德律，但他的价值论为道德规范概念提供了广阔的空间。

93

在《伦理学中的形式主义与质料的价值伦理学》中有两处，舍勒提出三个系列的、被他部分地归功于弗朗茨·布伦塔诺的伦理学的形式公理，这些公理建立了"善""恶"与前面章节所介绍的质料价值系列之间的联系。当然，康德会否认存在这种联系，对他而言，善恶是唯一与道德相关的价值，它们存在于为自身缘故而坚持或不坚持的一套合理的道德律之中。[①] 说这些道德律由于其自身原因而被尊重和服从，这意味着如下事实：对于康德来说，坚持这些道德律不是根据非道德的价值——它们与那些在实践领域起作用的价值相比属于不同种类的价值——来证明其正当性。简单地说，康德认为杀人是错误的，是因为这样做是非理性的；理性不能始终如一地意愿谋杀行为而不否定自己的原则。这种看法无误，因为为了个人利益杀害无辜生命会产生身体的和心理的痛苦，这种痛苦是一种非道德的负面价值。同样，受害者失去对他人而言的任何实践上的肯定价值（技能、友谊等），也没有实质上助长这种行为的邪恶。这种情形所包含的痛苦和损失与道德没有任何关联；也就是说，除非痛苦和损失激励我们用道德上善的正当行为与邪恶作斗争。对于康德来

---

① 康德在其《道德形而上学的奠基》第一章开头处的著名的段落中似乎要合并非道德的和道德的善，因为他直接比较善良意志的善和其他被认为是善的事物——例如命运的赠礼和心灵的天资——的善，认为它们的不同仅仅在于唯有善良意志是一种**无条件的**善。

说，这样的非道德性质可能是值得拥有的或不值得拥有的，并且在有缺陷的义务责任（duties of obligation）中充当个人美德的组成部分，但就其自身来说与道德无关；它们的缺损不构成我们判断（这种杀害行为是邪恶的）的理由。在舍勒看来，道德准则与价值（只有它们才能使道德准则被理解为道德准则）之间缺乏联系，这使康德理论在伦理学上处于贫瘠状态，[①] 而且不仅与这个例子中的道德实事相矛盾，也与建立了善恶与意志之关联的明见的价值论原则相矛盾。舍勒以布伦塔诺的公理的形式提出如下质料价值和道德的善之间的联系：

Ⅰ 1. 肯定价值的实存本身是一种肯定价值。

2. 肯定价值的非实存本身是一种否定价值。

3. 否定价值的实存本身是一种否定价值。

4. 否定价值的非实存本身是一种肯定价值。

Ⅱ 1. 善是附属于实现肯定价值的意志领域的价值。

2. 恶是附属于实现否定价值的意志领域的价值。

3. 善是附属于实现较高（最高）价值的意志领域的价值。

4. 恶是附属于实现较低（最低）价值的意志领域的价值。

Ⅲ "善的"（和"恶的"）标准在于这个领域，即预期价值在实现中与偏好价值之间的一致（不一致），或者在于它与较少被偏好的价值之间的不一致（一致）。

---

① 舍勒把对康德的批判与这一点联系起来，追溯到黑格尔的《精神现象学》，参见 Der Formalismus in der Ethik, S. 194："黑格尔便已经合理地强调，一门（例如像康德伦理学那样）**基于**应然概念，甚至义务应然概念之上并在这个应然中看到伦理学原现象的伦理学对于**实际的**伦常价值世界来说永远不可能是公正的，甚至在这种伦理学看来，一旦一项单纯的义务——应然内容成为实在的，亦即当一条律令、一条诫令、一条规范例如也在一个行动中得到充实时，这个内容就不再是'伦常的'事实情况。"原注引文为德文，中译文参见《形式主义》（倪梁康译），第223页。——译者

从这里我们可以看出舍勒正试图提供康德遗漏的东西——与价值的指涉，这些价值不仅使规范和责任成为理性上可理解的，也就是说内在地一致的，而且成为道德上可理解的。行为规范只有当它们与价值本质联系起来时才变成道德上可理解的，我们必定先于行为规范的建立而意识到这些价值本质。假如一种行为与某种通过公理的方式提出的价值之实现有关，它就是义务的。价值本身可能是现象学直观的对象，在它们的先天秩序中被重新经验为感受行为和偏好行为的意向对象，并且在类型学上得到规定。然而，即使考虑到公理和价值的类型学，道德**判断**问题也几乎没有被解决，因为：①我们的价值知觉和它们在道德判断中的功能化可能是有缺陷的；②价值在现象学的直观中的自身被给予仍然没有确保我们对特定价值负载情况的洞察。我们现在必须转向这些问题。

95　　　对于舍勒来说，正当地行动不等于合法地行动，即按照道德律的行动。道德规则或规律是人类在价值领域的经验沉淀，而且舍勒相信，它们必须依据现象学反思可获得的伦理洞察加以估量。在那里，我们找到了道德判断正确性的最终上诉法庭。但法庭无论有多高都容易犯错误。舍勒的价值质料伦理学承认人的虚弱性与生命的复杂性，但与此同时又为一条有结构的而又是创造性的和自发的通向道德判断的途径提供了方法。这些价值本身（对它们的洞察在观念直观中是可以获得的）和人类场景中变化的和复杂的事件之间的差异，使道德上可证明为正当的行为的绝然知识，至少在某些个别事例中成为不可能的。未能认识到这种不可能性，导致了一种频繁的指责，即道德绝对主义者使人们成为道德律的仆人，而不是使道德律成为人类的仆从。犹太人依靠"托拉"获得道德知识，而启蒙时期相信在理性中获得关于是非行为的绝对知识（当然是极其重要的，如果两者中任何一个阵营的成员准备坚持，在普遍的道德规则中被形式化的是非的绝对区分，在我们死后降临的天国和地狱中被赋予其有效性的最终印记），按照舍勒的观点，从我们的道德经验来看，它们似乎是不合理的。道德经验的事实同样不支持康德的保证：不可能存在真正的和最终不可解决的道德冲突，或完全义务的冲突。

然而，这不是要把这个领域交给实证主义者或实存主义者，他们都从根本上否定任何道德实事或道德知识的可能性，尽管他们经常以谩骂的方式从道德上谴责那些未能努力理解并同意他们观念的人。对于舍勒而言，道德实事是存在的，规范对道德行为和判断以及相对正当理由（相对于价值本质域的）的适用是有限的，但至关重要。舍勒对从价值到规范的转变的分析之关键在于，他主张在某些情况下我们的价值知识产生他所谓"理想的应当"（ideal ought）。在这个概念中我们可以对道德规范的特征和功能，以及它们最终对我们意志的要求获得洞察。什么是理想的应当，它们如何被奠基于价值之上？

舍勒相信，价值本身不在乎它们的实存或非存在。在《理想国》中，苏格拉底告诉他的年轻朋友，他们没有必要为他们刚发现的理想的城邦事实上不实存而烦恼，因为他们的沉思能力使他们能够在任何时刻让自己变成理想城邦的公民。同样，对于舍勒来说，价值对于反思的直观总是可获得的，无论它们是否被任何实存的对象所承载。但正如古希腊的男孩在这个理想社会中的公民身份很可能对他们作为雅典公民的行为产生更好的影响，价值也可能产生一种应当，这种应当**并非对**为它奠基的价值之实存或非实存漠不关心。这种应当被奠基在价值认识上，但还不是一种**规范的**应当；它仅仅是"理想的"。它并非让某个具体的人有义务去实现一种理想的应当，因为它只是指出现实和理想之间的差距，激发我们的情感，尽管可能不是我们的意志。诸如"应当有作恶者的地狱"，或者"不应当有被迫生活在大街上的无家可归者"这样的判断，似乎是指向神或政府的命令，但更切近的考察揭示出，它们不具有这样的指涉。坚持应当有作恶者的地狱，这暗示说话者拥有某种在先的正义知识，并且意味着他已经尝试计量他相信正义所要求的东西与这个世界中实际发生的东西之间的距离；在这个世界中始终存在着能够在他们活着的时候逃避报应的作恶者。没有建议说，神应当建立这样一个地狱——然而并没有建立；同样对于第二个陈述，也没有建议说，政府要通过建立社会福利义不容辞地消除无家可归现象，即这样做是政府的"责任"。神或政府没有达到这种理想的应当，也许有很好的理由，如果两者事实上都没有达到。同样，这种应当也没有暗示，如果这些事情尚未完成，神或政府就没有尽到做这些事的责任。这也是为什么这种应当是"理想的"。我们叹息道："它应当是，但它不是。"理想的应当和这种应当奠基于其上的价值之间的**联系**，只有根据上面已经给出的第Ⅰ组公理中的前两则来建立：具有肯定价值的任何东西必然被经验为"应当是"，而具有否定价值的任何东西被经验为"应当不是"。

对价值先于理想的应当这一点来说非常重要的是，舍勒认为，这种应当始终指向反价值的排除，也就是说，指向肯定价值的非实存或否定价值的实存，而不是指向肯定价值的设定。因为理想的应当被奠基于是的东西与有价值的东西之间的间隙，它的作用缩小了这个间隙。"正义"是理想地应当是这样的东西与是的东西之间的一致，而当我们知觉到这样的正义时，我们就不再说"它应当是"。因此，说应当有作恶者的地狱，这并没有确立永恒惩罚的公正。这个断言建立在这样的公正信念的基础上；它要求排除那些逃脱报应的人的否定价值。舍勒写道：

因此，在每一个应当判断的"根基中存在着"一种该判断本身不能包含的肯定价值。因为一般而言，"应当是的东西"最初绝不是善的存在，而毋宁只是恶的非存在……因此，排除了这种可能性：一个**应当**判断可能与对什么是肯定的善的**洞察**相矛盾或者从属于后者。例如，如果我知道我做什么是善的，那么"我应当做什么"就一点儿都不会困扰我。应当的前提是我知道什么是善。如果我直接而完全地知道什么是善，那么这种认知感受**立即**就决定了我的意志，不需要通过"我应当"。①

最后这个断言是值得注意的，而且它使我们想起另一种苏格拉底的学说，即有意作恶是不可能的——善的知识本质上决定了意志。这个观点似乎否定了可能在我们心灵中出现的价值间的优先性区分，它被尼采斥责为曾经写下的最大的无稽之谈。我可能知道在特定情境下善业和价值是什么，但我可能仍然疑惑：在这些善业中什么是较好的或最好的，或者我应当怎样对待它们。尽管表面上如此，但是舍勒没有形成这种苏格拉底式的主张。他只是论证，如果我知道我做什么是善的，那我就不**涉及**"应当"，而只涉及我实现在这种情况下出现的价值或消除此中出现的反价值的能力。这似乎是单纯的同义反复，而舍勒也经常说，我们语言中固有的这种同义反复，可以揭示出已经在我们语言中起作用的本质知识和本质关系的知识的在场（presence）。这种同义反复，即人们总是尝试去做被知觉为善的东西，或者尝试去实现被知觉为肯定价值的东西，揭示了"应当"的衍生地位，这就是舍勒希望确立的东西。伦理学本身必须建立在价值的基础上，而不能奠基于应当；在有行善的意志之处，应当是多余的。舍勒的批判者们必须面对的正是这一根本点，如果他们对舍勒价值论中缺乏规范伦理学的疑虑是有力量的。

当我们转向舍勒对责任应当（ought of duty）的解释时，他关于道德规范在伦理学中的作用的想法就变得清晰了。这种"应当"不同于指涉**意志**的"理想的应当"。奇怪的是——但我认为是正确的，他

---

① *Der Formalismus in der Ethik*，*Gesammelte Werke*，Band 2，S. 217. 参见《形式主义》（倪梁康译），第 253～254 页。

坚持责任应当始终涉及行动主体中一种反对善的实现的趋势之出现。

只有当如下两个条件得到满足时，一种秩序才被赋予一个人。①给定秩序的人在**权威**的立场上经验到他自身。舍勒否认康德式无人命令的责任观念，亦即将其责任指派给自身的理性意志观念。甚至对自己的承诺也没有确立义务；这就是为什么人们经常在神面前对他们自己作出承诺。②被给予秩序的人被经验为不希望价值受这种秩序支配。"**命令**（imperative）从属于价值假定，追求这种价值与它的初衷无关。"①小孩对责任的悔恨定义是"你必须做但不想做的东西"，它包含着一个现实的真理。当实现某种善的意志已经显现时，命令就成为多余的；命令本身不能确立道德的善，唯有对价值本身的洞察才能成就它。

舍勒非常仔细地区分命令的种类。存在着采取"友情提醒"（"去找琼斯，他将帮你脱离困境"）这种形式的命令，也存在根本不考虑被命令者意志或洞察的其他种类的命令，例如出自军事长官的命令。然而，从这种现象学展示中呈现出来的东西拒绝了基于责任的伦理学。我们能够分辨出两个支持这种拒绝的中心论据，与支持他的道德行为观点的论据相反，后者同样建立在对价值本身的现象学洞察之上。第一，忠于责任可能对责任奠基于其中的价值是**盲目的**。这种方式侵犯了个人的自主。在最糟糕的情况下，在伦理决策中责任至上的信念可能会阻碍理性思考的功能。当一个人处于伦理困惑中时，他可能像传统那样简单地选择"尽个人责任"，而没有寻求更深入地洞察他处境中的内在价值。第二，舍勒（他始终关心教育）担心，建立在责任基础上的道德教育可能不仅会妨碍对道德洞察的探求，而且也可能会对学生的意志造成伤害：个人倾向于**避开**其责任，只是因为它们是责任。我们需要努力让学生获得一种道德上的洞察，这种洞察可以决定意志，而无须通过"你必须"。总之，道德律中分

---

① *Der Formalismus in der Ethik*，*Gesammelte Werke*，Band 2，S. 219.

辨不出善，而且正如舍勒在《伦理学中的形式主义与质料的价值伦理学》中紧接着他讨论应当的那个部分所论证的，更不是在某种奠基于"幸福"的目的论伦理学中分辨出善的。[①] 善存在于意愿善的志向中，而美德存在于被感受到的实现善的能力中。价值知识因此先于倾向和美德，后两者又先于道德行为。

从对理想的应当和责任应当的这一分析中，舍勒的美德学说变得清楚了。他写道："美德就是直接被经验到的做应当做的事情的**能力**。"[②]它不仅仅是人们用以达到某种"应当"强加于他的目标的效能，因为那仅仅是"熟练"，或者能干。它也不是一种由理性告知的原则，如亚里士多德或莱布尼茨把美德定义为"按照智慧行动的习惯"[③]。它毋宁在于我们拥有的"能做"的感觉——根本上不是做任何事情，而毋宁是实现我们已经知觉为有价值的东西。与亚里士多德对美德的使用相比，这种对美德的一般定义将这一概念扩展到更多的活动中。对于舍勒来说关键的东西在于一个人**自己**在价值世界中的位置。当一个人感受到自己不仅被召唤去履行普遍的道德规范，而且也被召唤用行动实现那些特定价值(它们超越了环绕和包围他的日常世界的价值领域而向他私语)时，他对自己"命运"(Schicksal)的感觉就出现了。这些价值对于他和他理想中能成为的人来说，可能不构成任何外在的理想的应当；确实，它们可能根本就不意味着责任的应当。然而，它们召唤我；它们让我了解到自己，以及在一个共同世界中与其他人在一起时，我是什么，能做什么。美德的基础必须在个体及其命运中寻找，而不能单独地在**城邦**中寻找，也不能在普遍的**目**

---

① 他的评论，"所有快乐和不快乐的感觉都在价值感受中具有它们的基础，而至乐(the deepest happiness)和完整的幸福(complete bliss)在其实存中完全依赖于某人自己的善的意识"，与他的信念，即价值先于责任，保持一致。参见 *Der Formalismus in der Ethik*，*Gesammelte Werke*，Band 2，S. 359。

② *Der Formalismus in der Ethik*，*Gesammelte Werke*，Band 2，S. 213.

③ G. W Leibniz，*Political Writings*．Ed. and trans. by Patrick Riley，2nd ed.（Cambridge：Cambridge University Press，1988），p. 83.

的中寻找。道德的"场所"是对所有种类的价值的洞察，是在生活中对自己能力的体验，不仅要理解什么是肯定有价值的，而且要实现它。因此毫无疑问，善的知识不需要通过一种应当就决定了我的意志，而康德和舍勒的所谓"倾向"或**志向**正是实现四个价值层次中任何一个层次的善的意志。然而，始终可能的是，我们执行伦理洞察显示给我们东西的能力在某些情况下是较高的价值，而呼吁我们实现它的意志有可能不能决定我们的行为，相反我将沦为邪恶的牺牲品，也就是说，为了我们知道具有较少善的东西抛弃具有较高善的东西。

　　一种指导行动的伦理内容研究的策略，在某些方面与舍勒相类似，是查尔斯·泰勒所谓"针对个人的"（ad hominem）伦理学。① 泰勒提出，试图将抽象道德规则运用于具体情况，而不考虑对话者的"道德世界"，是没有用的。通常情况下，这个策略归根结底不过指出他们立场的不一致，或者立场所代表的特殊诉求。泰勒说，在道德批判能够更深层次地扎根并对受影响的人具有激励价值之前，必须呼吁遍及我们和他人世界的共享价值。做出这样一种呼吁无疑是以一种从个人偏好出发的方式论证，因为这种呼吁不只是针对案例中的道德实事，而且也针对这种非道德实事：听众和他自己在这些道德实事中具有利害关系；双方至少已经在某种程度上事先认可它们，尽管是心照不宣的。在没有这种呼吁的情况下论证，假装仅凭逻辑或事实就可以要求某人的意志（除了人们在作出道德判断时总是含蓄地提到的价值之外），都将使伦理学成为一种外在的强加物。这就是说，在道德上与我不一致的人为了"更多数人的最大的善"，或者因为他的行动基于其上的道德准则在理性上是不连贯的，**必须**以这样那样的方式行动。也许是因为这样的要求有明显的抽象性和疏

---

　　① 参见他的文章："Explanation and Practical Reason," in *Philosophical Arguments* (Cambridge：Harvard University Press，1995)，pp. 34-60。

远性，所以哲学教师经常会面临大学生提出的逻辑上很古怪的并且可能是反问式的问题："为什么我应该讲道德？"这个问题似乎是无意义的，因为它实际上是问："为什么我应当去做我应当去做的事情？"但事实上第二个"应当"与第一个"应当"有所不同。因为提问者正要求理性使道德规则（它要求成为普遍的约束，但不是从这个提问者自己的价值感受性和经验中显露出来）对他或她自己具有约束力。他或她把第二个"应当"知觉为本性上没有神或理性强迫的，而第一个"应当"指的是行为的自身选择原则。因此第二个应当对于这个提问者自己的人格来说可能被经验为**陌生的**：为什么**我**应当这样做？泰勒的策略是让他的道德论战对手回想起那些与其自身利害攸关的价值。 *101*

较之泰勒的设想，舍勒的价值现象学为一种从个人偏好出发的伦理学提供了一个宽广得多的平台，因为泰勒似乎把他裁决伦理争端的策略局限于探讨在争端中被援引的那些人的道德信念的一致性和不一致性。因为舍勒的非形式价值伦理学被嵌入知识社会学中，后者为研究给定文化的共享价值提供了一个更大的视野。它揭示了人类世界观转变以及为世界观奠基的价值经验转变的文化条件，同时它为了发现和展示人类价值经验的普遍结构而研究民族和文化的情感意向的认知结构。因为实事/价值的区分不像对命题那样适用于人。人不仅仅是最高价值的**承载者**，他们由价值所**构成**。人的情感结构，或者他或她在爱和恨的行为中对价值的指向性，就是**作为**他所是的那个人，就像他意指的世界就是价值世界一样。因此，从个人偏好出发进行论证，不是在逻辑上犯错误，也不是非理性诉诸对话者的偏见。在共同寻求与当前案例有关的共享价值中，他打算作为一个独特的人和作为一种独特历史文化的一名成员，进入他人的人格和世界中。而且正如我们将看到的，知识社会学力图把历史文化理解为，在人生活于其中的世界的建构中，它是起作用的。

考虑一个例子，以说明舍勒式的道德判断方法包含什么内容。

相信道德理论与我们常规的道德洞察和判断相矛盾，或者，它不能把道德义务概念引入质料的价值伦理学，这已经导致一些荒谬的事情，如相信他无法解答如下这样的价值冲突之谜。假设野蛮人让一位父亲作出选择：要么毁坏伦勃朗的一幅伟大画作，要么同意杀害他的孩子。因为按照质料价值伦理学，美的精神价值高于健康的年轻人的生命价值，所以这个父亲似乎要把他的孩子交给野蛮人而保留画作。这种结论显然是荒唐的，如果一种理论认为它是道德上正确的行动过程，那么它就失去了作为道德理论的资格。

舍勒的理论含有什么样的资源使得它能够应对这个困境？我相信，可以在《伦理学中的形式主义与质料的价值伦理学》最具原创和启发的那部分中发现，舍勒在其中通过与责任应当对比来考察"理想的应当"（第四篇）。简言之，按照舍勒的哲学，这位父亲的行动是正当的，他依据道德洞察（这种道德洞察是他对所及之物，亦即孩子和画作的各自价值的洞察）行动，而**不是**因为他简单地要么接受《圣经》的命令，要么接受理性反对人类牺牲或谋杀的命令，或者因为他在生命的圣洁中坚持一种有原则的信念，以画作为代价保护他的孩子。这些价值和规则本身必须被奠基于价值明察（value-insight）之上。这位父亲必须意识到：

> （1）尽管美的价值高于生命的价值，但这些价值的实例在每个特殊情况中性质上有可能会变化。一幅伟大画作的并不昂贵的复制品的价值可能是美的承载者，像原作一样，但它几乎不值得保存。换句话说，我们必须区分一个事物所承载的价值和它作为一种商品的价值，即作为一种实现了的价值。类似地，人的生命价值在某些情况下，例如在疯子、杀人犯或衰老的人身上看到的，比起在健康的人身上看到的，可能具有较少的意义。生命是一种价值，美是一种更高的价值，但并非每一个生

物或每一件艺术作品都在同等程度上承载着这些价值。

（2）与生命的价值相比，美可能是一种更高的价值，但一个人类小孩也是人格价值的承载者，人格价值是所有价值中最高的价值。舍勒确实认为，神圣的价值当其被充分直观时总是与人格价值相关。神性，如果它不只是一种"不被推动的推动者"，而且也是神圣的，那么它必然会被宗教意识构想为承载着人格的特征。古老的民间智慧所教导的，即一位母亲能够在她孩子身上看到神的脸，不是毫无意义的。因为有义务保护更高的价值，所以，这位父亲必须设法保护孩子。

舍勒的质料价值伦理学既不奠基于道德规则，也不奠基于美德，而是奠基于对价值实事本身的洞察。道德行为的"场所"就在人类主体基于这种洞察行动的倾向中，而他的美德在于他这样做的能力。作为一种道德理论，它是本质主义的和人格主义的。我把道德理论看作一种尝试，不是去建立指导或控制特定类型的情境中行为举止的行为规范，而毋宁是去解释知情的和无利害关系的人对这样的规范所作的合乎逻辑的判断。舍勒的理论试图现象学地解释人们依据自然立场所作出的价值明察，他们可能没有充分地认识到在他们的判断中起作用的价值明察。为了经得起审查，一种道德理论不能含 *103* 有这样的逻辑结果：支持依据自然立场的合理判断将谴责的行为，或者谴责合理判断将支持的行为。它在理性判断会大声说话的地方也不能沉默。康德式的形式义务论对于某些情况始终存在着困难，在这些情况中，某个道德规则的破坏有可能阻止巨大的痛苦，而没有引起任何伤害，例如，讲述一个无关紧要的谎言可能拯救一条生命。目的论的理论对于某些情况也存在困难，在这些情况中某种明显的错误，例如谋杀，为最多数人带来更大数量的利益，而不是带来伤害，例如当一位基督徒被扔进狮群中时，上万醉酒的古罗马人中有一撮兴奋的暴民吼叫着表示支持。舍勒的理论在这个方面具有相当多的优点；其中有些优点很微小，但其余优点对于理解道德判断和行为极其重要。

较小的优点对我来说只是意味着舍勒哲学的那些方面，它们能够对特殊的困难——要么属于义务论，要么属于目的论，但不是属于二者的——给出合乎逻辑的回答。例如，舍勒论证——我认为是正确的，他能够解释英语中所谓额外工作的行为或者超过道德律要求的行为，和那些尽管道德上有问题但被允许的行为，只要它们不与普遍规范相冲突。对于一种康德式的道德理论来说，行为要么与道德律相一致，要么不相一致；已实现的善恶在程度上没有任何量的差异是可能的。对于一位目的论的理论家而言，根据他们所造成的伤害总数，希特勒可能被视为曾经存在过的最邪恶的人。然而对于康德主义者来说，执行道德律的倾向，而不是成功和失败，才是核心的道德范畴；也许一个在图书馆中坐在我们旁边的人，像希特勒一样有蓄意破坏的倾向和意图，但不能够实现自己的愿望，他和希特勒一样邪恶。但是，一个人，比方说，通过英勇的努力为人类作出的贡献，比"布施饥饿者"这句格言所要求的还要大，他肯定会被赋予更大的价值；当一个人有点疲倦时，我们也不会急于指责他在懒散中浪费休闲时间。[①] 一门质料的价值伦理学能够解释这样的道德实事，只要它通过赋予具有肯定价值的事物的存在以肯定价值，来对善作**最低限度**的定义。

同样，舍勒帮助克服了功利主义的一个严重缺陷。功利主义者一直被指责将责任无限地设定为一种道德理想，即永远为最多数人的利益最大化而行动，将每个人，包括行动主体，视为平等地享有一项行动可能产生的任何利益。这种理想意味着：①人们必须**总**

---

① *Der Formalismus in der Ethik*，*Gesammelte Werke*，Band 2，S. 214. 舍勒把术语"有功绩的"（verdienstvoll）用于我们称之为额外工作的行为。

是不惜一切代价追求更大的效用，只要所产生的**总效用**大于总的负效用；②他们绝不能优先行事，即他们对直系亲属的关心比对其他任何人都多。第二个命题根源于边沁最早强调的功利主义的平均主义（平等地对待每一个人，除非某些人受到不平等的对待在一定的情况下能够显示出对整个社会的更大利益）。这可能是它的优点。然而，这两个命题都与我们正常的道德感相矛盾。对于我们大多数人来说，道德上善的生活似乎不仅仅是为了确保我们的邻居的舒适和快乐，而且我们大多数人都感到自己对亲属和朋友比对陌生人具有更大的义务。因为其基础是人类所取得或曾经达至的价值本质的总体，所以舍勒的理论能够避免如此明显的畸形。它所关注的不仅仅在于效用、愉悦或人类舒适的价值，而且也关注按相对等级秩序排列的整个价值王国，只有其中的一些价值诉诸我们对他人的义务感。我们已经提到，功利主义的这些困难都起因于它把所有道德价值都还原为行动主体生产利益或伤害、效用和负效用的效能，以及把所有价值都还原为生命价值，诸如愉悦和痛苦、健康和疾病，它们是所有人平等地共有的。因此毫无疑问，所谓"较高的"和"较低的"愉悦之间的区分，以及是否把较高的愉悦分配给对它没有明显兴趣的大多数人，就成为密尔的一个问题。

　　关于舍勒的质料价值伦理学，更重要的是，它能够使人类对价值和价值事物的持续复杂的争论变得容易理解，而且能够推翻逻辑实证主义、存在主义和情感主义在 20 世纪给伦理学带来的荒谬之处，或者仅仅显示出它们是不必要的。这些理论在圣经基要主义和启蒙运动企图建立理性而普遍的道德律的双重崩溃的余波中苦苦挣扎成长。道德判断被宣称为"无意义的"，因为它们不能根据感觉材料或者理性被"证实"。如果功利主义是正确的，那么通过实证检验证实道德判断将是可能的。然而，绝大多数观察者都承认，它们不是经验上可证实的。康德把他的绝对命令运用于谋杀、说谎和自杀，试 *105*

图表明允许这类行为的准则在逻辑上是不一致的，许多当代评论者（如果不是绝大多数的话）认为康德的说法缺乏说服力。因此，道德判断被认为是没有主张内容的，而仅仅是表达和指示。当代伦理学所遇到的僵局的另一个版本是由现代自由主义实用主义者提出的，他们主张，任何解释性的共同体中权力关系构成的可理解性范围，都围绕着验证相互竞争的道德主张的条件，在给定的解释性共同体之外关于验证的任何讨论都超出了这个范围。作为一种选择，存在主义把价值判断视为人类行为主体的无标准选择所设定的自由创造，并且因此也超出了理性讨论的范围。或许，舍勒试图通过把道德判断与理想的应当，并最终与质料价值（位于现象学反思中对所有人来说都可以获得的本质域中）联系起来，并赋予这些道德判断以内容，这种尝试大概可以为伦理学提供一个有希望的新开端，并且使它成为世界中的一股道德力量，就像它曾经是和一直渴望的那样。这一尝试的核心是均衡（Ausgleich）观念，我们将在最后一章回到这个观念。现在让我们花一些时间讨论舍勒可能会怎样回应萨特的一段话。

在萨特的名篇《存在主义是一种人道主义》中，我们看到一位年轻人面临某种重要的道德决定。他希望尝试逃离被纳粹控制的法国，去参加戴高乐正在英格兰集结以准备最终解放祖国的自由法国军队。但他同样关心他母亲的平安，她的另一个儿子已经在德国入侵中受害，而她的丈夫，她认为已经成为纳粹的同谋。这个年轻人应当留在家里照顾他母亲，还是应该离开去参加自由法国并为他的兄弟报仇？萨特的论证是，既非康德亦非密尔，再则也没有道德理论可以对这位年轻人说任何有价值的话。形式的道德律几乎不适用于这样一种独特的情形，在这种情形下，对自己祖国的和对至亲的合理一致的责任似乎发生了冲突；而且也没有办法测算每个行动过程可能产生的效用和负效用。这个年轻人唯一的办法是深入审视自己的内心，并选择他深受触动的行动方案。因此，萨特论证，这个年轻人必须通过选择一种行动方案而非另一种，去**创造**他的价值，而他这样做也为全人类创造了一种价值，因为他的行为可以为相似情形下的其他人做榜样。

但是人们想知道，当这个年轻人审视自己，以及我们与他在一起时，他看到了什么。萨特似乎什么也没有看见，除了一堵白墙或一个愚蠢的冲动。我认为，他在其中发现了一个由感受揭示的**价值世界**，这种感受先于他所设定的指导行动过程的价值"创造"。因为如果没有这样的价值，他内心的辩论将是无法理解的——冲动没有认知内容，而一堵白墙本身没有给予我们任何理由去翻越它。而且，如果确实不是先前给定的价值冲突困扰着年轻人的心灵，萨特对道德决策的描述没有说明为什么这个年轻人所面临的问题**根本上应当是一个问题**。他的母亲和他的祖国对他而言都是价值的承载者，他没有创造价值，他也没有通过选择价值而创造它们。他只是通过严肃地深思这两个系列价值中哪一个表现出更高的价值总量而认可它们。**即使**他离开去追随戴高乐，他的母亲仍然是有价值的。萨特的描述因此以道德上的深思熟虑和行动为前提，相反，舍勒的描述则试图阐明人类的价值经验，以便以道德洞察为决策能力提供信息。没有价值知识，就没有任何道德选择能够是——用萨特式的表达——本真的。

舍勒新方案的另一个优点是：将美德理论与古希腊**城邦**联系起来。在一种有组织的政治局势中，如果有一幅人类为了实现明确目标而运作的简单蓝图，那么就不难把美德定义为在这种社会和政治结构以及它的目的体系之内达到这些目的的能力。同样，很容易将"优秀的"足球运动员定义为，一个经常以规则手册规定的方式为其团队胜利作出贡献的人。随着**城邦**的崩溃、现代社会和政治生活的碎片化，以及无法定义一种永久的人类**目的**，古典美德理论失去了背景。舍勒的理论保留了美德概念作为其道德理论的核心，同时与康德一起保留了一种倾向于实现肯定价值的概念作为其具体道德行为概念中心。但他的人类目的蓝图是动态的，而非静态的；人类社会**发展**，而且它们的发展是由它们所处的生活条件决定的。同时，与**城邦**的价值及其人类繁荣的观念相反，我们拥有整个价值本质域，在其中人类关于正确和错误、较好和较坏的争论都得到了解决。

我对儒学知道得很少，但已故汉学家葛瑞汉对儒家道德推理的描述使我回想起舍勒的相同描述。葛瑞汉论证，儒学关于价值的讨论采取了如下三段论式的形式：

从各个视角，空间的、时间的和个人的，认识到与问题相关的一切，我发现自己向 X 移动；忽略相关的东西，我发现自己向 Y 移动。

**我应该让自己向哪个方向运动**？

认识到与问题相关的一切。

然后让你自己向 X 运动。①

在这种逻辑中有两点需要注意：认识到与当前问题相关的一切（伴随着它和在它之上显现的所有实事和价值）的观念，以及自发性观念："让你自己运动。"如果不是充满着有关我们文化中奠基性价值的意识，那么舍勒哲学是什么？诸如《东方的和西方的基督教》《榜样与引领者》《懊悔与重生》这样的文章，以及整部《同情的本质和形式》，都试图扩展我们对已经存在于世界中的价值的认识，以便使我们的道德决定能够是有根有据的。如果不在感受的功能中，自发性会在哪里被发现？当中国圣人"让他自己向 X 移动"，他并非以萨特的方式，允许冲动催促他去进行新价值的创造（"我照顾我的母亲，

① A. C. Graham, *Disputers of the Tao: Philosophical Argument in Ancient China* (La Salle: Open Court, 1989), p. 383.

并且那对我是有价值的。"），而是当他的内心转向围绕着他的价值时，对感受的仔细反思在他之中形成结果。不同于儒家观点，康德的理论已经把我们的自发价值感受从我们的理性中剥离出来，而要求一种伦理学，它所追求的目标选择独立于我们的自然倾向。舍勒希望恢复感受的**理性**，并且把它置于价值理论的中心。即使他的理论未能促成不可动摇的责任、权利或其他行为规范，它仍然可以让我们回到构成雅典人和儒家的教化（paideia）并指导他们行为的那种智慧。

# 第八章

# 人格

　　在《理性、真理与历史》①中，希拉里·普特南为我熟悉的"缸中之脑"问题——它作为人类思维的一种模式吸引了认识论者，甚至人工智能的提倡者和反对者——提供了最为广泛的讨论。这个问题开始于想象：我们从一个人的脑壳里移走他的大脑，用导线连接其上，刺激其神经传导，并把它放在一缸液体中。现在的问题是，这个大脑会以这种方式（与一个大脑仍在其身体中的人拥有相同的经验）被刺激，而且绝不知道它是一个缸中之脑，这难道不可能吗？它的"世界"与我们的世界，或者与它曾经居住于其中的世界将是可分辨的吗？一种肯定回答之可能性引导着科幻作家阿诺德·祖波夫撰写了《一个大脑的故事》。这个故事的前提是非常有趣的。它以如下内容开头：

　　　　以前有一个善良的年轻人，他有许多朋友并且非常富有，他了解到一种可怕的腐坏正在侵袭他除神经系统外的全部身体。他热爱生活；他喜欢拥有经验。因此，当他具有奇妙能力的科

---

① Hilary Putnam, *Reason*, *Truth and History* (Cambridge: Cambridge University Press), 1981.

学家朋友提出如下建议时，他产生了强烈的兴趣：

"我们将把大脑从你可怜的腐坏的身体中取出，并且在一个特殊的营养缸中维持它的健康。我们将把它连接到一个机器上，这个机器能够在大脑中诱发所有神经发射的模式，并能够在其中为你带来你的神经系统活动可能引起和能存在的任何种类的总经验。"①

这个"善良的年轻人"，当他面临死亡时，触动他的是他对生活 *109*
的爱和他对拥有经验的爱。他对自己失去这些东西的害怕，使他对他朋友的建议感兴趣。当我们面临死亡时，使我们大多数人充满恐惧的东西是不是我们所可能拥有的经验——如果我们能够生活得更久一些——的损失，或者，这种恐惧另有来源？陀思妥耶夫斯基塑造的一个人物曾经说过，他宁愿永远被锁在大海中央的一块岩石上，也不愿虚无而终。这个善良的年轻人可能会认为这样一种愿望是奇怪的：如果一个人经验的全部东西只是不变的、无尽的大海，那么他为什么会去关心继续拥有经验呢？他可能会想，那几乎就等于虚无！因为，除了一个人经验的品质外，究竟有什么东西使生命值得生活下去？

对照西班牙哲学家米盖尔·德·乌纳穆诺，舍勒曾经把他称为"最高尚的和真实的精神之一"②，当他面临自己死亡的可能性时所说的话：

这种念头，我必定死亡以及对死后将出现的东西的困惑，是我意识的真正悸动。当我注视这片田野的绿色宁静或凝视一

---

① 载 D. R. Hofstadter and D. C. Dennett，*The Mind's I：Fantasies and Reflections on Self and Soul*（New York：Basic Books，1981）。

② *Gesammelte Werke*，Band 9，S. 86。

位同伴闪耀着其灵魂的深邃的双眼时，我的意识扩张，我感受到灵魂的舒张并且沐浴在我周围流动的生命洪流之中，而且我相信我的未来；但一个秘密的声音立即对我私语："你将不再存在！"死亡天使用它的翅膀触动我，而灵魂的收缩用神性的血液淹没了我的精神深处……面对这个危险[我们的灵魂永不消逝]，我听到了一些旨在消除危险的论据，这些论据证明灵魂不灭信念的荒谬；但这些论据没有给我留下任何印象，因为它们是理性，并且只不过是理性，而心不是被理性平息的。我不想死——不；我既不想死，也不愿意去想死；我想永远地生活，永远。我希望这个"我"——这个我所是的以及感受着自己此时此刻存在的可怜的"我"——活着，而且因此我的灵魂、我自己灵魂的持续问题折磨着我。①

*110*

乌纳穆诺来自内心的动人呼喊表达出那种对他所谓"生命的悲剧意义"的世界观来说是根本性的东西。这个"我"，这个"自我"希望在宇宙的永久固定装置之中存在，这是多么悲惨啊！但请注意一个重要但微妙的要点。乌纳穆诺没有说唯独享乐，甚至对生命的爱使得我们向往永生。他不只是因为生活是快乐的，以及他想继续具有快乐的经验而希望永远活着。事实上，他暗示，这一刻的享乐，此时此刻的愉快经验，就是使那些其思想触及生命中本质之物的人们渴望死亡的东西——渴望结束面临虚无的折磨。所以，我们想要永生，因为只有到那时，我们的生命才能够在这个世界中承担重量和意义。我希望我的行动不仅对于一个短暂的片刻具有意义，而且希望对于我们永恒的生命具有影响。因为正如我今天的选择决定着我明天的生存，同样，如果我是永恒的，那么我今天的行动将对明天的永恒

---

① Miguel de Unamuno，*The Tragic Sense of Life*（New York：Dover，1954），pp. 40-45.

来说具有无限的意义，而我的快乐和痛苦、我的欢乐和悲伤以及我自己将随着它们之中的每一个参与到永恒生命之中——这一刻将不会消失。知道生命是短促的，抛弃不死的幻想，必须接受我们不能永久地掌握我们的生命，它们摧毁了享受生命的任何可能性。据传说，释迦牟尼在 29 岁的时候发现了老、病与死的真相，并因此失去了乌纳穆诺所提及的不死之幻想。他的父王一直给予他的奢华享受增加了他的痛苦。后来，他不像我们善良的年轻人一样寻求新的经验，而是去寻求他在每一个经验中感觉到的深层自我，或灵魂。而正是这种深层自我，是陀思妥耶夫斯基塑造的人物所知道，即使在岩石上他仍然拥有的，同样也是乌纳穆诺渴望永远拥有的，即使它可能在地狱。我们善良的年轻人不怀疑这样一种东西的实存。

"灵魂死亡"观念，或者是宗教信仰丧失的一个隐喻，或者标志着一种从精神价值向肉身价值的转变。但它同样表明**灵魂实存的丧失**——这个现象可能在尼采用文字记录"上帝之死"①之前就可能已经发生。对灵魂概念垂死状态的估量可以在当代心理科学中发现。我们发现个性（personality）理论很少对灵魂概念感兴趣或者很少用到灵魂概念；然而即使在这里，个性被认为表现出某种特性和倾向的行为习惯的一个可估量的性质。与所有科学相似，它蔑视形而上学的实体，并且因为灵魂概念的神学的和形而上学的关联而怀疑灵魂概念。只要科学和哲学倾向于把人类视为一个合适的科学对象，灵魂观念就已经从它们的话语中退出了，但是如果有的话，灵魂观念在一些存在主义的作品中是可以发现的（在一种顽固的宗教信仰之外）。对于 20 世纪晚期的大多数思想家而言，乌纳穆诺式的恐惧已经变得不可理解，而对这个善良年轻人的死亡的态度就是唯一有意

---

① 关于灵魂概念后来历史的一个生动而敏锐的概要，参见 William C. Barrett，*The Death of the Soul：From Descartes to the Computer*（Garden City：Anchor Press/Doubleday，1986）。

义的东西：在死亡中除了拥有令人愉快的经验的可能性之外，我们没有失去任何东西。然而，乌纳穆诺所关心的并不是一种形而上学的实体，尽管它同样不是心理行为、情感或行为习惯的集合。它是一种现象学地被给予的东西，并使我们念念不忘地努力阐释我们自己、我们的生活、我们的行为和我们的永恒感。

这种"灵魂的死亡"，除了科学的单纯影响和声望之外，还有更深层的原因。自早期启蒙运动以来，哲学家们养成这样的习惯，即根据组成诸如希望、意愿和推理这样的心理事件的单元谈论这些事件，他们称之为"行为"。这些行为的执行者被抽象地构想，作为它们的出发点。这种想法，即人格（被构想为一种独特而不可还原的本质）可能**出现**在每一个行为中，似乎是不可能的，可能是因为笛卡尔以其他方式被演员隐喻说服了——对于每个角色，必须有一个演员；因此，对于每个心理事件，必须有一个思想者来执行这个思想。正如演员的人格对于他所扮演的角色是中立的一样，心理事件对于执行它们的、抽象地被构想的"主体"也是中立的。因此，吉尔伯特·赖尔对笛卡尔的著名批判——笛卡尔主义把心灵想象为一种"机器中的幽灵"，在这里机器是人的有机体，幽灵是心灵——被构想为行为的执行者，或者更加抽象地被构想为某种思想存在于其中的东西——作为心理事件的物质基础。心灵对于笛卡尔来说变成一种本体，而它的行为成了本体的流泻物，非常像物质的属性，主要是广延和运动，支撑着诸如速度和维度这样的主要性质。这种心灵本体
112 不是在内知觉中被给予，人们一旦发现这一点——一个经历了两个多世纪的过程，那么作为独立于其行为的传统灵魂概念的基础开始丧失，或者被降级到宗教信仰。例如，在康德那里，本体自我（the noumenal self）似乎以一种真正的幽灵般的方式，扮演着使灵魂曾被发现的地方保持开放的角色。

随着心灵本体的丧失，哲学家们开始认为意愿（willing）、愿

望(wishing)、希望(hoping)或观看行为(它们是人格的行为)对人格是中立的,并且开始抽象地考虑它们。因此,他们看不到瞥见我们邻居的面孔时直接被给予的东西,即他是一个人,而不只是"心理行为的执行者";因此,他们开始认为像乌纳穆诺这样的人疯了,因为他认为自己有可能失去某些东西,而这些东西在我们今天大多数人看来,他似乎从未拥有过。或许是因为我们已经遗忘了人格(请海德格尔原谅,不是存在)。所以,今天已经成为可能的是,当我们看到人的身体已经被变成一个用于销售其他商品的商品时,人的心灵也就得以与那种最相似的商品即计算机相比较。计算机恰恰是所有种类的"理智的"行为的出发点,而这些行为从中出现的信息空间的本体就是它的中央处理器,一种类似于大脑的物质实体。软件和硬件之间的区别与笛卡尔认为的心灵和物质之间的区别一样。计算机运行的软件程序对它的硬件是不关心的,只要两者是相容的。类似于被移到一个缸(在这里他可能在完全不理解为什么的情况下仍然害怕死亡)中去的我们善良的年轻人的大脑,这种中央处理器是所有种类的美德经验——尽管人格被剥夺了——的场所。

我认为,马克斯·舍勒对待人的人格的方式是激进的、原创的和新颖的。作为一个现象学家,他没有为乌纳穆诺的永生希望给出一种更大的本体,但他确实为我们深刻描述了乌纳穆诺害怕失去的东西,以及这个善良年轻人的恐惧中痛苦地缺失的东西。舍勒把这种东西称作人的人格。他谈论精神而不是灵魂,谈论人格而不是"自我"(self)、"我"(I)或"本我"(ego),尽管这些术语同样在他的思想中发挥作用。精神是人的人格的形而上学条件;它构成人类的可能性基础。在本章,我们将按照舍勒哲学的形而上学视域考虑精神。人格不是形而上学实体;它是现象学上显而易见的,尽管它不能成为意向对象。它不是一种行动从中发生的本体,而是**在**我们的每一个行为**中**被给予的可直观到的实在性,以至于**这个**行为虽然完全是我的，但它是一种带有可直观本质内容的行为，能够与他人的相同本质的行为相对照，但绝不等同于后者。在领会另一个人意指的对象时，如果我希望，我可以通过再扮演他对那个对象的领会而领会其人格。我"将自己置身于"他人意向对象时所处的位置上，并且在他的人格意向其世界中的对象时领会其人格。由于人格性构成了人类的个体性，并且是人类作为一种道德实体的基础，所以对人格的仔细考虑将补充和完善我们对舍勒伦理学的阐释。舍勒的伦理学超出美德伦理学，是一种人格主义的伦理学。在《伦理学中的形式主义》中舍勒用了很长的一章——甚至超过该书的三分之一——以描述和分析人格。

人格现象学，尽管在《伦理学中的形式主义与质料的价值伦理学》的前五篇中到处被提及，却开始于第六部分"A"的第 2 章和第 3 章。这些段落有很多承诺，但也极为令人气馁，因为它们提出的东西中存在着一些不一致。虽然舍勒说"本我""灵魂""人格"在某些情况下不是对象，而且在任何情况下都不是"本体"（他在此尤其否认笛卡尔的灵魂本体的实存），但是他以一种高度实体性的语言谈论它们，并且似乎不仅认为这些现象都是严格而明晰地彼此区分，而且认为那些将它们混淆、具体化以及误解它们本质的人，都是疏忽的或被深深误导的。心理活动的这些领域也许不像我们的哲学家认为的那样是清晰的，而且他太过频繁地受自己哲学愿景的必然性，而不是受案例的现象学被给予之物引导。我不想假装做得更好，但在转向舍勒的描述之前，暂时让我先用我自己的声音谈谈这些现象。我的反思会受到舍勒展示的影响，但不会局限于此，也不会在所有方面都与它一致。

以我们正常使用它们的方式使用诸如"本我""人""灵魂"这样的术语似乎是合理的，因为从这些术语所关联的意义结构的多样性中，在我们的语言中沉淀下来的东西，暗示了与它们进行的一些有效精神交流。它们不是幻想或疏忽的产物。这样的用法可能比那些由宏大的形而上学的、科学的或神学的计划所激发的关于这种实体的理论更有效。我们使用这些术语的方式也应该尽可能多地吸收我们对这些术语所表示的经验范围的直观感觉，从而我们可以把本我——个体本我而非本我性——构想为以下两种东西。

第一，从中发出或放射出一种直接关注领域的那种东西。我对自己死亡的恐惧不同于我对他人死亡的恐惧；当我失去了我的家庭，或者我的财富，或者我爱的人，经验这种失去的人是我，它是**我的**失去。即使是一位斯多葛派的或佛教的高人，他也不可能不在某种内在场合感受到这些事件对所谓我们的自我的压力。我对这种失去的悲痛并不是由于我心灵中的不快经验——它们作为这些失去的结果可能在将来等待着我——的累加所致；我的自我性受到它们的失去或缺乏的侵扰。自我显然是自私的可能性基础；但它同样是慷慨的可能性基础，例如当我们把我们自己的某种东西给予他人。毫无疑问，没有一种清晰的自我感，未曾使它成为主题式反思的对象，都是可能的。然而，作为一个人生活和行动，却不拥有围绕生活和行动的操心视域，这是不可能的。瓦格纳的齐格弗里德，一个不知道害怕（直到他遇到布伦希尔德）的人，是一种与他所杀死的怪物一样神秘的生物。

第二，一种特定自我的内容，尽管不可客观化为一种"心灵本体"，而且正如我们将看到的，也不等于人格，却可以是意向对象并且因此是主题式反思的对象。这并不是说，我像知觉一张书桌上的对象或我膝盖中的疼痛一样经验本我。"经验的"本我概念（舍勒很少使用这个术语）是无意义的。本我没有物理的本性，知觉经验（如果不是全部实证经验的话）指的就是这种本性。但是，它作为一种对象对于反思直观是直接可获得的。我任何时候都在反思它，例如，在我被要求去描述我喜欢的东西和不喜欢的东西时。本我被把握为一

*114*

个统一体（我是这个已经失去而后又发现某种东西、可能已经"改变其想法"的唯一的一个），但具有五花八门、不断变化的内容。它可能缺乏目的的统——我可能"与我自己交战"或者甚至拥有所谓"多重人格"；但这些区分与本我相关，它们就是本我的目的和个性。在对"自我"、"本我"或"我"的使用中，我没有发现任何问题——这些术语据其所处语境可互换使用，它们指向被统一的然而变动着的现象，这种现象的历史和命运是我们直接关注的对象，尽管弗洛伊德从他的诊所观察中，而非从病案的现象实事中，推断出他的思辨的意识理论，但我们没有在我们自己之中发现他所谓自我（ego）、本我（id）和超我（superego）那样的划分。面对触及我们意识边缘的**我们的**邪恶的或半遗忘的欲望，以及**我们的**礼仪或道德感，我们决定对它们作出某种回应。我们拥有我们能够叙述的历史，而且作为我们自己，作为他人生活中的内容存在于世界中。我们生活在世界中，它延伸到遥远而不确定的地平线，超出了我们对它的把握——这种压迫着我们的非我（non-self）远远超出我们达到它的范围。我们是**统一体**但不是**总体**——我们的可能性超越我们的当前实在性，然而，这种实在性就是我们所说的我们自己。存在主义者是对的——直到我们死亡，我们都拥有将来，在其中我们能够赋予我们自己新的内容，我们实际上能够成为不同于我们的现在存在，但仍然能够是我们自己。唉，在我们死后，我们生活的历史可能被其他人以新的并且永未完成的方式加以解释。当我们想到我们自己时，在我们之中被唤起的正是这种广阔的事件、计划和可能性的领域：用我之前的比喻来说，当我们被问及"你是谁？"时，无数的按钮正等待着按压自己或者被我们按压。把这些现象简化为身体或者一系列行为常规，是未能公正对待现象学被给予之物的公然的胡说。

我们的**人格**存在比自我更加微妙；它不同于英文"个性"（personality）的含义，例如，在"他具有一种令人愉快的个性"这个句子中，因为在种种意义上个性是我们公共的或私人的自我及其历史的一个部分。"人格"指的是每一个认知行为中现象学上可识别的主观元素。它不像意向对象被给予那样被给予，因为我们的人格是我们认知行为的**理想统一**。它既没有历史，也没有客观可直觉的内容；它不是我们的心理行为的来源——意识射线从中发出的地方——也不能脱离它们而存在。我们总是能够把认知行为归结到自我，作为它的历史的一部分，作为我们已经想到的某种东西；我们能够客体化认知行为，但不能客体化人格。人格没有历史；它的时间本性是独特的，正如我们立即要讨论的。我们的人格存在"伴随着"我们的计数行为或者思考一件艺术品的行为。每一种认知行为都是不同的，同时每一种行为都是"我们的"——然而没有任何一种行为包罗或者完全包含我们的人格存在，后者始终保持一种"理想的"统一，并且不是一种现象学上可经验的客观本质。

现象学立场使我们确信，我们不是在寻求作为一种实体或作为人类的一种存在论结构的人格。我们正在试图更清晰、更切近地观看我们日常生活里有什么：明见的实事，即我们的意向行为都不是无家可归的，因为在每一个意向行为中都存在着人格，行为是人格的行为。人格同样不是康德式的统觉，在其中，一种"我思"的抽象可能性必须被添加到任何认知行为上，以保证主体的统一。人格化元素不是这种反思的形而上学基础；它是每一个认知行为的真实的伴随物，因为在每一个认知行为中，甚至当我们关注意向对象时，存在着一种因素，在此因素中，我们的人格于这一行为、关注中呈现出来。把这种元素称作认知行为的"形式"或者"实体"是徒劳的——人格是**独特的**，而且没有任何形而上学的或经验的范畴能够捕获它，然而它是始终在场的。或许，我可以在他乡寻找新的同伴而"逃避自己"；但我绝不能逃避这种人格因素——我的人格，不管环绕着我的每一个意识的想法、同伴和风景有多新，都出现在我的每一个意识之中。人格统一是理想的，因此不是可客体化的，也就是说，本身不可能作为意向对象在直觉中获得，因为它不拥有任何不变的本质内容。哲学家们错误地在心灵本体、自我或某种本我中寻找意向意识的射线来源，就像从灯泡或星星中寻找光线来源。这样做将陷入形而上学思辨（如舍勒本人在其后期的精神形而上学作品中所做的那样），因为这种东西不是被给予的。他们一直追求的目标，人格化的因素（它使得这种认知行为成为我们的），就是行为自身中的一种非客体化的在场，是不完整的和非实体的，像环绕着行为的一个光晕。

认知行为，甚至那些指向普遍本质的认知行为，都由于它们与人格这种理想统一的指涉而被个别化。任何人的内在生活都趋于统一，因为在我们与另一个人——无论是朋友还是敌人——的每一次遭遇中，我们都在他的眼睛和手势中感觉到**同一**的活生生的人格。这种人格化的指涉是认知行为的一个必要条件，然而人格不是作为根据或原因"站在它们后面"，而是在它们之中显现。正是因为没有认识到这种现象学实事，形而上学者将心灵、神学家，将灵魂、科学家，将大脑假设为心理事件的原因。同时，正是因为他们把人格概念化为一种心灵本体——行为内在于其中作为其性质的本体，人类自由才成为现代哲学的中心问题之一。如果人的人格是一种本体，那么它必须像所有的本体一样受规律支配。但是，我们从未经验到心理事件发源于或者内在于一个心灵、灵魂或者大脑！这些术语指的是理论上的过程——它们不是现象学地被给予的。

可以在这些思考的背景下更进一步讨论反复出现的人类自由问题。舍勒写道："我们在我们的意志生活中理解自由，绝不是通过理论思考的方式。"[①]据此，他表达出，自由绝不出现在被观察的过程

---

① "Zur Phänomenologie und Metaphysik der Freiheit," *Gesammelte Werke*，Band 10，*Schriften aus dem Nachlaß*，Band 1，S. 157.

中，而只出现在"活生生的意志"——它在我们施行行为时出现在这些行为中——的经验中。我的灵魂、无意识的心灵或者大脑中的事件是否需要我采取行动的问题，与意志自由问题无关，因为意志直接把自身经验为"自由的"或"被迫的"。意志的自由除了这种经验外没有任何其他指涉。舍勒的立场使意志和人格复归生活世界。我们的人格化生存**内在于**我们的每一个认知行为中，而且它不是居于灵 *117*
魂或大脑中，而是居于**世界**中。我们记得前面的章节提到，内在的或外在的知觉行为包含一种被安排在先天基础中的概念结构。我们的人格化存在作为它的可能性根据显现于这种**完全**结构化的行为中，以至于它独特地是**我们的**。正是人格的这种意义——舍勒注意到，它在童年早期首先在另一个人（大概是母亲）身上遇到——使得我们有可能叙述我们的历史，思考"我们自己"，关心"我们的"损失、收获、快乐和痛苦，简言之，成为一个自我。这个自我被奠基于我们的人格中，并且拥有一个永远是**我们的**世界。它把自身经验为在这个世界中自由行动。要说这种自由是不可能的，是因为所有事件都受行为主体不能控制的规律支配，这是假定，科学预设必定凌驾于现象学被给予，但这是一种科学偏见。

在这些准备性的反思的基础上，我们继续讨论舍勒对人格的论述。舍勒在《伦理学中的形式主义与质料的价值伦理学》中所作的分析的许多地方透露出人格的三个特征要素。尽管人格不是一个"它"，但语言要求我们用一个名词性实词以指示它。人格是：

（1）各种行为—本质的理想统一，它必然伴随着这些行为本质的施行；

（2）一种"本质的踪迹"（Wesenszug）；

（3）拥有一种独特的**时间本性**。

对于（1）：正如我们在我们基于自然立场描述知觉认知行为中看到的，对象作为一种统一体被给予知觉者。统一的概念，或者那种使我们能够把对象知觉为与所有其他事物相区别的独特事物的东西，并非如康德所相信的，是出心灵贡献的作为知性的范畴之一；也不是像斯特劳森所建议的，在语言的根源处可发现的或其中固有的一种描述性的形而上学范畴。[①] 统一是一种纯直观的本质，是关于通过我们的世界经验并在其中被给予的对象的一种质料实事。关于这种统一，没有东西需要被解释，只需被观看：当我把我桌上的一个东西知觉为鼠标时，我把它知觉为一个统一体。这种统一不是亨利·亚当斯所寻求的那种统一；他在他的世界的多样性观念、对象和事件之中寻求统一，一种**系统**的统一。这样的探寻根本上是不可能的，除非知觉对象的统一已经在"事物"的现象中被给予。与人格相关，我被直接给予我自己，乃是作为内在于伴随每一个别行为的人格的一种理想统一。而且，这不是说，我的自我是一个系统意义上的统一体；那只有在我撰写自传的过程中力图用一种有意义的叙述来定义我自己时才是可能的。

尽管如此，舍勒说，人格现象显示出一种理想的系统：它是当一个人思维和行动时自己向自己的可经验到的显现，这种显现贯穿于思想和行动中，并为人类生命是"有意义的"建立可能性基础。这不是某种系统或者叙述的统一———一个人不是一个"故事"，而是一种感觉统一，我们在其中能感受到伴随着我们连续行为的同一人格。一个人的自我性通常被建立在他与居于他每一个行为中的人格的在先交往的基础上。当然，一个人对自己是谁的感觉可能是从外面强加于他的，例如在通常所谓洗脑的情况中，或者在政治集会上或宗教复兴中发现"自己是谁"的现象中。同样，这种感觉统一可能会丧失，例如在疯狂中；当我们被诱导说"我不再知道我自己"时，我们在某种程度上已经失去了我们的人格感。正常情况下，在我的每一个行为中，甚至在那些使我惊讶的行为（"我怎能做出这种事？"）

---

① 参见 Peter F. Strawson，*Individuals*（London，1959）。

中，我仍然知道它们是**我的**，因为我显现在它们之中，它们包含我的人格。在笛卡尔体系中，从属于作为一个主体的我的行为都是**思想**。"但什么是我？"笛卡尔在第四个"谈话"和第二个"沉思"中提问，并且回答道："我是某种思想着的东西。"我的人格化生存融合了许多其他种类的认知行为——我知觉，我感受，我意愿，我诅咒我的命运，我爱另一个人。**人格作为一个理想的统一伫立在所有这些行为中。**

舍勒没有充分解释这种感觉，在其中的统一是理想的，但他可能会认为这种统一在一个人生命轨迹中的任何时刻都是不完整的。正是对我的最终完整性潜能的这种模糊而不确定的感觉给予我永恒感。但在任何给定的时刻，一个人可能会将自己的人格经验为趋向可能的不统一；我可能会在我之中感觉到分裂，它们威胁着我的理想统一，并且摧毁从我的生活中产生的任何可感觉的叙事之可能性。然后自我就会受到失去其自身的完整性的威胁，并且当生命结束时，人们可能会抱怨："这一切意味着什么？"在舍勒生命的后期，"均衡"概念，或者说世界的阶层和民族间的历史差异的均衡，以及精神和冲动之间的均衡，对他来说似乎很重要，这是不足为奇的。因为在《伦理学中的形式主义与质料的价值伦理学》中，甚至在他讨论人格的这些段落中提及的他的教授资格论文中，我们已经了解到他对人格内部动态对立的强烈感觉，以及对和谐和整体性的道德需求。我们可能会渴求的这种意义统一，在一个人——他可能会反对他生命的这种条件，并且没有发现任何召唤——的生命中可能是未完成的。于是，一个人可能会抱怨"厌烦"，"没有方向"，甚至抱怨被"诅咒"。然而在一些段落中，人格被揭示为一种完整的统一：

**人格是具体的、不同种类的本质的行为存在的自身本质的统一**，其自身先于……行为中的所有本质差异（特别是先于外在的和内在的知觉、外在和内在的意愿、外在和内在的感受以及爱和恨等之间的差异）。**人格的存在为所有本质上不同的行为"奠基"**。①

按照这个段落的最后一个句子，只是因为某人把自己领会为一个人格，他才能施行不同的行为。舍勒相信，现象学上明见的是，不可能存在"抽象的"非人格化的认知。这意味着，对于舍勒来说，认知行为的可能性根据在于人格——它是这些行为的主体，并且在每一个行为中本质地显现为一个统一体。尽管如此，舍勒对"奠基"这个词使用引号标记提醒我们，当他提出人格是一种先天结构时，我们要谨慎加以解释。因为正如他一再坚持的，人格不是而且不可能成为一个对象，所以它不可能是某种人类存在论的一个因素。

对于（2）：当我翻译舍勒的术语 wesenszug（本质特性）②时，我曾经对本质的踪迹（trace of essence）这一表达的意义作过长时间的思考。当我们想起一个人，以及从他的"个性"（personality）、他的"性格"（character）或者"倾向"（disposition）中抽象出他的自我性（self-hood）的全部特征时，残留给我们的只有在反思直观中被给予我们的他的人格化生存的难以言喻的感觉。除了个性、性格和性情，这也是我们喜欢或讨厌一个人的原因，我们所追求的东西的模糊性无疑是我们感到无法解释我们喜欢或恨他的原因。当我们试图解释这种爱或恨的时候，我们必然转向他的自我性的具体特征，而不是转向

---

① *Der Formalismus in der Ethik*，*Gesammelte Werke*，Band 2，S. 382-383. 参见《形式主义》（倪梁康译），第 467 页。——译者

② 《伦理学中的形式主义与质料的价值伦理学》的译者在这个语境中用"特征"（trait）来翻译 zug；这似乎也是可接受的，考虑到这两个词在各自的语言中所具有的宽广的意义范围。然而，术语"特征"似乎是极其固定的一个概念，尤其当被运用于像本质这样的非常模糊的东西时。此外，在英语中，"特征"被人格心理学家运用于性格的倾向特征（"内向的人的特征"），然而在《伦理学中的形式主义与质料的价值伦理学》第 6 篇的"B"的第 1 章中，舍勒煞费苦心地区分人格与"性格"。

他的人格，因为正如我们已经看到的，自我拥有一种确定的客观性：我喜爱他的"外向的个性"，他的"性格的刚毅"，他对我们或他人的"友好倾向"，倾向于也许会有一点点挑衅。但是，人们感觉到，人格位于比所有这些特性更深的人类层次上。我们在自己拥有的对人们行为的**理解**中经验到人格，我们经验到的人格的意义是我们在他们的思想和行为中，在他们作为活生生的意志支配其身体，并通过他们的身体去行动的能力中，以及最终在他们对其施行的行为的**责任**意识中感觉到他们自己的存在。① 人格的中心，人的价值本质，是个体的和具体的；我们不愿意将普遍道德规范**仅仅**运用于人的行为中，这就承认了它的人格化的本性。② 舍勒论证道："良知是我们赋予一个人和我们自己的一种决定特定行动路线的能力，鉴于我们对特定情况下什么是义不容辞的东西的道德洞察，以及鉴于可能只适用于**这个人**的特殊环境。"对于舍勒来说，对良知现象的这种解释是克尔凯郭尔的"伦理之物的目的论悬置"的来源：它**可能**在于，这个人和他的具体情况在道德上相关的某些方面是独特的。舍勒写道：

> 对他人的每一个更深的伦常评判都正是在于，我们对他人行动的衡量**既不是**唯独根据普遍有效的规范，**也不是**根据在**我们自己**面前浮现的理想形象，而是根据一个我们通过以下方式而获得的理想形象：我们可以说将那些通过对**他们的**个体**本质**

---

① 我从《伦理学中的形式主义与质料的价值伦理学》第 6 篇"B"的第 1 章，即"伦常人格的本质"中得出这一分析。舍勒区分理解一个人的行为和**解释**他的行为。"解释"指的是把个体的行为归入推定的心理学规则的过程。理解要求观察者通过再经验另一个人的意向行为而进入它们。也可参见 *Gesammelte Werke*，Band 10，S. 160。舍勒注意到，人越是成为群众的一分子，我们对他能理解的就越少：大众是不可理解的、喜怒无常的、歇斯底里的。

② 舍勒很可能仔细地考虑过歌德在《威廉·迈斯特的学徒生涯》（第 4 册，第 13 章）中对哈姆雷特的著名特征描绘，即这个王子面临在任何客观的意义上并非不可能，但**对他而言**是不可能的任务。

的中心理解而获得的异己人格的**基本意向**拉到尽头，并且使这些基本意向在一个只是直观被给予的**具体价值理想形象**之统一中联合起来——然后我们根据**这个**形象来衡量他的经验行动。①

这个段落的重要性在于它坚持依据价值判断人，这种价值不是来自**我们**认为他们应当是什么，而是来自他们，而且只来自他们理想地能够是什么。那种古老的智慧，即我们不能按照**我们**认为人应当是什么，或者按照基督教爱的观念——作为渗透到我们的兄弟姐妹的善行中的仁慈，以及我们的无私——改造他们，通过舍勒的洞察得到确认。此外，这个段落提醒我们人格的**不可客体化**及其道德价值。人格是一种本质的**踪迹**，不是一种可以带到语言中的意义结构。人格显现在他的行为中，不是像他的本我或性格那样间接，而是直接而即时的。即使对于主观地被看待的人格而言，像我们看待我们自己的意向行为一样，行为也不是完全可客体化的。意向行为不是**被**某人施行，毋宁是这个"某人"即人格**在**这些行为**中**具有他的存在。对于舍勒而言，"对"另一个人的人格化生存的直观是由爱的行为赋予的，因此我们必须在下一章转向爱和恨的现象学，以进一步阐明我们对人格现象学的理解。而在我们对另一个人的判断中运用这个人的理想形象（源自我们对他**自己的**人格化理想价值的直观）的道德重要性，在我们马上就会讨论的《爱的秩序》中被舍勒彰显出来。

舍勒在前述引文的段落中提醒我们，一个独特的、具体的**人格**与一个独特的、具体的**世界**相对应。这种本质关系与"身体"和"环境"的相应性，以及"自我"和"外在世界"的相应性形成对比。人格的这个具体世界除了它与作为其主体的我的关系之外，还包含客观的

---

① *Der Formalismus in der Ethik*，*Gesammelte Werke*，Band 2，S. 480. 中译文参见《形式主义》（倪梁康译），第 594 页。——译者注

特征。"我的"世界包含**任何**可能世界中发现的价值、本质和本质的联系，以及它们的奠基秩序。在任何个人的社会环境中，有一大类这些事物都是由他人共享的。然而，人格及其世界是独一无二的。正如个别人**可能会**发现自己处于这样的境况中，即他能有效地判断似乎适用于他目前情况的某种普遍规范可能会被撤销，同样可能的是，关于世界的"真理"是一种**个人的**真理，就像某些道德价值一样，奠基性的真理在其实存中是相对于人格的。唯有人能拥有真理！因为唯有人居于世界，而唯有在一个世界的背景中，我们才能从奠基的意义上讲真理和谬误。共同体也可能"拥有真理"，但只有当一种人格由共同体构成的时候才如此。"群体灵魂"和"群体精神"最为清晰地在舍勒称为 Gemeinschaft（共同体）的这类共同体中显示出来。真理从人及其世界的存在论关系中涌现出来。但是，什么是真理？

*122*

在这里，舍勒很可能已经发现海德格尔的真理概念是有用的；他可能已经把真理构想为从隐蔽中产生本质。尽管舍勒在其后期的作品中致力于真理概念，但我认为他关于真理的结论是不能令人满意的；他似乎没有超出作为正确判断的命题真理观念，达到一种清晰的与人相关的奠基性真理概念。诚然，舍勒谈到意向对象被给予性的充分观念是先于符合论真理的，而且是它的基础。然而，如果我们把真理定义为陈述和事态之间的符合，那么谈论"个人有效的"真理就确乎成为一个矛盾。或许，我们可以如下方式解释舍勒的真理思想。世界被给予，而不被给予其他任何人。那么，为获得真理，我们起初不必**忽略**人格以获得一个"客观的"立场（例如，理性的、"先验本我的"、"被还原的"世界的或者**我思**的立场），用以判断命题的正确性。这样的立场对于它们所探究的对象领域是有效的。但对于舍勒来说，真理不是作为认知或者判断来到世界，而是与人（它与世界处于一种不可还原的存在论关系中）一起来到世界的。世界作为原初地向一个人的开放，是所有探究和真理的起点。这一点可能有助于澄清为什么我在第一章中坚持：现象学本身必须转向**自然**立场，依此立场，一个世界在知觉、感受以及爱和恨的行为中被给予一个人。现象学整体，正如爱因斯坦关于科学整体所说的，将使我们转向日常生活世界和具有更清晰视野的我们自己。由此可见，"本质的踪迹"即人格，在不指涉其个人世界踪迹的情况下，是不可能被把握的。

就在《爱的秩序》中，舍勒运用晶体比喻探究作为本质之踪迹的人格。"正如晶体的几何结构代表了晶体，**爱的秩序**也代表人格的道德主体。"①显而易见，这种**爱的秩序**指的是"心的逻辑"本身以及它所意指的客观价值秩序。我们在第六章提到，对感受和偏好行为的现象学反思揭示了一个被排列在"较高的"和"较低的"中、客观秩序化了的价值的领域。同样明显的是，这种**爱的秩序**指的是人类感受的总体结构和内心意向的价值实事的客观秩序。一旦这种客观秩序本身在人格现象学反思中被给予，否定它就是不可能的。但依据自然立场，这个秩序可能会在人们的价值判断中以一种受限的和被歪曲的方式起作用。狭义上，这个概念指的是意向感受的结构，以及在它们之中起作用并且决定"本质的踪迹"即个体人格的道德品质的价值。它是价值秩序本身在一个特定的人构成他的自然立场时所采取的形式。因此它是可变的，然而秩序本身则不是。个人可能会受到比如**怨恨**这样的道德疾病的感染，或者受到一种文化生存条件或其失败的限制，或者受到某些个体未能通过现象学反思阐明他们在意向感受行为中向之开放的那些价值的影响。因此，个人一旦已经洞察到神圣价值、精神价值以及自己的偏好行为，这个人将不可能否定神圣价值高于精神价值，但他仍然有可能没有认识到这两个价

---

① "*Ordo Amoris*," in *Gesammelte Werke*，Band 10，*Schriften aus dem Nachlaß*，Band I，S. 348.

值群组或其中的任一组，或者由于**怨恨**、无知或者偏见，而实际上偏好精神类型的价值物胜于神圣类型的价值物。一个人的**爱的秩序**在其倾向和特定意志行为中是可见的；我们的客观道德判断指的就是它们。

人格原初地通过**爱的秩序**在情感上与其世界和谐，爱的秩序把世界建立为一个价值世界。它是三种附属结构的条件，这些结构使我们的生命作为人是可理解的。在这里我们可以清楚地看到晶体结构，也就是被**爱的秩序**所意指的质料价值在人们和共同体的生活中所确立的有形结构的意义。这些结构都是与世界（在其中我们接触到人格的个体性）调谐的衍生模式。它们是**周遭世界**、**命运**和**个人使命**（"individuelle Bestimmung"）或**"召唤"**。它们在**本质**结构的平面上规定了人在时间和空间中可能遇到的事物。它们是他在探索发现的道路上找到的为了他而"在那里"的事物和过程。这些概念似乎与萨特对"真实性"（facticity）的解释相似，即是说，人的人格必然与他在周遭世界中发现的事物相关。由此，舍勒在这篇文章中给我们举的唯一具体的例子是命运，他指的是鱼缸中一条鱼的"命运"，与湖中另一种可能的生存命运形成对比。但命运和周遭世界不同于"真实性"，不是指人一生的"偶然实际性"，或者指这种实际性的结构，而毋宁是指这种实际性与"人的精神生命主体的目标导向的、有效的过程"（它产生可理解的实在性，即这个人生活的意义）的交织。我们的命运和周遭世界结构不受我们有意识选择的支配，尽管如此它们仍然是我们自己的。类似于萨特的"我们自己的原初选择"概念，它们是对价值独特定位的产物，对价值的独特定位是我们世界意识的起点。爱的秩序的这些主要模式充当"围场"（"enclosure"），构成我们世界的个别事件由此而被给予。

*124*

我们在第二章讨论了作为个人与世界的相关性结构的周遭世界概念——世界作为物理环境，按照欲求以及共同体或个体的生存条件所决定的规律，对象得以从被给予之物的充盈中被挑选出来。它决定了主体的兴趣和注意力的指向。对某个人的周遭世界的分析，给我们带来这样一个人：他生活在一个生命的和功利的价值世界中，而不是精神的、道德的或神圣价值的世界中。舍勒最终没有深入阐述"个人使命"概念，可能是因为他考虑到这种现象太难，以至于不能从周遭世界和命运的相关现象中整理出来，尽管正如我们随后将看到的，"使命"这个术语是一个非常单薄的术语，它在舍勒将其道德理论运用于政治中时发挥作用。在他对这个词所指意义的简短描述中，他说它是"属于给定主体在神圣天意中的位置，[它]也表示在那种天意中他的任务和他被召唤去承担的那种角色"①。因此，它似乎是一个人可能拥有的感觉，同时他可能模糊或清晰地把它感受为被赋予他去完成的、构成其个人目标的一些特定任务。一个人可能感觉到，这是对他的"召唤"：与他的国家一起参加反对其敌人的战争，或者与他的神一起参加反对魔鬼的战争，或者他可能发现这样的任务虽然对其所处的一时一地而言至关重要，但远离他视为自己生命意义和目的的东西。因此，与周遭世界类似，个人使命也具有一种"围场"结构，从其内部我们知觉到事件的意义指的是我们被召唤去承担的任务。

虽然舍勒对"个人使命"的现象学阐明可能是有限的，但他的命运概念对于人或文化的自我理解具有深刻的意义，尽管同样是有问题的。它在**"爱的秩序"**中得到了最具广度和深度的阐明。在日常使用中"命运"所标识的是我们与对象和事件——它们将其意义强加于我们生活的基本方面——遭遇的时间维度。因此一个人说"被选择去竞选总统是他的命运"或者"命运让他错过那架坠落沙漠的飞机"，在这样的情况中，他可能会感受到自己被比自己或任何人更宽广的展

---

① "*Ordo Amoris*," in *Gesammelte Werke*，Band 10，*Schriften aus dem Nachlaß*，Band I，S. 351.

开着的目的之网所控制；它可能引导一位宗教人士谈论神的旨意——它"引领"他们去实现对于神的拯救计划至关重要的一些神秘的目的，或者导致嘲笑者谈论奇怪的巧合，或者导致诗人谈论缘分。但是，命运不是降临我们身上的事件或它们的原因（无论它们可能是什么）所强加的意义。命运是一个人对"降临"在他身上的事件演变的透视，他发现随着他的生命在时间中流逝，只有其中的某些事件对于他理解自己生命的意义和价值是关键的。命运构建我们穿越时间的通道，正如周遭世界构建我们穿越我们物理和文化环境的通道。依据自然立场，我在自己如下趋向中遇见命运：去追逐一组特定的事件，或者当机会到来时去追逐一种特定的行动路线，或者陷入一组确定的习惯或癖性；然而当事件似乎把我引向那种方向时，在相同环境中的另一个人，可能根本不把这样的事件视为任何特定行动的时机。

命运似乎总是从外部来到我们身边，但事实上是我们把降临在我们身上的事件领会为在我们追求的一般模式中具有重要的意义。我们"使它们成为我们的命运"，**作为**我们的命运，我们拥抱它们；我们的命运在我们的世界中萦绕。"它［命运］是……**世界和人的巧合**（coinciding），它在人生的意义统一中显露出来。"命运因此不是当我们被要求叙述我们自己时试图讲述的自我或本我；它毋宁是意义和价值的视域，根据这种视域，任何这样的叙述才能被写出；它就是把在这种叙述中有重要意义的事件引向自身的引力。因为我们的所谓"命运"就是朝向我们一生的意义统一的运动的一个方面，我们试图在思想中捕捉这一运动。当我们描述组成我们生活的事件，以及描述为什么在这些事件中通过我们行动完成的东西对于我们和他人是有意义的时候，我们总是回到它。这种意义统一运动在事件的发生和占有中赋予人的生活以一种和谐或不和谐——舍勒称之为人与其世界的巧合，因此人不只是生活在世界中，不仅仅是本质的踪迹或者统觉的先验统一，而是一种追求意义统一的活的生命——我们可以通过现象学重新体验的方式，理解我们自己和他人，以及个人多年来如何拥有降临在他身上的事件的意义。命运现象学，虽然对于理解人格很重要，但舍勒绝没有充分地加以实现。当我们在下一章考察人格现象学在舍勒完成质料价值伦理学过程中的作用时，我们将再次遇到这个术语。

对于(3)：我准备引用舍勒的一段文字，这将给我们带来对人格现象学，以及舍勒后期思想中的形而上学视域的更深刻理解。这段引文的第一个部分再次主张人格的理想统一，正如我们在(1)中已经看到的，然而，通过重新执行舍勒的话语所指向的反思行为，在反思性直观中把握它所展现的现象可能是困难的。随后，舍勒带我们深入环绕人格现象的特殊时间视域。

> ……**整个人格**显现于**每一个**完全具体的行为中，同时整个人格在每一个行为中并通过每一个行为"**变化着**"——它没有被分解为它的行为的任何一个，或通过时间像一个事物一样被"变形"。在作为纯粹的"变成—他者"（becoming-other）的"变化"概念中，至今仍不存在任何使变成—他者得以可能的时间，而且更多地，不存在一种像事物一样的变化；同样，在这里仍然没有任何东西作为这种变成—他者的一个"连续"（我们在不把握变化和缺乏被给予质料的一种像事物一样的结构化的情况下已经可以把握它，而且它被包含在例如"交换"的现象中）被给予。而且正因为这种原因，我们在这里也**不要求持久的存在**，它在这种连续的顺序中维持自身以建立"个体人格的同一性"。这种同一性在这里只在这种纯粹变成—他者本身的定性方向上显现。如果我们试图把所有现象中最隐蔽的这种东西带向被给予性，我们只能通过想象的方式把读者的眼光引向这种现象。人生活

在时间中；在变成—他者中，它执行，它行动，进入时间。然而，它并不生活在现象学时间中，后者在内知觉中被给予的心理过程的进程中直接被给予；甚至也不生活在物理学的客观时间中，在这种时间中，既没有快，也没有慢，也不存在持续（于是这种持续在这里只作为连续的一种限制性的情况发挥作用），也不存在现在、过去和将来的时间的现象上的维度……由于人格首先恰恰在其可能经验的**体验**中执行它的生存，试图在生活过的经验中把握它是毫无意义的。[①]

舍勒在这个段落紧张地思索时间现象，对这一现象的关切支配着（到了痴迷的程度）科学、哲学、文学和艺术领域中许多舍勒的同代人。在 20 世纪的开端，开始出现这一想法：时间现象没有被"钟表时间"或者说作为瞬间有规律连续的时间——根据某种物理客体在空间中的均匀运动是可测量的——所穷尽。爱因斯坦的推论——即使这种被测量的时间也不是固定的和绝对的，而是相对于某个运动系统中的观察者的——是一个启示。[②] 但此外，哲学家们像舍勒在这些段落中一样开始试图展示时间的微妙的和结构化的**经验**，并且试图论证这种经验在人生在世的特殊方式中所起到的基本的但被忽略的作用。无论现在还是以后，我都不打算推测舍勒是否分享了海德格尔的观点。最重要的舍勒学者曼弗雷德·弗林斯确实已经顺着这些线索进行推测，而且这种推测有其本人所著的破译舍勒手上那册《存在与时间》的作品作为重要支撑。他的简短的却非常难理解的

---

① "Ordo Amoris," in *Gesammelte Werke*，Band 10，*Schriften aus dem Nachlaß*，Band I，S. 384-385.

② 舍勒在他死后出版的关于形而上学的后期手稿之一中对爱因斯坦狭义相对论中的公设，即"光速是一个普遍的常数"的含义，进行了评价和回应。参见 *Gesammelte Werke*，Band 11，*Schriften aus dem Nachlaß*，Band 2，S. 145-156。

著作《人格与此在——价值存在的存在论问题》①是一个杰出的尝试，它不仅试图阐明舍勒和海德格尔的关系，而且其本身就是对存在论的一个贡献。此外，在弗林斯关于舍勒晚期手稿的工作中，他试图阐明舍勒的时间概念。他在编辑《舍勒全集》后几卷时所写的后记，对于理解舍勒思想中的这些困难问题，都是富有洞察力的贡献。

就我们这里的目的而言，注意到这个有点混乱但富有启发性的时间本质之"图像"——舍勒作为一位现象学地描述本质的作者，这是他少有的几次借助这种表达去描述他的方法——就已经足够了，因为它在最深层次上向人透露出它作为一种人格的存在。这个问题在于，将人的人格确定为一种本质的踪迹，但仍然作为本质上是时间性的，不同于其他不可变的或者只在它们与认知主体的联系中服从变化的本质。毫无疑问，舍勒也在探求把我们对人的人格的一种非时间性质的感觉——我们称之为永恒——带向被给予性的某种方法。这样我们就回到本章开始的主题上来。下一章我们将把人格的这种时间维度带进对其最深的中心——爱的体验——的探究中。我们将在那里完成对非形式价值伦理学的阐释。而且，我们也将在那里发现人格与"从某种永恒的角度"（sub specie quadam aeterni）之所指：我们不像那个善良的年轻人那样，仅仅为了无限的经验活着；当我们爱着时，我们仿佛永恒地活着。

128

---

① Manfred S. Frings, *Person und Dasein：Zur Frage der Ontologie des Wertseins*, Den Haag：Martinus Nijhoff，1969.

# 第九章
## 爱与恨的现象学

本章所要面对的三个任务对舍勒现象学而言是关键性的，对贯
穿其天主教时期思想中的基督教世界观而言也是如此。第一个任务是，讨论其关于爱与恨的现象学。第二个任务是，从我们在前一章留下的思路出发，探讨人的时间性。第三个任务是，完成对舍勒的作为一种人格主义伦理学的质料价值伦理学的分析——通过展示这种伦理学是建立在作为道德行为主要动机的对人的爱之基础上，这种对人的爱是在对神的爱之中，并通过后者而形成的。我们从上一章结束时的那种神秘的且明显无法言说的领域开始着手这些任务。舍勒所说的"现象的至为隐秘处"，即人格的玄奥结构中所内在的时间性特质，更是加强了这种神秘论调。然而，我们对人格的讨论有搁浅于更为神秘且似乎无法形容的沙滩上之危险——这就是爱与恨。虽然爱与恨是人的现象中最具特征的方面——舍勒曾表明，人不应该被称为"智人"（homo sapiens）或"制造工具的人"（homo faber），而应该是"爱的存在"（ens amans），同时这两种现象也是最晦涩的。爱据说是不可描述的，迄今为止，无论哲学家还是心理学家，都没有在对其理解方面给我们足够指引，尽管社会学家们对其在人类经济中的作用的考证是丰富而多产的。当被要求对我们的各种爱恨加以说明时，我们所有人都感到为难；当一位精神分析师试图向我们解

释无意识的欲望路径时（这种欲望让我们"全神贯注"于某一个对象而非其他，并将其当作我们的爱的对象），我们往往会感到失望，我们会说："不，不是的，根本不是这么回事。"

但是，理解某人为什么爱或爱什么是一回事，展现**爱本身的现象**则是另一回事。展现的结果并不只是哲学家们感兴趣的。舍勒认为，认识到对于爱的现象而言什么是本质的，有助于深化我们对自己的爱的理解，并且可能会使得我们的爱比以前更具有洞察力。哲学不只是关于知识的客观追求，而且在其核心以及目的方面，也是人的道德和精神的启蒙。在舍勒看来，哲学的追求是由柏拉图所说的"对所有存在及本质的爱"所驱动的。而且，和柏拉图一样，他认为，如果没有爱，也就没有知识，因而也没有德性。仅仅因为爱所有的存在及本质，人们对德性或人之卓越的追求才成为一项值得去追求的事业，而事物的本质只向那些在理性和理解力之卓越方面得到传授的人展现。大哲学家们往往也是伟大的导师，并且能够通过教导年轻人乐而好之，去激励他们对知识的追求产生至诚的献身精神。尽管常常遭到恶语中伤，但他们在学生心中点燃了柏拉图式的对智慧之爱。他们以身作则地证明了，一个人知识的延伸即是其自身的拓展，这正是因为人格与世界存在于一种原初的本质关联当中；并且，对智慧之爱使得这样一种拓展得以可能。也正是爱——正如我们将会在第十四章中所看到的——会提供使 20 世纪特有的张力得以"均衡"的内在动力，这也是时代的命运对我们的召唤。

让我们进入爱的现象的最深领域，去发现爱与人的精微的时间性本质之间的联系，这也是我们在上一章所止之处。舍勒写道："**爱……是这样一种运动，在其中，每个承载着价值的具体个体，根据其理想的本性达到其最高可能的价值；或者在其中，它达到了它**

**专属的那种理想的本质价值。"**①这样说来，爱是一种**运动**，但这种运动是从哪里到哪里？从在感受中被给予的价值到被爱的对象可能具有的价值——也可能尚未获得。在我自己的想象当中，爱投射出一道关于被爱者的**可能性的光圈**；它揭示了可能性，但它并没有着意追寻这些可能性——它首先满足于可能性。在此，这样一种观点会提醒我们注意在本书第七章中出现过的舍勒的"理想的应当"之说。"理想的应当"预设了被感受为"不应存在却存在"的事物的非实存的可能性，或者"应该存在却不存在"的事物的实存。进入不应存在却存在的事物之非实存通道的是一种肯定性价值，进入应该存在却不存在的事物之实存通道的则是否定性价值。我们还想起，理想的应当并不激发起一种责任规范。可以说，"应当"有可能仅仅是一般性地指向世界，对我或任何特定的人而言，实现理想的应当并非义务性的，例如，"应当救济无家可归者"。爱是相似的。我痴迷地站在心爱的人面前，我的爱让我在其身上感受到他或她尚未具有的 *131* 价值之存在的可能性，但我还**尚未**体验到要看到这些价值实现或者我在其实现过程中发挥作用的冲动（Streben）。"尚未"一词指的是这样一种体验的可能性，它就像我可能最终会担当起责任，为无家可归者提供无微不至的照顾。在某种意义上，被爱者**已经**具有其价值，因为在爱之中，我已对其价值存在的可能性睁开双眼，可以说，那些价值存在于我的心灵之眼中。

至此为止，我们在舍勒的《伦理学中的形式主义与质料的价值伦理学》一书中读到的大段文字的部分意义可得到理解。以人类的特定方式生活到时间中去，恰恰就是生活到可能性之中。正是有这样的可能性之意义，爱比人类的其他经验所揭示的都要多。我们爱他人之时，向我们敞开的恰恰是伴随着被爱者的每一个行为的"本质的踪

---

① *Wesen und Formen der Sympathie*，*Gesammelte Werke*，Band 7，S. 164. 这段话在原文中为斜体。

迹"，它在其可能的统一性与完善中得以实现。我的爱心越是狭窄，我对一个人可能有的认识和经验就越少。对于不能够"照亮"感知事物中**常新的、更高的**价值之可能性的人，世界一定显现为"令人厌倦、陈旧、单调且无益的"，因为对**他**而言，任何可能有价值或无价值的东西都是已然存在的。有爱之人可以看到乏爱之人所见不到的，即所有事物都是新的，并且更高的事物仍然具有可能。上帝所见的不过是天空、大地、动物和海洋，除了通过爱，上帝还能以其他方式看到什么是好的吗？上帝所见的是，生命在其创造的美妙新世界**中能够成为**什么。在爱之中展示的可能性所意指的时间是特殊种类的。这种时间不是事物之所需（因为我不希望我爱的事物成为其所是之外的其他东西而失去其统一性），而是事物绽放所需要的——正如舍勒在上述关于爱的界定中所说，去生成为理想的存在。在**这种**意义上，人生活到时间之中，不仅在过去、现在与未来的时间"之中"，而且进**到**本质上而言是无时间性的空间之中——事物在其中得以完成。在这种意义上，舍勒以赞同的口吻引述了尼采的名言"成为你自己"，也就是让与你的本性契合的最高的价值绽开到生存之中。

在舍勒后期的形而上学中，时间被阐释为一种动物朝向变化中的世界的生命指向性。[①] 人，作为一种爱着的精神，生活在意义结构的不变的世界——本质域之中。正因为如此，心灵通过向不变的本质敞开而原初地被构造，也就具有了永恒的持存意义。对事物的本质意义之把握，也就是在永恒的视角下经验世界。但是，人也是一种有血有肉的存在。切身利益的作用建构了我们对空间中以周遭世界、在时间中以命运形式出现的世界的指向性。但是在现象学还原中，本质的永恒性得以被发现。人以时间性的方式在世上生存，但因为人本身是一种"本质的踪迹"，当我们沉思事物的本质时，人

---

① 参见 *Gesammelte Werke*，Band 11，*Schriften aus dem Nachlaß*，Band 2，"Manuskripte zu den Metaszienzien"，S. 125-184。

分有了永恒。

　　将爱与可能性继而与时间现象关联起来的诸多观念之联结，萦绕在舍勒的思想中，其含义是复杂的，但还是不难简要加以阐述的。关于这些想法与基督教的爱的理念的亲近性，在《同情的本质与形式》的分析中比比皆是，舍勒在其中常常将人的爱和基督的爱以及上帝赋予其造物的爱加以比较。当我爱他人时，我首先处于一种强化的意识状态中，即意识到那个人是如其所是的具体的、个体的人。设想一下反对的立场。当我不爱的时候，他人在我看来只是"人类"，或者再具体一点，他像一名图书管理员或律师那样"年轻""友善""有魅力"。通过将其认作承载着各种价值和非价值特质的某个对象，我对他人的意识使其"客体化"。我的感受和感知可以深入一个人的自我：我会"同情"一个人最近的损失，"理解"他最近的状况，例如，他是某种专业人士，我们一起念大学的时候，我曾听说他参与项目的执行。然而，以如此方式我根本不能触及这个人的人格！只有在爱的行为中那才是可能的，在爱的行为中我进入他人的不可客体化的内心生活，并且在我**自己的**反思意识中再次经验到那个人的内心生活中所呈现的价值意向的统一。当然，即使没有对他的爱，我也能"理解"他想要的，比如想成为一名大学老师，我甚至可以在心理上"解释"那些将他的生活引到那个方向上去的诸多因素，但只有当我能够爱他时，我才能触及他内心生活中的那个人。我们越是想要按照普通心理学规律"解释"另一个人的行为，那个人的个体性就越是不可把握。通常在婚姻要结束的时候，两个人不再能够感受到对方的热情，他们到婚姻咨询处尽力相互"理解"，结果还是不能进入各自的内心——如果他们曾做到——然而，他们还是能够一起生活。

　　作为一种精神行为，爱不能用可能伴随着它的身体的愉悦或爱欲来辨识。回顾一下我们在第六章对**感受**和**感受状态**的区分。爱既不是一种感受（一种朝向价值的意向性行为），也不是感受状态（一种

*133*

身体的感觉），虽然常常与此混淆。更不用说，爱作为一种对于在他人身上模糊感知到的可能性的精神上的开启，不能被还原为我们在对这些可能性或其承载者的沉思中所领会到的愉悦。然而，很多哲学家都为这样的还原主义观点辩护过。回顾一个较早的例子，斯宾诺莎，将爱定义为"伴随着关于外部对象的观念的愉悦"。他认为，就是这种愉悦，增强了我们的存在力量，使得对象对我们而言是有价值的。有这样一种迷人的但不完善的观点认为，如果我爱玛丽·简，爱不是因为玛丽·简本人的人格，而是因为当我看着她时，她在我的身体和心理上引发一种愉悦的状态。对斯宾诺莎而言，两种形式的愉悦是同一的，因为它们是同样合乎法则的必然性的产物，这种必然性是按照自然的两种属性（广延和思想），而不是人的精神的自由行为的属性表现自身的。这种观念表明，如果我对玛丽·简的爱只不过是我关联于她的本能的和心理的愉悦，那么最伟大的爱也会成为好色之徒的爱。而且，斯宾诺莎的观点和所有将爱还原为愉悦、身体冲动或情欲的做法一样，并没有澄清我们究竟为何体验到那种心理的愉悦。他没有注意到我们的愉悦是我们在被感知的事物上感受到的价值所**引发**的，反而认为，我们认为事物有价值是**因为**它们让我们愉悦。在爱之中，我们看到了独特的人格价值品质及其可能，那是被爱者独具的。在其人格存在的所有层面——从生命层面到精神层面，价值与爱人者产生共鸣。被爱者具有或可能具有的价值会在爱人者——另一个独特的人格，当他注视她时——那里引起愉悦感，但那些价值并不引发爱，相反，正是爱的能力使我们能够理解那些价值。当然，这种分析并不能证明为什么我——可能也没别人——爱玛丽·简，或者为什么我不爱凯瑟琳夫人。但是，它表明这样的看法是错误的，即认为爱是由某人从其被爱者那里获得的愉悦构成的，或者可以还原为愉悦。这种观点深受感觉主义之害，感觉主义想当然地以为，我们的意义结构是由感觉材料构成并且能被还原为感觉材料——借助感觉材料，对象作为本质承载被给予——以及与之相伴随的感受状态（Gefühlszustände）。

我好像说过，爱总是向着人格伸展的，但这不是舍勒所设想的。爱不仅仅出现在人格之爱中，在其他事物中也有对所有存在和本质的哲学之爱。舍勒不同意那些人的说法，在他们看来，爱的唯一合理对象是人类，并且那些"爱艺术"、爱哲学、爱祖国的人在此类对象上明确地投射了人类的特质。情况并非如此，舍勒认为我们之所以能够"爱万事万物"，是因为爱不是朝向人本身，而是朝向作为价值承载者的人，所有事物皆被我们感知为某种价值的承载者。并非任何事物都能成为爱的对象，只有那些比当下被感受为承载者的对象可能具有更高的精神价值而被经验到的对象才是。舍勒还认为，对一个人的爱、对祖国之爱以及对上帝之爱，这些都是爱的可能对象，所追寻的是其可能承载的更高的价值。

让我们思考《同情的本质与形式》中进一步的表述，这对于他关于爱的本性的理解而言是关键性的。舍勒在此否认有所谓"对（道德的）善的爱"①。他的这一主张有两个理由。首先，爱并不指向价值本身，而是指向某个**对象**所具有的价值的核心。在知识或美的给予和获取行为之间，可能存在"爱知识"或"爱美"，其中的价值可被行为的施行者感受到，或者被以同情的方式重复执行那些行为的他者感受到——如果在他们那里也出现那些行为。然而，道德的善既不是认识行为，也不是认识中被给予的对象，它总是也只能在某行为的施行中被实现。我可能对一个人在道德上的善行以及他的质直好义产生爱，但我不能对这种道德的善本身产生爱。我们不能将最高级的爱和脱离了特定道德主体的对善的虚假之爱相混淆。将这种可能性排除在外是另有更深层的原因的。最高级的爱并非指向人通过其行为实现的道德的善，而是指向所有价值中的最高价值——人格

---

① *Wesen und Formen der Sympathie*，*Gesammelte Werke*，Band 7，S. 164f.

价值，**因**其实现了道德的善。但是，人格并非简单的具有统一性的现实之物——就像在感知中被给予的对象那样。人格是其行为的观念统一，它是一种运动，这种运动朝向人格的命运之完满，以及仅仅对其具有可能性的意义和价值的完善。随着那些对其而言具有可能性的特定价值之绽开，作为其所是的独特个体之人格，只有他们能使那些价值存在并统一起来，通过其爱的行为直抵价值绽放的内核。之所以不可能有对道德的善之爱，是因为人格之爱超**出**其道德品质，深入人格存在的特定内核——并非深入他们"有遵守道德律的志向"（Gesinnung），而是深入被爱者的独特人格——由此，他们是道德价值的承载者。我们爱他们，因为每一个人格的存在皆为爱的存在（ens amans），不仅有爱，而且在爱之中将本质和价值本质展现出来。因此，在舍勒看来，人格中道德的善之内核是其所具有的对人和事物的爱。因为人们是善良的才假装爱他们，这种行为是伪善的。毋宁说，我们对他们的人格的爱，构成了我们自己道德价值的一种表现，并且对被爱者本人的爱的能力而言起到激励和准则的作用。我想，这也是基督的启示。①

爱让我们洞察事物的本性，让我们实际看到事物内在的价值潜能。然而并不是爱本身把握到事物的本性和价值，它们是由感受以及其他种类的认识行为所把握的。正是爱将价值之可能性展示给人。世界在其中向人展露的**原初行为**（original act）——可能在幼年时期②——是一种指向存在的最高领域（绝对域）的爱的行为。借助一种行为，世界被认为是源自上帝的，原初爱的行为中不乏对其效仿，

---

① 在《道德建构中的怨恨》（"Das Ressentiment im Aufbau der Moralen"，*Gesammelte Werke*，Band 3，S. 119.）的一处脚注中，舍勒引用了金碧士（Thomas à Kempis）的话："上帝的眷顾基于人奉献（给上帝）的爱，而非其爱的供奉。"类似地，爱窥察被爱者的爱心，而非给予她的爱所渴求的道德的良善。"对高贵的心灵而言，当施予者被证明是不友善的，再贵重的礼物也黯然失色。"

② 这一点在舍勒的现象学中晦涩不清，对此我曾在《马克斯·舍勒》（*Max Scheler*，Boston：Twayne，1977.）一书中分析过，但未能解决问题。

人的精神在其中首先意识到的是**无不存在**。这是存在之中的首次敞开——爱对人类精神起到**先锋**作用，迫使精神朝向世界本身，朝向可能但尚未实现的价值——它们在情感中是可认知的，但人格或对象尚未负载。在这种原初行为中，我们首先认识到存在（being）与本质的实存（existence）；爱他人的行为包含这种原初行为并成为其先天的奠基。关于爱与恨，剩余要讨论的是，在我们对他人与事物的爱中，基于自然立场的爱之发现，而不去讨论爱对舍勒的神学和认识论的意义。我们的问题是：爱的现象在自然立场中如何发挥作用，它在人的精神生活中有何作用？

《同情的本质与形式》的如下段落给出了爱与恨的现象学的一些特征：

> 　　人们的确可以说，对于被爱的对象的更高价值而言，真正的爱开启了人的精神之眼：它让人**看到**，而绝不会让人"盲目"（一种无稽之谈才会想当然地以为爱只是身体的激情）……但这种"精神之眼的开启"是爱的**结果**，它涉及"兴趣""关心""关注""考虑"等层面的差异……但它本身不是一种对被爱对象上的新价值的"探寻态度"。相反，这样一种对"更高"价值的四处探寻，无疑是爱之**缺乏**所显示的迹象。对于对象的"优点"的兴趣提升和对其"缺点"的兴趣降低，这两方面可能是同时的；但这也就意味着，这种态度通向**欺罔**（illusion）。真正的爱恰恰表现为，我们虽然对对象的"缺点"了如指掌，但我们还是爱那个有缺陷的对象。如果这种"探寻"存在于爱之中，并不存在对更高价值的寻求，那会怎样？[1]

*136*

这是很犀利的评论。尤为可贵的是最后一句之所指：如果我是

---

[1]　*Wesen und Formen der Sympathie*，*Gesammelte Werke*，Band 7，S. 160-161.

因为我认为她所具有的价值而爱她，结果又发现她并不具有，那么我的爱大概会淹没在幻灭之中。离婚法庭上出现的总是这样的人，他们认为在婚姻当中他们可以"改变"另一半，或者试图让另一半成为她"真正的"自己或**他们的**预想中"能够"成为的那一个，结果却一败涂地。哎！我们大多数人都是"尽管他们有缺点"也去爱，或者"连同他们全部的缺点"一起爱。在真正的爱中，我们爱他人的缺点，因为所爱的是他那个人。

　　舍勒告诉我们，对一个人的爱**出于永恒的层面**。"我现在爱玛丽，但明天可能就不爱了"，这么说甚至对其本人来说也不一贯。我们可能会想到另一个伟大的爱的现象学家——索伦·克尔凯郭尔。在《或此或彼》中，"此方"的"年轻人"去试探他的法官朋友是否有做一个有爱的好丈夫和家长的决心。他问法官："你怎么知道你明天醒来时是否再爱你的妻子？"这个问题似乎是说：爱，无论是慈善的还是婚姻上的，都不能是被命令的——即便是我们对自己的命令；我们也不能保证我们明天的决心力量，但我们或许能够保证我们的行为。① 法官并非对于年轻人的挑战无动于衷，但是他在教诲年轻人的信中说，如果那样的早晨到来，他会用心去更新对他的妻子的爱。毕竟，他写那封信的立场是"伦理的"，人的决心在此是成问题的，而且比如道德的善之类的事不只是对上帝而言，它们对人来说也应该是可能的。舍勒说爱是永恒的，他是意指我应该能够爱我真心永远而非一时去爱的人，还是说，他仅仅意指——但也许是琐碎的——如果我停止了对那个人的爱，那么我对她的爱就从不是真心的？

---

① 在《伦理学中的形式主义与质料的价值伦理学》（*Gesammelte Werke*，Band 2，S. 228）中，舍勒进入基督教内部关于是否可能"命令去爱"——就像福音书中基督所做的那样——的争论中。舍勒认为，基督教的爱产生于基督使之成为可能的与上帝新的关系。在《道德建构中的怨恨》（*Gesammelte Werke*，Band 3，S. 110）中，他指责路德，因为路德将爱变成了一种"做工"而使其从属于信仰。舍勒认为，这可能导致康德把爱上帝、爱邻人的"诫命"变成对道德律的尊重。

的确如此，如果我放弃了爱，那就是我们的爱不是真心的迹象。年长的人总是试图教育年轻人，要区分另一个人让他感受到的真爱、一时痴情和更短暂的肉欲。可以肯定的是，并非所有人都能够对他人有真爱。还可以肯定的是，我们真心爱的人不一定总是在我们内心唤起愉悦感，这种愉悦感是我们对她的爱最初激发的。然而，我们还会继续真心爱那个人，这一事实又一次证明，与外部对象相关联的愉悦不能构成爱，因为那样我们的爱只有在相关联的愉悦被感受到时才存在。有些人更多的是生活在生命领域而不是精神中，对他们而言，愉悦的衰减被认为是爱的**强度**上的衰减，这会让人以为"已无真爱"。但这些都和爱的本质无关，爱的本质是**作为**永恒被给予的；它是永恒在其中得以揭示的**那种**行为。永恒的观念**奠基**于爱之中。在这个意义上，爱以其为永恒而具有的形式触及它的对象。正是在对于所有存在和本质的柏拉图式爱的行为中，世界展示了其永恒维度的可能性，真爱的行为因而也就向爱者展示了被爱者的永恒维度。[①] 这种被爱者得以完善的形式是爱者想要永久拥有的。当然，他的精神是否足够强大，使其在爱之中对被爱者那里更高善的可能性一直敞开视野，这一点是不确定的。一旦我们丧失了在被爱者那里作为其可能更高的善而依稀可见的永恒之感，我们也就"抛弃了爱"。

当然，爱的本质与它在人们之中不完美的实现之间的差异，引发了常常被用以描绘爱的那种反讽。加缪在《西西弗的神话》中描绘的唐璜，是一个追逐女性之爱的男人形象，就像有的人爱搔痒，怎

---

① 可能的情况是，被以为给被爱对象投射了光环的爱，与作为最初领会被爱对象的永恒一面之途径的爱，两者之间存在冲突。如果这两种对爱的解释——它们在舍勒著作中都有文本支撑——得以调和，那么这种调和一定涉及时间现象——我们在本章前面部分以及上一章中已提及。舍勒对时间的看法是不断深化的，直到其生命末期，那时爱的现象已不再是其首要关注的，因此我们现在所知的舍勒的反思还不能解决上述冲突。

么抓挠都止不住，还找不到痒处。唐璜有一次遇到一个女人，在一夜欢愉后她告诉他："终于，我给你爱了！"加缪告诉我们，没人会对唐璜的回答感到吃惊，他说："终于？不，请继续。"对这样一个人来说——也许我们当中几乎没有这样的人，加缪笔下的英雄们更非如此——永恒感是不存在的。但对于那些想寻求永恒的人，舍勒和柏拉图的阐述都教导我们，爱是指引和激励。我们很多人能在他们所爱的人的脸上感到永恒，但不能将其显现带入被给予性中。

上帝之爱是什么？舍勒说，上帝在真正的宗教徒那里总是被经验为一种人格。永恒沉思其自身本性的神（deity），这样的亚里士多德式的概念无疑是高贵的——或许是古希腊哲人的巅峰，但它并没有把握住在宗教**虔敬的**爱的行为中被给予的上帝的形象，上帝在其中作为一种人格被给予。在那种爱中，人是"按照上帝的形象被造出的"的观念的最先展露，因为正是在上帝之爱中，我们首先感受到**人的人格**负载的价值——有现实的，也有潜在的。此前我曾许诺不冒险进入神学。但是，通过爱的现象学与基督教以及其他宗教的历史经验的种种关联方式，舍勒的爱与恨的现象学更进一步的本质特征——它在舍勒质料的价值伦理学之完成中所起到的作用——得以明晰。

依据公认的基督教教义，上帝的本性实质上是爱。根据舍勒的看法，如果爱是这样一种运动——经由感受中被给予的某事物的价值，一直到被爱的事物中更高价值的可能存在，而且，对某事物有完善认知即对其完全知晓，那么，上帝对世界的知识就一定是不完善的。否则，上帝不能将世界认知为一种可能性——可能是，但尚未是。我不想学苏格拉底，强迫舍勒接受其本人学说的逻辑结论。但实际上在其生命晚期，舍勒几乎已经放弃了他的天主教信仰，也抛弃了上帝全能、全知的信念。据其晚期著作，上帝和人类一样，也是一种生成中的存在，特别是，上帝也在生成为精神的道路上；

*139*

上帝也像所有努力变得与我们内在精神更和谐的存在一样——正是爱，在那个方向上驱动着我们。显然，人类有问题之处，倘若有争议，也是上帝的问题之所在。如果上帝是一种人格，是一种"在爱之中"的人格，那么他必定注意到并趋向他所爱之事物可能的价值，但这些价值尚不存在。如果是这样，那么就可以认为，关于上帝的道德明察与伦理判断和关于人类的一样。神学直接与伦理学相关；道德判断首先朝向人，并且只朝向志向、德性、意志，或者行为及其后果。至此我们发现，舍勒伦理学之意义不在于它是一种规范伦理学，而在于它是一种人格主义的伦理学，它奠基于作为无论是人还是上帝负载的最高价值本质的人格之中。我们还可以想到，他的道德理论奠基于一种人的**德性**概念之中，在这方面，它更接近于柏拉图和亚里士多德的古典道德理论，而不是启蒙思想家以规则为基础的理论。在《爱的秩序》中，舍勒试图在德性可能性的奠基与人格的存在中澄清爱与恨的道德作用。① 在此，爱与恨的现象学的基督教视域比《同情的本质与形式》中的更加明白。对基督徒而言，基督的爱的降临，标志着信徒和上帝之间的关系的根本性转变；当我被爱着的时候也是如此，有些根本性的东西在我身上发生。对于爱者身上爱的效应的道德含义，还需要进一步考察。

通过回顾第八章可知，人格的道德核心是其爱的秩序，与之相伴随的是其附属的结构、周遭世界、命运和使命[individuelle Bestimmung（个体使命）]。我们对他人的判断最终指向的是，我们对他们的爱与恨的秩序有什么了解。"谁把握了一个人的爱的秩序，

---

① "Ordo Amoris," *Gesammelte Werke*, Band 10, *Schriften aus dem Nachlaß*, Band I. 接下来的几段中有些材料是笔者在一篇文章中首次阐述的。["*Ordo Amoris*: The Moral Vision of Max Scheler," *Listening*: *Journal of Religion and Culture*, 21, 3, pp. 226-242 (fall 1986).]

谁就了解了这个人。"①在其最深的层次上，道德评价考虑的是人的人格，而不是他们个体的与道德相关的行为或德性——也就是他们获得较高价值或消除较低价值的志向与能力。要**改变**一个人的价值秩序，需要一种重生，也许是从悔改或者如尼采的查拉图斯特拉所推荐的厌倦中获得新生。对舍勒而言，核心的伦理问题所关注的不仅是人通往美德的进程，还有针对目标的整体性和清晰性方面的自愈与恢复的进程，在这样的进程中，爱又一次成为激励和指引。"爱的秩序"不仅仅是一种人格的现象学，舍勒在这篇文章中还有一种道德的目标。他希望将人类行为的单纯的偶然事件与本质上合乎规范的或先天的条件加以区分，同时树立起向客观的价值秩序——显而易见的爱的秩序，它本身意欲成为人类生命的典范——敞开的偶然的个体人格。

舍勒认为，虽然人不能**改变**其命运或周遭世界——因为人们成功改变的往往只是生命的内容而不是其结构，正如一个男人总是选择一类人作为他的妻子，他还是会有多次不成功的婚姻——但是，人可以**认识到**他的命运和周遭世界，并且针对性地"采取一种立场"。因此，我可能认识到渴望过哲学家的生活是我的"命运"，并且理解这种命运对我作为一个人而言有什么要求，理解我在其中可以如何规划，但不能改变命运，也不能放弃做一名哲学家。然而，我的"个性"应该是和我的命运以及周遭世界有着根本不和谐之处，并将我推向怠惰和怀旧，或者鼓动我阴差阳错地沉浸在上个世纪或想象的未来世纪的精神之中；那么在舍勒看来，我们会碰到人类悲剧的状况。对我的个性而言，我面向世界而对自身所做的一般调整，仍不是由我直接掌控的，它也是"心的内在逻辑"的产物，心的内在逻辑是我作为一种人格的精神存在的核心。与命运和周遭世界不同，它并非

---

① "Ordo Amoris," *Gesammelte Werke*，Band 10，*Schriften aus dem Nachlaß*，Band I，S. 348.

产生于一个人的生命的生机层面，而是出于"判断、选择、偏好之类积极而自由的意识行为"①，这些可能是**明察**（insight）的结果。我的个性与其命运和周遭世界未能得到协调，这将使我时常陷入与周围环境的纷争之中，并使积极有效的行动和一种连贯的自我意识变得不可能。

在此，尼采的箴言"成为你自己"被舍勒赋予了比尼采的意向更141为深远的意义。成为某人之所是的最佳展现方式就发生在某人身上，那就是得到另一个人的真爱。那应该是什么呢？难道不是我对他人或事物的爱驱使我"成为我自己"？可以肯定的是，要认识我们自己的人格，我们需要"特定种类的爱"——舍勒使用了和此前给出的关于爱的描述相类似的术语，将其描述为一种把握更高价值的无限过程，它是在永恒的视域下可以通过我们自己实现的。这种爱直接支配着我们的意志。因为它不是自私自利者的自爱（self-love）（满足于在"被爱者"身上发现的已经实现的价值），而是一种自我之爱（love of self）②（我们就像慈爱的上帝看待我们那样看待自己）。在这种爱之中，我们在所处的周遭世界、命运和使命中客观地将自己视为整个宇宙的一部分及其映象。但是，我们也通过爱瞥见了我们自己作为精神存在可能的完善。那种新的理解给人们带来了极大冲击。舍勒写道：

> 我们仍然会爱我们自己，但始终只在当我们要接受全知目光的审视时，只到这个程度，在这个范围内，仿佛我们能处于这种目光下。我们是多么恨自己身上其余的一切——当我们的精神越是深入关于我们自己的神性图像，这幅图像就在我们面

---

① "Ordo Amoris,"*Gesammelte Werke*，Band 10，*Schriften aus dem Nachlaß*，Band I，S. 353.

② 舍勒在《爱的秩序》中区分了"自爱"（Eigenliebe）和"自我之爱"（Selbstliebe）。
——译者

前变得越辉煌，它就越强烈地偏离我们在自己身上发现的超越那永恒而神圣者的另一幅图像。我们用来重塑和修炼我们自己的锤子，自我纠正、自我教育、懊悔、苦行的锤子，击打着我们身上僭越那个轮廓的每一部分，那个轮廓是我们在上帝面前和上帝之中发现的那种形象展示给我们自己的。①

可以设想，舍勒以这种方式提出末日审判时上帝会问我们的两个问题：我们是否爱这个可能的世界，爱处于一种值得被爱的秩序中的万事万物？那么我们是否爱我们自己，以至于我们自己的形象将我们和我们的行动引向形象本身？

在舍勒所要求的层面上窥探我们的情感生活的努力，有一些让人极度不安之处，虽然他仅仅指出了这种努力内在的困难。比较容易做到的是，让一位精神分析学家将我们的人格的总体轮廓追溯到各种事件——根据某种心理学理论，它们可以说是典型的成长事件，是客观普遍的，但就我们可能忘记或"越过"了这些事件而言，它们很容易被疏远。同样的道理也适用于涉及普遍道德法则的"良心的考验"——这些法则，只要是通过客观理性而被交付给意志，就与我的人格的核心以及**它的**理想价值保持一定距离。尽管这些道德准则规定了道德成就的最低限度，并迫使我考虑去做需要做的事情时自己的志向，但它们并没有深入我的人格存在及其愿望的更深层次。我想，如果舍勒关于基于规则的伦理学煽动了怨恨与反抗的批评是正确的，他对我们情感生活运作基础之过程的审视可能也面临着同样的风险：它要求我们——像通过显微镜那样——观察我们自己的人格诞生的阵痛，观察构成我们精神生活的那些事件的低声细语；它仿佛是一种自我陶醉，我们会像一位艺术家厌恶别人看他的创作过

① "Ordo Amoris,"*Gesammelte Werke*，Band 10，*Schriften aus dem Nachlaß*，Band I，S. 354.

程那样(不要窥探我的诗歌！——吕克特①)，对这种自我陶醉日益感到憎恶。

然而，我们还是可以发现，这种自我认识和自我纠正现象构成了舍勒关于现象学步骤的观念之本质的一部分。它指引我们发现爱与恨的秩序，这种秩序反映了在我们之中的上帝的精神："爱的秩序是作为一种神性秩序的世界秩序的核心。"②价值本质的现象学展示，以及以同情的方式对我们自己和他人的重新经验，将为我们提供对我们人格最深层次的洞见。我们必须为自己提供自我纠正的锤子，但在柏拉图《理想国》中的格老孔和阿狄曼图那里，太阳的影像所激起的爱——或者应该说是敬畏，或许能够将他们和我们引向美德(aretē)，引向健康的心灵、有序的心灵、有爱的心灵——这些都是从神圣者那里借取的愿望。质料的价值伦理学并非在规范中，而是在人对自身和他人的永恒之爱中得以完成的。

---

① 此处引用的是德国诗人弗里德里希·吕克特(Friedrich Rücker，1788—1866)的 "Blicke mir nicht in die Lieder!"一句。——译者

② "Ordo Amoris,"*Gesammelte Werke*，Band 10，*Schriften aus dem Nachlaß*，Band I，S. 357.

# 第十章

# 同情与共同世界的领域

先前一章论证了，舍勒的道德哲学建立在人格概念的基础上，而不是建立在某个道德法则系统、义务与权利的理论，甚至德性概念之上。虽然，它貌似一种基于德性的理论——"德性"在此被规定为实现较高的价值—善业或抑制较低的价值—善业之行为能力；但也不难发现，舍勒所讲的"德性"有着更深刻的根基：德性和道德行为皆以人格的相互被给予为前提，并且皆由爱所激发——对他者不可化约的人格之爱，对某个人格之可能存在与行动的爱。恶恰恰是对作为最高价值的人格之背离。恶以其他价值为目标并沉迷其中，尤其是沉迷于那些在我们的感性感受方面被给予的价值之中；但如果脱离了人格价值，精神价值和神圣价值也会将人推到邪恶与偶像崇拜的境地。因此，在其他人格的相互被给予中有着所有的道德行为、全部人的德性的最终根基。若不是他者的人格性非间接地给予某一主体，道德行为会丧失其意义与功能。然而，我们尚未讨论我们对他者人格的存在之理解的根源。在人格所共存的共同体中，在同情的意向性行为之中，这种理解奠立于人格相互间原初的被给予性之中。我们在本章所要探讨的就是**他者领域的现象学**。

近代哲学的特征似乎在于：它是从作为关于世界的所有认识之起点的"我思"（cogito）出发的，并且遗忘了这样一点——若没有关于

"你"和"我们"的在先的认识，"我思"之"我"则不可能。**在奠基的次序上，关于他者的认识奠定了关于自身之认识的基础**。这一原则突破了使现代人常常感到困惑的孤立与疏远的僵局。我们生活在没有人情味的"社会"之中，在其中，人们的事务是用契约加以调控的，遥远的政府用晦涩难懂的机制行使着权力；科学和技术的世界观将我们置于一个独立的观察者的角色，观察"外部"事态——包括以感觉材料为中介的其他人的"行为"。如果说海德格尔后来是将人安置"在世界之中"，舍勒同样坚持将我们放到作为我们的自我意识之基础的共同体领域中。 *144*

我们或许还会遭到反对，外部世界的那样的存在在认识论上是成问题的。人类本质上是一种"思考着的存在"，并且因此与空间、时间和物质的延展的世界相区分，我们是通过那个世界"感知"与我们自己相似的他人的。这样一种思考着的存在，如何能够包含一种像延展的物质那样的非思维的东西，而既未成为异于其自身者，也没有神秘地"表现""心外"之物？如我们已知，舍勒认为外在对象是在感知行为中直接被给予我们的；他还提出，其他人是在他称为后体验（Nacherleben）和后感受（Nachfühlen）的行为中直接或非中介地被给予的。这些行为尤其见于同情（sympathy）或共感（Mitgefühl）的行为中，它们奠基于后经验和后感受的行为中。虽然"nach"指的是它们"后于"先前的经验或感受而至，但实际并非于此。舍勒论证道，在这些行为中，另一个人的"内在"经验的某些方面是作为一种"材料"被直接给予的。然而，我们在对现象学实事进行描述时必须小心谨慎。对他人情感的经验，其被给予的途径不同于那些情感被给予其经验者的途径。舍勒认为，人寓居于一种直接的内在领域中，那是"私密的"，人们（通常）比他人更直接可达彼处。伴随着一种情感的感受**状态**同样也不被给予他者，除非因为非常特殊和不寻常的同情形式。显然，只有我才知道我哪里痒。但舍勒还是认为，我们能以同情的方式进入另一个人的情感——因为情感意向着价值——而不用进入其身体领域，也不用感受其所感。身体是一个**有表现力的场所**，一个人的情感在身体上可被给予，并且被直接给予另一个人。当他观察到关于他人的经验是在理解行为中被给予我们的，而他者的自我(Ich)也必然被给予，紧接着舍勒就在下面的段落中简要地表达了他的立场。但是，其中也可能有别的东西被给予：

> 虽然"体验"(Erlebenisse)是（在他人）那里，实事也不是通过推论的方式而是"直接地"在现象学的表述中、在原初的"感知"方式中被给予我们的：我们在脸红"之中"感到尴尬，从笑之中感到欢愉。"首先被给予的只有身体"这种看法完全是错误的。①

在对脸红的感知"之中"，尴尬的情感和它意向的某种否定性的价值也被给予观察者。而且，尴尬是**作为**另一个人的而不是我们自己的尴尬而被给予的。观察者不一定要首先对自己"再现"那个脸红者的身体特征，**并且继而**得出"结论"说他是尴尬了，他的尴尬是在将对其身体的感知**作为**一种情感表达周遭世界的理解中被给予观察者的。我以理解的方式"后经验"(experience-after)和"后感觉"(feel-after)到他的尴尬，而没有让他的尴尬成为"我的"——尽管我可能"为他"感到尴尬。而且，我可以不带丝毫对他的"同情"理解他的尴尬。我也可能认为他的尴尬是咎由自取，因为我觉得他是个傻瓜。

关于舍勒的这些评述，令人惊讶之处在于，它们出现过争议。大概 25 年前②，我首次读到《同情的本质与形式》中的这些段落，那

---

① *Wesen und Formen der Sympathie*，*Gesammelte Werke*，Band 7，S. 21.

② 本书写作始于 1994 年，出版于 1997 年，"致谢"部分已说明，这里的"大概 25 年前"，读者可粗略推知。——译者

时对我来说是一种解放。毕竟，舍勒写下这些段落的时候，英国哲学家还在和外部世界的问题较劲。伯特兰·罗素当时将要出版其早期作品中最重要的一部，即《我们关于外间世界的知识》(1914)，他在那本书中提出，外部世界中的事物可以被理解为出于简单被给予物的"逻辑构造"；C. D. 布劳德很快就写了《心灵及其在自然中的位置》(1925)，书中提出了一种关于认识他者心灵(other minds)的推理理论。这种推理理论认为，在感知中原初被给予某人的是感觉材料，通过感觉材料我们为自己表征出一般事物的外观，特就此处事例而言，即是表征他人的面孔。当我看到他人的脸上有一种特定的表情，我回想起自己以前也有过那样的表情，我推断这个人正经验到一种与我当时有那副表情时本质相同的情感。在 20 世纪初有一些哲学家提出感觉材料理论，他们追随洛克，也是被与心灵的本质有关的形而上学问题所困扰。基于导致那些形而上学问题产生的笛卡尔的心物二分说，作为我们关于外部世界和他者心灵知识的基础，感觉材料理论是非常有意义的。至少是直到 A. J. 艾耶尔去世，英美哲学家才对这种理论作了辩护和阐述。在我早先所受的哲学教育中，该理论仿佛真的成了任何关于人如何在世生存的解释的无法回避的特征；否定它就等于投入主观的观念论的怀抱。我想起大学时代在宿舍里与为某种唯我论辩护者的彻夜争论，我们所有人都深深意识到，我们的认识论让人怀疑自己的存在，和这样的人争论多少有些讽刺意味。 *146*

　　舍勒研究他者心灵问题的进路并非简单地否定感觉材料论者所肯定的东西，即我们只是间接地认识他者心灵，也并没有否定最初引发"他者心灵问题"的身心形而上学。毋宁说，正如我们在先前论述现象学方法的章节中指出的，舍勒的进路在于坚持回到作为我们探究的起点的自然立场。任何在心灵之间树立壁垒的形而上学都是和经验中素朴的被给予物绝不相容的。这样一种形而上学在其目标方面是失误的，即想对人和世界的关系作出一种**奠基性的**描述式的解释，对它而言，所有严肃的哲学思考一定都是由此开始的。我们的思考要以现象学的方式推进，因为只有这样，世界才能具体被给予我们，而不借助各种符号（例如"感觉材料"），它们最终会扭曲我们与世界之间的原初关系，让我们以为事物是像符号和隐喻所意指的那样，而不是它们被给予某人的那样。

当我现在反思和年轻时好友在一起的那些唯我论长谈之夜时，让我感到惊讶的不是我们的哲学练习的愚笨，而是我们怎能如此相信某个哲学纲领的有效性和严肃性，而这个纲领与它的可能性的前提恰恰是相矛盾的。世界已然被给予我们，我们也相互被给予，然而，因为有哲学家前辈在与他人对话中从他们自己的经验得来的那些原理，我们还是坚持认为，我们正在做的一切，要么完全是幻觉，要么根本上就是成问题的。无论是我还是舍勒，当然，他也不会否认我们对像他者心灵那样的事物的理解是成问题的。但是，不关注现象而沉浸在关于事物必然存在方式的理论中，这样做并不能解决我们的问题。从当代关于心灵问题的讨论视角看，舍勒的进路可能要么看似公正而令人振奋并接近经验本身，要么看似在哲学上是幼稚的。并不是说舍勒对那些当代的探索没有回应，而是对现象学而言，那些探索受"指称"或"表征"之类词的含义而不是现象本身驱动；或者出于逻辑一致性，而不是对日常经验中的被给予物的熟知。总而言之，当代认识论和形而上学奠基方面的很多讨论，似乎是由未经经验事实清晰视角校正的形而上学信念所引发的。

在本章接下来的部分，我们将看到舍勒与他者心灵的**真正**问题在较劲：对他者心灵被给予我们的方式进行描述，并且发展用来描述那些方式的合适词语。这种现象学的描述不是经验心理学的一种练习，而是一种同情的本质现象学，对特定的同情事例的经验描述建立在对本质与本质关系的描述的基础上，其功能化的方式影响着社会理解，甚至历史进程。

按照舍勒的理解，有**四种**同情的形式，可以用现象学的方式加以展示。它们可以按照奠基秩序来排列，只有当处于价值低位者在先被给予，价值高位者才能被给予。我将先简要勾勒一下现象学的展示，然后再转到它们显现时的那种奠基秩序。

第一种也是最高的同情形式被称作"相互一同感受"（Miteinanderfühlen）。在此，我从他人那里感受到的情感也是**我的**情感，与此同时，我也意识到他人的情感是他或她自己的。舍勒就此现象给出的例子是：一对父母在他们死去的孩子的棺架前悲伤。他们"相互一同感受"**同样的**痛苦。这种同情现象的本质特征是，他人的痛苦并非作为一种**对象**而被给予——像同情的更为人熟知的形式那样；因为只要它作为我的痛苦，也作为他人的痛苦被给予我，它就不可能"被对象化"或者"与我保持一定距离"，因为我自己经受那痛苦，并且知道我正在经受痛苦。

第二种同情形式是名副其实被称作同情（sympathy）的。在其中，另一个人的（或欢乐）是直接被给予我的，但它是**作为**另一个人的痛苦而被给予的。我可以将其客体化，或者对其远观；在我对它的反思意识中，我可以像我能够对我自己的痛苦所做的那样，让其接受种种评价，其中只有一种牵涉同情行为。正如此前所提及的，我可以认为他人遭此痛苦是咎由自取，或者他不配有值得称庆的好运气。但我也可以选择在同情行为中进入他的痛苦。那样，我就在他的痛苦中与他一起感受，或者为他的好运而高兴。在**这个**例子中我并没有和他"一同感受"，因为他的痛苦或好运毕竟是他的，而不是我的。这种"名副其实的同情"（sympathy proper）有**四个**本质特征，其中前两个是奠基性的，即它是这种同情之可能性的先天条件。①我的同情所伴随的情感一定是作为他人的情感而被给予我的，而不是我自己的；体验这种情感的人的他性（otherness）必须得以保存。②这种

*148*

他性是通过同情行为得以保存的。有种观念可能基于伦理学上的利己主义理论，即我在同情中将我自己的畏惧与希望投射到他者，并且"在怜悯他中怜悯我自己"，这种观念其实是错的。我不会想象我进入他的处境的方式，并设想如果遇到发生在他身上的事情会怎样——那种图景会让我产生同情之感。我对他的怜悯是直接的，不需要设想我自己处于类似情境之中。③然而，对于那个人的痛苦或欢乐，我可以自由地"让我自己设身处地"或"一同"感受，而不需要理解他体验到什么，因为我已经理解了，但是以共鸣的方式参与他的体验中。在我们爱所同情的人并想"在那里"伴其悲喜时，我们大多数情况下都是这么做的。④名副其实的同情因此具有一种认识行为的特征，这种行为所意向的是另一个人的情感状态。正如我通过远观一棵树的颜色和形状感知那是一棵树；通过我的朋友的面孔和声音，我感知他所感受到的痛苦。他人情感的这种直接被给予和如下事实并不矛盾：我可能上当了，真相是我的朋友只是在"假装"，而我并没发现；这和我误以为看到的是一棵树的情形相似，那可能只是一棵纸板做的树，而我的视力不行。

第三种同情被称为"感染"（Gefühlsansteckung，感受感染）。这种现象易见于如下事例中：我们的情绪的变化不是因为对他人情感的任何认识方面的意识，只不过是他们的情感作为"情绪"传递给我们。因此，用舍勒的例子来说，在我感到悲伤的时候，我可能被快乐的人的陪伴"带离我的悲伤"。显然，即使我没有分享他们的快乐，甚至我都不知道他们为何事快乐，这种情况也可能发生。正如我们所说，一屋子快乐的人的情绪是会"感染"的，我们"一同感受"那种情绪。舍勒提到的另一个例子是关于一群老妇人的，她们听一位同伴讲述她最近遭遇的伤心事。那些妇人很快发现自己流泪了，但她们不是真正同情讲述者，或者以共鸣的方式"分担"她痛苦的原因。她们甚至可能发觉起因是琐碎小事，或者她是咎由自取，但最后她们还是"哭作一团"。实际上，她们的敏感是对其"生命的自我"的感同身受——她的自我作为身体上不幸的主体，而不再像在真正的同情中，对她受苦的人格感同身受。

注意另一种相关的现象学实事，它出现在这种同情中并紧随其后。在感染中，传递给我们的主要是我们"受影响"的那个人的感受**状态**。我们来回顾第六章中所提到的，感受是意向性的行为，在某种情况下，可能伴随感受状态，也可能没有；毋宁说，它是我身体的一种状态——生命的和生理的，或者本能的，是对我们已经意向的事物的某种价值本质的反应。参照早先的一个例子，这是一种"喜悦的刺痛"，我可能在听到某个著名的乐章时有这样的感受，但它又是不当下的(可能我正好头疼)，对我意识到音乐的美而言并无损害。再举一个例子，我可能感到某事是"令人恶心的"，但它没有让我在生理上产生不悦。所有这些在现象学上似乎是明见的，可用来反驳价值的感觉主义理论，这种理论认为——用我们的例子来说——"恶心的"价值只不过是我对于恶心的事情的本能反应朝向对象的一种"投射"，而据说它"本身"并没有什么可恶心的。

在感染中，对他人的本能反应，本身是通过他周围的社会空间中所洋溢的情绪传递给受影响者的。他已经意识到他周围的人，他通过"后感受"进入他们的内心生活。他完全能够有真正的同情，也就是说，在他们的情感中并通过情感对他人感受到的价值进行认知挪用(appropriation)。但他让自己沉浸在聚会或乌合之众的情绪中，在参与者意识到他们自身的情况下，他所占有的不是其价值，而是形成某个聚会或乌合之众的那种感受状态。他本能地对他们的本能反应作出反应，但并没有重复进行引起他们感受的那些意向性行为。因此，作为同情的一个种类，感染没有像真正的同情和相互一同感受行为那样介入他者的人格。

第四种也是最低等的同情形式有几种类型，舍勒通过各种不同来源的事例对此加以说明：原始人、婴儿、被催眠的人，甚至是动物的行为。这种形式就是将他者感受作为"我的"感受之**认同**（identification）。在一些事例中，这是感染的一种限制性情形，例如乌合之众的歇斯底里，某人不仅仅是受到乌合之众的影响，而且在其中丧失了自我，而且和他们一起向前冲——通常是去完成某些暴力行动。儿童在母亲那里获得自我认同，就像他们和玩偶一起"过家家"那样，学着母亲的腔调和玩偶说话；同时，在另一层次上的认同是，他们扮演"母亲"惩罚和鼓励玩偶，如同他们在母亲那里受到惩罚和鼓励一般。在这样的例子中，显然不存在"同情"这个词的一般意义；自我和他者之间的距离瓦解了，孩子把异己的情感当作他自己的，

*150* 以至于不存在一同感受的情形。主体和客体的人格在自我认同的行为中都消失了，但人格在此可能成为一种强烈的生命或本能的体验。因此，我可以愉悦地体验到我与我的人民、家人甚至（在宗教性的极乐状态中）与上帝的一致，也不用完全理解或涵盖我所认同的对象具有的感受状态。舍勒告诉我们，可以列举出自我认同的三个特征。它是一个**潜意识的**过程，也就是说，不是完全有意识的；它的发生缺少**有意识的意志**，因此是不自由的；在主体和客体方面，它**完全包含在生命**意识而不是意向性的意识中，因此，就像情绪感染一样，它不是认知性的。

对于理解舍勒认为可以通过现象学的反思建立的同情的奠基秩序而言，这第三个特征特别重要。因为他认为我们向他人的敞开性是先天构成的，自我和人格的被给予在本质上和现时性方面都是以特定的方式进行的，"随后的"行为逻辑上预设了认知主体已经施行了"在先的"行为。在同情现象学中，非认知的自我认同状态建立起后感受的认识行为，后者是他者的自我被给予某个主体的主要的认知情感行为。但不可能的是：如果它是一种实事，这样的实事能在现象学上成立。我对此有疑虑，是因为这种状态本身是非认知的，

只有在婴儿、动物和病态的、被催眠的人那里才能被观察到。根据现象学的要求，它不能在反思性的直观中再造，因为它作为一种认识的状态是不清晰的。它看似某种意识到了什么的意识，然而它不可被指明也不能被传达。当然，只要某事物——一种本质，或者某种负载意义的自我意识的开端——是完全在其中被给予的，它就必定具有意向性的因素，但这种情况只有在回溯性的直观中才可能出现。值得称赞的是，舍勒并没有声称这一学说具有现象学的明见性。他在相关陈述前加了"在我看来"的按语——很遗憾，这种说话风格在其著作中是罕见的。实际上，就像找不到最早的轮盘，对我们而言，婴儿和原始人的意识的最初状态是缺失的，除非对他们的行为进行外部观察——正如经验心理学中的典型方式。然而，现象学不可避免地要寻求最早的人类认识活动之破译。在《论人之中的永恒》中的《宗教的本质现象学》一文中，舍勒开始了另一种富于想象的——并非现象学的——探索，即探索关于实在和上帝的原初认识。在《同情的本质与形式》中，他试图展示的是，理解我们关于他者心灵的认识的任何努力，都必须由"出神"（ecstatic）现象开始，这种现象中的原始人和婴儿通过自我认同的方式慢慢获得对自身的认知，这种认知伴随着图腾形象、母亲，或许还有他感觉到的栖息在四周的精灵。

*151*

后感受是一种认识行为，我们在其中将他人的情感行为理解为关于价值的意向；在后感受行为中，我由另一个人痛苦的表情直接地感知他的痛苦。这种关于他的感受状态的认识建立起我对他同情的可能性基础——后感受为共感奠基（Nachfühlen fundiert Mitgefühl）。正是在同情的基础上，人类的爱才得以建立，并且在此基础上人们才有可能得到慈爱——"爱所有邻人的精神人格"——对他人的爱和对他人的美好愿望的激励。正如我们已经指出的，甚至对上帝之爱的可能性，也是建立于其作为人格在后感受行为中被给予我们的基础上。

由于上帝不像人类那样被给予了一个表达情感的身体，信徒们就必须求助于对上帝的富有想象力的描述，就像他们在世界上所有伟大宗教中所做的那样——当然，伊斯兰教除外。对同伴的爱因此必须先于对上帝的爱。一个人如果没有首先学会去爱人，他又怎么能真正去爱作为一种精神人格的上帝呢？如果不是对像我们邻人那样的他者敞开——其价值意向行为如同我们自己的行为那样直接地被给予我们，这样一种对人的爱如何可能？正如我们在第六章中提到的，舍勒似乎坚持认为，通过爱的行为向绝对域之敞开，先于所有其他种类的意识。

通过有关我们对其他自我以及他人的认识的奠基秩序之分析，我们已经触及舍勒哲学事业中的一个关键要素，这个要素激发了其思想中期的认识论、伦理学和宗教研究。他的目标是证明人类的感受如何构造起一种价值认识模式，这种模式构成了我们的在世存在以及与他者的共在。我们的价值认识是通过人面对世界时主体方面的调整而被给予的，舍勒将这种特殊的形式称为人之中普遍的爱的秩序。普遍的"心的逻辑"、布莱士·帕斯卡尔著名的"心的秩序"（ordre du cœur），可以在现象学的反思中通过再体验某人的感受而被给予。在人类感受显现的各个层次上——从单纯感性的和生命的感受到较高级的精神性情感，都有质料被给予，它们以各种各样的方式发挥作用——依据周遭世界的社会的与发展的历史，传统、道德体系和宗教实践的形成和转变。在这种心的逻辑理解个人与共同体的形式中，我们可以读懂人类的和个人的命运；在命运的根源处，我们以再次践行其意向性行为的方式向他者敞开，并最终达到对在邻人那里感知到的精神性人格的同情与爱。此外，正如一个人的爱的秩序是一种决定其命运的价值认识，对整个共同体和历史时期的价值认识的功能化，也决定了民族的命运。

因此，很容易理解的是，在作品高产的战争年代之后，舍勒应该更频繁地将自己的注意力转向如下问题，即在精确的历史进程中，作为实践、科学和宗教的知识条件的价值认识是如何传播和转变的。在题为《知识社会学问题》的文集中①——舍勒在《同情的本质与形式》的第二版已经提到，这部文集源于早先著作中的目标，他开始尝试证明所有的认识论都必须建立于其上的**社会**基础。他在《知识的形式与社会》第一版序言（这篇序言首发于该文集）中写道，他所关心的社会的和认识论的问题是"在引领我的（研究）信念基础上，如果没有同时研究人类科学和知识的最高类型的社会—历史发展，认识论的探寻注定虚空而徒劳"②。到了1921年，当舍勒开始写作《知识社会学问题》时，他已经考虑到了他余生要探寻的一个话题，那就是我们现在所说的"知识社会学"。这项研究追问的深刻问题是，社会交流如何构成了特定时间地点可获得的认识和信仰之条件，并且提出，通过理解知识的生产与转化的规律，我们可以让人类知识少些褊狭，也就是说，不束缚于特定的传统。我们最后两章将要关注的是：舍勒对这些主题的探讨、它们与舍勒教育学的关系，以及他关于21世纪人类命运的信念。为了给本章进行总结，我要提供舍勒称为知识社会学**最高原理**的一幅图景。我们会在这幅草图中发现**共同体**在人类知识建构中的重要作用。

知识社会学的第一条原理规定，有关人类是某种类型社会群组之成员的知识是先天的。舍勒附带指出，他并不是说这种知识是"天生的"（inborn），实际上，他反对一般而言的天生的或固有的知识。然而，他认为我们关于社会成员的知识必然来自我们统一某些认识行为的努力。一个想象中的鲁滨逊·克鲁索③，生在荒岛而不知有他人存在，但他也能在与其世界的努力搏斗中获得这样的知识。例

*153*

---

① *Gesammelte Werke*，Band 8.

② *Gesammelte Werke*，Band 8，S. 9.

③ 舍勒第一次提到鲁滨逊的例子是在《伦理学中的形式主义与质料的价值伦理学》中（*Der Formalismus in der Ethik*，*Gesammelte Werke*，Band 2，S. 510ff.），然后在《同情的本质与形式》的第二版中，为了回应他的这个想法遭受的批评，再次回到这个例子（*Wesen und Formen der Sympathie*，*Gesammelte Werke*，Band 7，S. 228ff.）。我在此所指的是其晚期作品中的陈述。

如，除非他有关于"我们"的在先的知识，他就不能获得"我"的概念。而且，有可能存在朝向一个"空位"（Leerstelle）的意向性情感，如果有，那么就有这样一种情感意义被给予：他人是存在的，而且他人形成了社会群组——尽管既不是某个社会的特定人类成员，也不是以特定方式构成的社会群组。我在《马克斯·舍勒》①一书中讨论过，在现象学上以及经验上，这种设想都是不当的，因为一个如此构想的鲁滨逊在岛上所体验到的东西，是不可能重新发生的，他或者任何人怎么会忽然产生绝不会在其体验中被给予的关于本质的知识。在野外被动物带大的野孩子，当他们进入人类共同体的时候完全不会语言，就像要根据动物心理的内在状态作判断一样，我们不可能知道"他们想什么"。在一个人能够谈论与非认知的意识相对的"知识"之前，诸本质必须统一到某种意义结构，并被给予一种语言的基础。然而，如果关于他者的认识为自我认识奠基，那么某个共同体内的成员身份——在"他者的领域中"——就是人类生存的一种本体论特征，如果没有它，"外部世界"就根本不可能被构建起来。

知识社会学的第二条原理规定，诸多个体建构世界的方式本质上是建立在关于某个共同体是功能化的那种人类意识的不同方式之基础上。在我们关于同情现象的讨论中，我们已经看到，他人的被给予方式有四种模式，并且各种类型的共同体是通过它们构建起来的。例如，在自我认同的层次上建立的是种种典型的原始的社会形式，舍勒从他那个时代人类学家的工作中搜集了相关的知识——特别是列维-布留尔。在他人似乎以推论的方式被给予的层次上——正如在通过类比进行的论证中，我们有了现代社会（Gesellschaft），其中独立自主的个体以法律和契约的方式来协调他们之间的事务。如果要尝试发现知识的生产和转化方式，质料的知识社会学因此必须

154

---

① Eugene Kelly, *Max Scheler*（Boston：Twayne，1977），pp. 132-134.

从对他者被给予的模式的描述着手，这是其所研究的典型的社会形式。这是一个相当适宜的概念。它表明，在成员于情感上**作为**精神人格相互体验的意义上，随着某种社会存在的深化，他者被给予的**品质**将会提升。当这种品质提升发生时，共同体比其处于较原始状态时更能实现**更高的**价值。社会单位可以培养舍勒所说的"对每一位邻人的精神人格的爱"，这样的社会单位将实现人类的最高政治目标——一个所有成员与所有他者"团结一致"的社会，由此也将实现社会与其成员之间的紧张关系的完美"均衡"（Ausgleich）或平衡。

在关于第二个原理的讨论中，舍勒区分了一个社会的"群体灵魂"和"群体精神"，这两个术语平行于《伦理学中的形式主义与质料的价值伦理学》中讨论的"总体人格"概念。舍勒经常将共同体称作放大了的人格，正如柏拉图《理想国》中探寻正义的本质的问题时所做的那样。但是在《知识社会学问题》中，舍勒疏远了这种人格与共同体的同构论，或许是因为特定的共同体是可以对象化的，故而受到他在晚期作品中试图进行的某种"科学的"审查；与共同体相反，特定的人格是不可以对象化的。他在此将一个共同体的灵魂和精神定义为其公共知识的承载者。知识社会学的两个相关目标是：对群体灵魂的产物（如神话、史诗、民间音乐和服饰风格）与群体精神的产物（如法律、哲学、宗教教义）之间互动与融合方式之分析，以及对作为以上两种类型的知识承载者的各种社会成员行列（农民、游吟诗人、教授、智者、巫师）的典型社会角色之分析。现象学的科学也涉及对这些人如何影响其人民的相对自然的世界观的本质描述。舍勒在文本中提到，并**没有**所有人的绝对恒常的世界观，但所有可能的世界观都是同一个本质域的功能化。回溯到不同人的世界观和道德体系，以及那些在本质直观中发现其最终解答的人，这是现象学的知识社会学的目标，也是现象学的质料价值伦理学的功用。

知识社会学的最后一条原理规定，**实在域**（spheres of reality）是存在的，它们是在各个领域中有关对象的所有具体知识之前被给予的。实在的原初领域就是绝对域(the Sphere of the Absolute)——与我们婴幼儿的自我一样，鲁滨逊·克鲁索是在其意识到事物的偶然世界之前意识到绝对域的。舍勒认为，甚至在公共领域与外部世界完全如此被给予之前，原始人已经填充了绝对域。各种领域的奠基秩序如下：①绝对域；②共在域(Mitwelt，共同世界)；③外部和内部世界的领域，与我们自己的身体及其环境的领域；④一般"生命"的领域；⑤扩展了的无生命对象领域(Körper，物体)。这些领域不能相互还原，也就是说，我们不能通过参照绝对的在先被给予来"解释"他人的被给予，也不能用生命在先被给予的方式来解释关于一个物质世界的意识。然而，较低的序列是"奠基"在较高的序列之上的，也就是说，只要较高的领域已经被给予，就有可能把握到较低者。实在的每个领域因此都和其他的一样是原初的，**以至于像活的事物、身体或上帝，也仅仅是作为一种"原始实事"而被给予的**。舍勒以如下评论为其关于这些公理的现象学展示作了总结：

> 从这些法则出发，知识社会学可以得出什么结论？结论首先是，全部知识或各种思想、直观和认知形式的**社会学特征**，都是不容置疑的——当然**不是**指所有知识的内容，更不用说其具体主张的有效性，而是指根据**社会利益的主流视角**对知识对象的选择过程；其次，获取知识的精神行为之"诸形式"总是并且**必然在社会方面是受制约的**，也就是说，要借助它们**一起受制约**的社会结构。①

对舍勒来说，这一事实并不意味着一种绝对的社会相对主义或历史主义，鉴于其知识统一体的概念，这一点应当是清楚的。或许

---

① *Probleme einer Soziologie des Wissens*，*Gesammelte Werke*，Band 8，S. 58.

也可以说，舍勒的现象学思路，有利于为系统解释知识和道德信仰体系的历史可变性这一明显事实奠定基础的任何尝试，变得容易理解。所有形式的历史相对主义，最终都不可避免地堕入自我转介(self-referral)的问题；但是，如果我们可以在一种不变的本质域的基础上建立关于社会的描述，那么在现象学的反思中，我们就能 *156*

使社会学变得既具有批判性，又能自动矫正。

在本章中，我提供了关于舍勒的某些实质性学说和现象学展示的解释，因为它们与他者的领域和共同体领域皆有关。任何与舍勒哲学有关的严肃工作，都必须将其置于如此具体的层次上，纠正和深化他时常闪现的洞见，并将这些洞见扩展到舍勒所忽视的知识历史领域。当代学者或许会很好地利用舍勒建立的现象学框架，在他以伟大的洞察力和技巧描述的存在区域中进行探究。这些工作是为了检验作为社会学和历史研究基础的现象学方法。舍勒在描述宗教经验的本质结构方面的努力，对当代宗教哲学的影响太小，我们在接下来的一章中将要探讨这个领域。

## 第十一章

# 宗教哲学

　　至其多产的创作生涯中期为止，即 1912—1921 年，舍勒已经形成了一套具有明显神学意味的宗教本质现象学。研究者哈可斯布琳克（H. Hafkesbrink）认为：这几年里——特别是在《论人之中的永恒》一书中，舍勒为了迎合他所皈依的天主教会，用哲学的论证来支持天主教神学，从而悄悄地越过了纯粹现象学的界限。[①] 本章将讨论这一看法在文本方面的依据。但是，大概在 1921 年后，舍勒开始疏远天主教会，并且以一种与纯粹现象学明显不相容的方式，将其早年现象学研究的结论拓展至神学和形而上学方面。由于过早离世，舍勒的工作戛然而止，于是关于其哲学发展方向的问题也就有了种种矛盾重重的解释。在去世前几年里，他常常含糊其词地提到一些计划要写的书中将会讨论的问题。就某些问题而言，我们已经掌握了一些预备性的手稿，其中很多已经编入《舍勒全集》出版了。这要归功于弗林斯长期以来的艰苦劳动——他于舍勒遗孀玛丽亚·舍勒夫人去世（1969 年）以后接任《舍勒全集》的编辑工作。这些计划中的著作主要关注的是一种形而上学体系以及哲学人类学的发展。这种

---

　　① 　Hanna Hafkesbrink，"The Meaning of Objectivity and Realism in Scheler's Philosophy of Religion: A Contribution to the Understanding of Scheler's Catholic Period,"*Philosophy and Phenomenology Research*，2，pp. 292-308（March 1942）.

从神学到形而上学的转变过程并不是平滑无缝的，因为舍勒后期作品中的很多东西——如果不像字面上频繁出现的那样——至少在精神方面是和其早期的宗教现象学相抵触的。我将在下一章对此展开评论，并表明我所理解的舍勒转向形而上学的意义何在。我们在此要关注的是他的宗教立场的现象学之内涵。近来还是有一些批评者对舍勒"宗教的本质现象学"的神学和形而上学视域问题作了研究，在开始我们的探讨之前，先来看看他们有关舍勒的意向之种种解释。

*158*

## 一、宗教信仰和道德行为

此前我曾提到波兰天主教学者卡林诺夫斯基（Georges Kalinowski)的一篇文章，作者在文中对舍勒提出了批评——因为舍勒明显赞同居友（J. M. Guyau)的一本书的标题的提法，即建立一种"无义务无制裁的伦理学"，[1] 而且舍勒有时会以肯定的态度提到这本书。卡林诺夫斯基承认舍勒的伦理学对系统研究包括基督教道德在内的道德体系之内涵而言具有价值（在美国，人们习惯称这种研究为"描述性的伦理学"），但他又认为：上帝要求我们有所行动，"而不只是某些意向性的情感"。[2] 在他看来，舍勒似乎仅仅满足于确立道德判断的内容以及奠基秩序，而忽视了具有约束力的道德义务之确立的问题。我们已知，舍勒区分了两种不同的义务：其一，实现那些构成我们道德理想的理想的应当的义务；其二，由准则加于我们并针对于我们的意愿的义务，这些义务源于某种权威，极言之，或许是出自上帝的权威。卡林诺夫斯基指出，舍勒忽视了准则所具有的约束性，

---

[1] Paris，1885.

[2] Georges Kalinowski, "Karol Wojtyla face à Max Scheler ou l'origine de *Osoba i czyn*," Revue Thomiste (Vol. 80, June-Sept., 1980), pp. 458-465. Osoba i czyn (Person and action)已由 Andrzci Potocki 译为 *The Acting Person*, *Analecta Husserliana* X (Dordrecht: Reidel, 1979). 作者卡罗尔·沃伊蒂瓦(Karol Wojtyla)，即教皇若望·保禄二世。

没有对上帝的权威是否**有效**的问题作出明确回答——据说，这是作为一门描述性科学的现象学的方法之本性使然。卡林诺夫斯基觉得，虽然现象学的伦理学能指明在道德判断中起作用的价值的质料内涵，但它仍不能确立其作为准则的有效性。

*159*　　卡林诺夫斯基对舍勒的质疑显然是个形而上学的问题，他要求有某种合理的、具有强制性的意志**存在**，以确立具有普遍约束力或权威性的准则，但在舍勒的理论中找不到确立这种准则的途径。然而，摩萨（I. Moosa）最近有一篇文章恰恰批评了舍勒想"证明"价值实存的做法。[①] 他认为，人们不能够通过对意向性的感受行为的考察来证明，在胡塞尔的所谓观念客体的存在的意义上，价值是存在的。但摩萨发现，舍勒坚持认为价值存在自有其原因：①价值是明见地被给予的，必然要被确认；②意向性行为是真实存在的，与之相关的价值领域也必然存在。摩萨还指出，舍勒相信通过考察指向**绝对**的意向性行为，"宗教客体"的存在可类似地得到证明。如果说摩萨发现了现象学方法的预设和舍勒关于价值存在的假定之间存在着矛盾，那么詹姆斯·柯林斯五十多年前写的一篇文章则批评了舍勒把上帝的实存看作一种原初素材（primary datum）并因此放弃了以托马斯主义为代表的有关神性的"类比"研究方法。[②] 所谓舍勒误用了现象学方法并非此处问题之所在，问题在于他用现象学的方法得出了与某种行之有效的自然神学不一致的结论——这种自然神学通过类比的方式来论证神的存在，它并不需要以现象学的直观来指向神性。小曼纽尔·李（Manuel B. Dy，Jr.）的观点使问题更加复杂化，他认为：虽然在舍勒后期的哲学中并没有精神性的意志，但精神性的情感意向可以对生命意志产生影响，并使后者为其自身之故而"做它该

---

① I. Moosa, "A Critical Examination of Scheler's Justification of the Existence of Values,"*The Journal of Value Inquiry*，25，pp. 23-41(January 1991).

② James Collins, " Catholic Estimates of Max Scheler's Catholic Period," *Thought* 19，pp. 671-704 (December 1944).

做的事"。① 道德行为的某种充分根据就这样在舍勒那里得到了认可，但准则的内容更多是通过伦常明察被给予的，而不是通过外在于意愿并使意愿和行为结合起来的那些有效准则的存在被给予的。但是，李认为这种关于道德行为的说明是不充分的，于是他转向儒学去寻求一种关于义务是如何产生并强加于意愿之问题的更彻底的理解。另一研究者菲利普·布劳瑟（Philip Blosser）发现了舍勒的义务理论中的一个"问题"，即某种价值的实现本身就是一种价值，由此而产生的义务是成问题的：对舍勒而言，要实现比现存的价值更高的价值或者排除某个较低的价值，这是一项必须遵从的义务；因此我们在道德方面就有义务去实现诸如美或神圣之类的虽较高但并非道德价值的价值，但事实上并不存在这样的道德义务。② 他进一步指出，解决问题的办法就是承认道德价值（如忠诚或懊悔）是质料价值。 *160*

## 二、本质与实存

贯穿这些对舍勒伦理理论的批评中的形而上学线索，我认为，如果坚持舍勒哲学中的两个要点，就可以从两端解开。舍勒本人在任何时候都没有严格遵循这两个要点，也没有像材料所允许的那样明确无误地阐述它们。线索的端点之一是关于实存（existence）的设定问题。对舍勒而言，本质是真实的（real），但与其载体的存在方式不同。因为我们在第四章中所作的探讨有所限制，我并没有提出本质的实存情形的问题，而只是将其确立为语言中的范畴的可直观的

①　Manuel Dy, Jr. "On Sources of Moral Obligation: Kantian, Schelerian, and Confucian," *Cogito* 3 (September 1985), pp. 85ff.

②　Philip Blosser, "Moral and Nonmoral Values: A Problem in Scheler's Ethics," *Philosophy and Phenomenology Research*, 48 (September 1987), pp. 139-143. 我认为，布劳瑟的"问题"在于误读了舍勒的伦理学。此处我关注的不是纠正布劳瑟对舍勒伦理学的批评，而是他的解读对于理解舍勒思想的形而上学和神学视域的意义。

基础。在《伦理学中的形式主义与质料的价值伦理学》一书的第三篇中，有关实存的一般概念来自有关抗阻（resistance）的经验，同理，关于因果关系的一般概念则来自有关一事物对另一事物所产生的影响的经验。简言之，我们是从有关抗阻的经验中产生对事物实存之认识的：在我们的所见、所感之中，实存并没有被穷尽——如贝克莱著名的"存在就是被感知"（"esse est percipi"）那样，毋宁说，存在就是使抗阻出现。最初在我们还是婴儿的时候，我们已感受到在事物与我们的欲求、生命冲动、意志，以及舍勒用来标识遭遇抗阻的人的行为的诸现象之间的对立；就在这种感受中，我们认识到事物的实存。舍勒的后期著作虽然没有经常提及作为实存认识之现象学基础的"抗阻"概念，但我认为，他处处预设了这一概念的存在。只是到了暮年，特别在《观念论—实在论》（1927）①中，舍勒才转向可归为本质的实存种类的问题。这篇未竟之作在舍勒生前已发表了一部分，这一著作对于理解他去世前有关形而上学的思考所采取的方向而言是重要的。

舍勒要求以抗阻作为实存的属性之一，而本质不符合此标准。本质是感知所预设并通过感知而被给予的可理解的现象，但并不是 **在感知之中**被给予的——只有客体才是如此被给予的。本质似乎具有一种我们关于它的意识所无法穷尽的实在性，但是舍勒明确否认本质具有高于存在的力量——譬如，柏拉图对理念的看法。例如，某物并非因为"分有"了美的本质才是美的，毋宁说美是在极其多样的对象方面被感受到的一种质料价值。之所以有可能判断事物是美的载体，是因为我们具有某种美的观念；尽管如此，我们所感知的还不是美，而是通过作为美的本质之载体的绘画的特定构造将其感知**为"美的"**。引起美感的对象的结构也不只是某一特定种类的，一幅绘画作品的美与弦乐四重奏、莎士比亚的诗句或者日落景象的美

---

① *Gesammelte Werke*，Band 9，S. 183-241.

迥然有别；但对在观念和精神方面准备去感受这种价值的心灵而言，它们都具有引起美感的力量。不像"蓝"是所有蓝色东西的共性那样，"美"并非所有美的事物的共性——美的事物可能毫无共同之处，但我们还是觉得它们都是美的。心灵没有创造出美，虽然它可以创造出美的事物；美也创造不出美的事物。美是一种原初现象，先行的爱的行为让我们有所准备，在世间诸多不同事物上发现这一现象。现象学的反思行为重现了我们在美的事物方面所感知到的东西，并让我们在无言的意识之中遭遇它的呈现。这种在世界中的呈现，将思辨的心灵引向形而上的反思，即反思事物的根据为何必然如此，以至于我们能在对象方面发现这种现象；而美的本质自身并没有提供有关这类推测的确证。

如果考虑到舍勒现象学的这些特征，摩萨的问题也就不复存在了。道德价值并非先就存在着，然后作为准则强加于我们；毋宁说，道德价值使得准则具有了比拥有使人臣服的力量的某人或某个神的命令更多的内涵。这里"更多的"东西，就是可为现象学明察所把握的，某个行为目的之质料价值内涵。这种"更多"使得行为具有价值，并且在要求人们去行动的命令存在的情况下，让命令可为人所理解。舍勒所想的无非就是：价值是存在的，并且通过其存在以某种方式要求我们遵从它们；或者，价值充当着评判一个行为道德与否的最终标准。如果我们的目光足够敏锐，我们为自己和他人所制定的理想准则就会反映出对价值本身的最高的、最清晰的认识，从而激励道德行为。这样的准则将引起意愿的关注。但是，道德准则又是如何被加诸行为者之上的呢？当我们察知那些通过坚持准则所提出的箴言便可获悉的价值时，准则也就成为准则了。诸如诚实、信任、人与人团结一致、讲真话在社会交往中的作用之类的质料价值，使 *162* 得像"不要撒谎"这样的箴言可为人所理解。卡林诺夫斯基无疑会对那些并不具有约束力准则的东西感到不满——"你应当"甚至不容许有某种基于道德明察的异议的可能性存在。他所宣示的基本观点出于天主教传统，该传统在处理这些基本问题时一般求助于启示而不是哲学或者现象学。因此，卡林诺夫斯基在其论文中写道："不，舍勒的体系中的基本观点不能用于天主教道德神学的构造。"①舍勒的伦理学没有对相对主义作出让步；我们已经知道，在价值—实事本身的领域中，他所维护的绝对主义所处的层次比道德上的善恶所在的层次更高。

如果这样来解释舍勒的意图，布劳瑟的问题也不复存在了，因为，舍勒并没有要为每一种在其中察知到较高价值的例子都设定一个理想的应当，理想的应当也不要求行为与它所提出的箴言一致。理想的应当根本不涉及意愿。舍勒提到一个理想的应当的例子，即"对于作恶者，应当有地狱存在"——这并不是说要我们尽力去建一个地狱，甚至像"对于凶恶的罪犯，应该有监狱存在"这样的理想的应当（倘若这算是一种理想的应当）也并不要求某人在道德上有义务去建造一个监狱，并将罪犯投入牢笼。价值只召唤而不命令，只有掌权者才命令。现象学的分析并不能确立某个掌权者的合法性。当然，像诚实这样的德性是质料价值，我们常常钦佩有此德性的人，但在舍勒看来，想要做出诚实的行为是法利赛式的。我们不必伪称，好的、正当的生活就是生活中没有极端不确定性。舍勒认为，政治不是道德的应用，② 教育也不是道德上的强制或操纵。伦理学只能深化我们对价值的明察，并使我们坚定对价值的信念。

## 三、现象学与神学

形而上学线索的第二个端点存在于这样的问题之中：本质认识

---

① Georges Kalinowski，"Karol Wojtyla face a Max Scheler ou l'origine de *Osoba i czyn*,"*Revue Thomiste* (Vol. 80，June-Sept. 1980)，pp. 462-463.

② "Erster Teil，*Politik und Moral*，Teil B," in *Gesammelte Werke* Band 13，*Schriften aus dem Nachlaß* Band 4，S. 43-74.

是否能为实存设定作出证明？关于事物的实存设定是只在经验方面（建立在一种感受到的抗阻的基础上）才得以可能，还是通过某种摆脱了经验的和现象学的明见性的方式才得以可能？我们能够将摩萨对舍勒的意向性概念的分析用于他所说的"宗教的对象"方面吗？如果能，那么在宗教意识中，上帝向某个信仰者启示自身，通过考察这种宗教意识行为，我们就能发现上帝存在的理性设定的根据。在对感受行为的反思中被给予的价值本质，必定是作为感受行为的对象存在；同理，如果舍勒的看法前后一致，那么他也就必须论证上帝的存在，因为上帝的本质为宗教意识的意向性行为奠定了基础——摩萨就是如此解释舍勒的意图的。

对舍勒而言，宗教意识体验到上帝的实存是毫无疑问的。[1] 我们已经注意到，哈可斯布琳克认为舍勒试图重新引入形而上学来确证关于宗教对象的本质认识，并以此调和现代哲学与托马斯主义，以及当代天主教思想中各种有冲突的思潮。如果没有形而上学方面的进一步支撑，现象学的经验本身能够证明上帝实存的设定吗？舍勒的回答是明确的。尽管摩萨持相反的看法，对于上帝的实存是可证明的这种观点，舍勒**特别加以否定**："上帝的本质与实存是可以**指明**（exhibition）和**确证**（demonstration）的，但不是一种严格意义上的证明（proof），即仅仅借助关于此世界的真理的证明。"[2]尚存的不明确之处源于舍勒在此提到的差别。舍勒所说的"Aufweisen"的意思接近"Aufdecken"或"揭示"（uncovering），这个词通常英译为"exhibi-

---

① 在此，我们设想关于上帝的观念不是空无内容的——正如 20 世纪很多追随维特根斯坦的看法的哲学家所肯定的那样。舍勒坚持认为，有关上帝的现象是无根据的、原初的，并且能够在意向性行为中自身被给予——无论判定是否有某种存在者来完善该现象的标准是什么。有关这个问题的讨论参见约翰·韦斯顿（John Wisdom）流传甚广的一篇论文："Gods," *Proceedings of Aristotelian Society*，1944-1945.

② *Vom Ewigen im Menschen*, *Gesammelte Werke*，Band 5, p. 254. 这段引文中的 exhibition, demonstration, proof 对应的德文词分别为 Aufweisen, Nachweisen, Beweisen, 参见下文。——译者

tion"。它的意思是在与他人的对话中"指示"某现象，其目的在于明晰地理解作为对话的主题的某种、某些本质或本质关系。"Nachweisen"的意思类似于英文中的"demonstration"，但肯定不是指几何学的证明，如果比照证明被告的罪行不属"合理的怀疑"的法律惯例，这一词的含义或许可以得到说明。舍勒提醒我们：在除了数学以外的其他人类求知的领域中，很少能够获得"Beweisen"或英文所说的"proof"。在此前的几章中我们已经知道，认为唯有以数学的方式或感觉经验证明的判断才值得信赖的看法，只是一种偏见而已。舍勒认为，上帝的实存可以通过确证（Nachweisen）的方式得到保证。我们将在本书第十二章中看到，出现于舍勒晚期著作中的是"确证"这一概念，而不是作为合理信念之基础的严格的证明，此时的舍勒试图建立他所说的"或许是真正的"形而上学之基础。借助在人的认识的基本结构中并通过这些结构而被给予的本质，形而上学必须将其预设奠立在此基本结构的一致性之上。"确证"存在于如下过程中：表明某种形而上学理论所设定的、现象学地被指明的本质，与现象学地阐明了的、清洗掉所有怨恨（ressentiment）之痕迹的人类意识结构是一致的。类似地，自然神学也必须将其关于神的肯定论断限制在与有关宗教意识及其对象的现象学相一致的方面。本章的第二部分将研究这一概念应用于舍勒的宗教的本质现象学（Wesensphänomenologie der Religion）①中的情形。

　　舍勒的设定的含混之处源于他对上帝实存之断言的认识地位的看法。问题似乎很清楚：如果单是抗阻（它是一种感觉经验）将某对象的实存给予我们，那么，仅有关于事物本质结构的经验，对于在此结构中被给予之物的存在设定而言，肯定是不充分的。哈可斯布琳克认为，舍勒持如下看法：宗教意识必然感知到上帝是存在的，这种经验的事实将上帝的设定判为其唯一可能的原因；宗教信仰不

---

① *Vom Ewigen im Menschen*，*Gesammelte Werke*，Band 5，S. 157-328.

必局限于上帝作为一种"可能的真实"存在之证实上。其他论者则指出，在舍勒晚期著作中，上帝在认识方面的地位的问题更令人费解。例如，詹姆斯·科林斯声称舍勒的观点有误，因为：①上帝是或者能够作为现象学直观的原初素材，并且，②在人们对事物的认识中，人与事物之间的关系已然穷尽，所以不可能再有余地谈什么人与上帝的"精神性的"关系。① 另外，昆汀·劳尔则提到了所谓舍勒的"神秘主义"的问题，虽然他对这一含混的名词有所解释，但这种神秘主义预设了某些超越理性的或精神性的与事物打交道的方式之存在。② 这两位作者似乎都没有考虑到这样一个问题，即在舍勒那里是否单凭我们有关上帝的意识内容就能够证明上帝实存的设定。

很难确定由第二种思路（本质认识是否能证明实存设定）产生的 *165* 含混不清之处哪些出自舍勒、哪些出自其评论者。不可否认的是：当转向一种形而上学理论的构建的时候，舍勒的想法偶尔也会与其作为通向实存认识之唯一道路的抗阻原则的意思相矛盾。这种粗心大意是他晚期形而上学失败的一个原因——尽管此种判断必然是以其未完成的形而上学构想为依据的。有关这个问题，我们将在第十二章中讨论。我认为，在肯定或否定上帝实存之根据这一"神学问题"上，舍勒所持立场的含混不清之处，多半并不像其评论者所以为的那样难于处理。如果我们将关注点限制在舍勒有关上帝实存的思想方面——如《论人之中的永恒》一文所表达的那样，那么我们在此所面临的问题也就豁然开朗了。这样，在现今学院派哲学有关这些问题的争论之外，又有了一条颇为有益的可供选择的路径。

第二次世界大战以来的英语世界关于上帝实存设定之根据的争论，往往是论战性质的或政治意义上的。论者制造出非常精致的认

---

① James Collins, "Catholic Estimates of Scheler's Catholic Period," *Thought*，19，pp. 671-704（December，1944）.

② 参见 Quentin Lauer，"Four Phenomenologists," *Thought*，33，pp. 183-204（June 1958）。

识论材料来为其立场辩护，但他们没有考虑到哲学世界观的宽泛论题，信仰上帝或者不信上帝这两种情形都根植于这种世界观中。辩论的双方（"肯定上帝的"与"否定上帝的"）在争辩中陷入困境。那些身为"信仰主义者"的肯定上帝存在的人，在信仰无根据的飞跃之基础上建立起他们对上帝的信念；而反对者们则坚持认为，肯定任何无依据的信念的做法在道德价值方面是成问题的——哲学家们在道德上有义务按照有效的论据衡量其信念。那些将其信念建立在理性论证基础上的人，似乎与那些以理性的方式否定上帝的实存或赞同某种不可知论的人一起陷入僵局。如果仔细地并以赞同的心态来研究舍勒的"宗教的本质现象学"，我们就会发现它能够让争论的双方得以平息。我们绝不可能像证明某事件发生的原因或某种疾病的病因那样证明上帝的实存。神性的本质以及宗教意识的结构之指明不能为我们提供如此的确证。在朝向绝对者的意向中，我们有关上帝的意识像是一层将人的生命的全部内容笼罩起来的神秘之幕——有的人这种意识强，而其他人弱一些。有些人称此神秘为上帝，因为他们似乎觉察到了幕后令人敬畏的威严；而另一些人或许不那么谨慎，他们把会招致以理性之理想为己任的人所嘲笑的种种性质、行为和目标——后者出于其责任，会怀疑此类毫无必要的东西——归因于幕后的存在者。

166　　　人类精神在很久以前就已开始了飞向宗教使命的征程，甚至在关于神学的终极问题，即上帝存在的问题，尚未有完全令人满意的答案的时候就已如此。我们不必将这种冒险讥为无必要之举，因为信仰上帝几乎不需要有什么根据，或者仅仅是一种执着。深信只有感觉经验才能够提供关于万事万物的真理，从而对某人所亲历的属灵的见证充耳不闻，对其超验的感受置之不理，或者拒不承认宗教经验在认识方面所具有的地位，这本身就是一种教条主义。我们所有人都能够再体验到由于真实地或在想象中遭遇上帝而产生的情感，这种遭遇"用超出我们灵魂所及的思想摇撼着我们的性情"(《哈姆雷特》，第一幕，第四场)。如果我们愿意尝试——这种显而易见的认识不至于浪费我们的时间，那么我们就可能发现宗教信仰的根据。唯有当"理性认识"被限定在启蒙思想家们所指的信仰之唯一合法根据的意义上，我们才迫不得已去谈信仰的极不确定性，以及超越理性的"飞跃"的问题。对情感生活的先天结构的研究提醒我们注意有关上帝的本质之论断的内涵，而现象学也不能保证这些内涵就是其真正的研究对象。人们尽可以用不同的方式将绝对域中的诸多本质的认识分门别类——正如我们在世界上各种宗教的历史中所见到的那样。顺着舍勒的意思发挥下去，人们甚至有可能在不吁求他所虔敬的"神"关注的情况下，过一种具有宗教意义的生活——尽管舍勒本人肯定没有提出过这样的主张。在《申辩篇》中，苏格拉底有"人的灵魂转向光明"的说法，即在审判的最后他对审判者所说的，这种说法提出了一种朝向绝对的意向——即使在绝对域中人们仍一无所见。虽然这是一种让苏格拉底带着"无论是生前还是死后，好人都无所畏惧"的虔诚念头坦然赴死的想象。

在我看来，舍勒在"宗教的本质现象学"[1]中对有关上帝的宗教意识之分析是卓越而不朽的，下面就让我们对此作一番简要陈述。

## 四、宗教现象学

"宗教的本质现象学"是一项意在同时处理多项任务的尝试。首先，它是一种关于神性自身之本质的现象学——神性的本质在西方一神论的伟大传统中具有首要地位，并且构成了**任何**宗教认识活动的基础。舍勒所反思并试图指明的对象是作为绝对者，即神圣的自有者(Ens-a-se)，或万物根基的上帝之本质，以及构成一种位格的

167

---

[1] "Probleme der Religion. Zur religiösen Erneuerung," in *Vom Ewigen im Menschen*, *Gesammelte Werke*, Band 5.

上帝观念之基础的那种原初的认识。其次，它是一种对有关实证宗教的知识社会学问题的描述：用现象学的术语来说，这种研究关注的是将宗教意识的特定行为与在那些行为中被给予的对象联结起来的本质规律。举例来说，人们可以研究宗教意义上的"启示"概念：例如，信仰者从"圣人""先知""弥赛亚""受神灵感动的诠释者""觉悟者"等一定历史条件下的种种源泉那里所得到的启示。最后，舍勒试图明确宗教意识的本质结构，以及这种意识向来自神的信息敞开自身，象征性地并置身于"神的光照"中看待尘世间的事物，在祈祷中回应神。宗教意识领受到那些用神秘的语言书写在世间事物之上的来自神的"迹象"。

有关这三重任务值得注意的是：它概括了胡塞尔所构想的整个现象学研究的三个领域，即对意识行为（或 noesis）、意识对象（或 noema），以及行为和对象之本质关系的研究。而且，作为一种对人与神圣者之关涉现象的广泛研究，宗教的本质现象学意图审查宗教与神学中混乱无序的状况——正如《伦理学中的形式主义与质料的价值伦理学》研究价值的秩序，其意在审查伦理学中混乱无序的状况和相对主义。宗教意识的对象（神性）并不是一些观念框架的任意混合——那些观念框架源于我们对有限世界的经验，有可能还会被投射到宇宙的辽远领域。相反，神的概念是一种质料的本质，其内涵可在现象学反思的基础上得以指明。这种本质是构成舍勒所说的自然宗教观的所有功能化活动的最终基础。有关神的概念的本质内涵之展示，必须由宗教意识的现象学来逐项检查，这样，在功能化的过程中出现的种种具体性质被划归为神之名下的现象——尽管那些性质可能是以类比的方式被构想出来的——才能与引发此类现象的有关神性的经验保持一致。例如，将趋向恶的潜能归于神，这是荒诞的，即便有可能制造出支持这种看法的现象学的、神学的论证；因为宗教意识根本不会经验到能够作恶的神。在现象学方面，神学家和宗教信徒都有一套方法来保证他们不将自己信仰的对象混同于其他事物——关于神的任何实质性概念必须与宗教意识的基本结构一致。

我们拿科学来做一番比照。关于物理世界的"自然的"科学的视角是一种由社会、历史条件所决定的本质功能化的产物，它蕴含在人们认识和理解物理世界的尝试中，并且具有一定的结构——这种结构决定了在特定情况下何种探究程序才是合理的。像文艺复兴时期的天文学家弗朗西斯科·席兹（Francesco Sizi）对伽利略的望远镜置之不理那样，拒不接受证伪某假说的反例，或拒绝观察某些仪器所提供的证据，如此做法有悖于科学之精神。当然，某项按照无误的方法程序进行的科学研究所得出的结论，却在日后被证明为错误，这种情况总是有可能的。科学的方法论固然力求做到自我修正，这种唯有**自我**修正的探究方法才能提供的摆脱教条的自律，也是舍勒希望交付给神学的。

正如科学一样，宗教并非建立在某一群人无谬的传统的基础上，而是从宗教意识本身的活的源泉涌出的，这一源泉为宗教信仰提供了根据和标准。尽管如此，为了估定信念的可靠性，很多护教论者转而求助在人类思想的其他领域中产生的标准，特别是科学的标准。舍勒认为，我们必须在宗教意识自身之中寻找有关上帝之本质与实存的可确证的（Nachweisbare）"正确"主张的标准。这种坚持宗教经验的自律性的看法，不会造成宗教与哲学分离，或得出"不可通约的"科学的、宗教的、哲学的语言之存在的论断。无论出于何种"观点"，所有本质都可以在现象学的反思中获得。《论人之中的永恒》里有一段话是理解舍勒如何处理这个问题的关键：

> 神性的精神之属性……可以通过两种各自独立的方法来了解；但是，因为行为的类型与[在其中被给予的]对象的类型之

间存在着一种本质关系，如果这两种方法被正确运用，**必定会**产生相同的结论。第一种方法是从实现于**真实的**世界之中的本质结构出发的，并且一定有神的精神之属性与这种本质结构相应——那些属性**能**在上帝与世界的一般关系中向我们宣示出自身：总是预设了神是世界的原因（作为人格的精神或造物主）。第二种方法则从人的精神的本质结构出发（但不是从心理学的经验实事出发），因为它用类比的方式将有关人的精神本质的研究中所发现的那些本质特征（以绝对和无限的形式）和本质结构（各种类型的精神行为的奠基秩序）赋予了神。①

在神明（Deity）的本质现象学中，舍勒对神的属性的三个层次作了区分。第一，神的**形式**属性：正如价值的秩序，这层意义上的属性表现出了，在因朝向神（就像植物向光那样）的深沉的人类之爱而得以可能的认识活动中所展示出来的对神明的认识。对**每一种**宗教传统而言，这样的属性都是最基本的东西。第二，神的**实定**（positive）属性：出现于"相对的自然世界观"的层面上，以及某个民族的伦常风习之中。信仰者出于其宗教的特定立场而没有质疑这层意义上的属性。他们之所以不怀疑，并不是因为畏惧或者怠惰，而是因为他们认为这样的属性本质上来说是毫无疑问的、显而易见的。第三，神的**具体**属性：处于自觉的文化传统的层次上，并且可能与民族传统一起构成某个民族集体灵魂的一部分，或者与某个国家的神学、哲学以及法律一起，构成其总体精神的一部分。

神的形式属性是这样的：神是**绝对**，即不受任何限制；神是**神圣的**，即当受敬拜。在引导我们朝向神圣领域的爱之中，再没有其

---

① "Probleme der Religion. Zur religiösen Erneuerung," in *Vom Ewigen im Menschen*，*Gesammelte Werke*，Band 5，S. 210. 此处参照德文原文译出。引文中方括号部分为本书作者所加。——译者

他被当作神圣或绝对的对象；当然，神也不能被设想为一个像人那样具有意识的对象。因为神未被视为有形的肉体存在，所以，在自然立场看来，必定要用象征的方法来对神加以描述——就像我们常常用象征或暗示了某人个性特征的东西来向他人描述其人那样。我们不能确定某个人的人格性，但可以通过重现其认识活动的方式接近之。对神而言，也是如此。首先，我们"发现"神是我们的爱的**目的**（terminus ad quem），并以直观的方式重现神对世界的那种爱。只有这样我们才可以借助象征来对神的实定的和具体的属性加以"描述"。①

最后，宗教意识认识到神是**全能的**——舍勒用"全能"这一概念意指世界对上帝的依存性。与艺术家的创作进行类比（神是艺术家，世界是其作品），宗教想象力感受到了世界对绝对者的本质上的依存性。这层意义上"创造"不但包含而且超越了事物之间因果关系的概念。两者的差别是明显的。由第二章对因果关系的分析可见，有关因果现象的原初的或根本的经验是一种关于作用力（Wirken）的经验。宗教意识并非根据如橡树结出橡果那样的"生产"模式，设想神作为万物的起因出现于世界上。毋宁说，我们所经验到的神，乃是作为事物本质结构以及本质域和价值本身的根由而存在于世界中的。这就意味着，宗教意识有别于现象学的意识，它将本质看作事物产生的活跃因素，看作似乎是神在世界中借以成为活跃因素的那些途径：本质是神的精神中的原型，负载本质的事物就是根据此原型而成为其所是。与此相对，现象学的观点不考虑本质在事物的构造过程中的作用。

宗教意识的本质现象学发现了与神的形式属性相应的宗教意识

---

① 舍勒注意到，那些将神视为"意愿的满足"的产物的关于宗教信仰起源的理论（从人的获得拯救和受到保护的要求或精神需要的满足中推衍出神的属性）忽略了这样一点：在我们能够希望某事物存在之前，我们必定意识到了其本性以及可能的实存。参见 *Vom Ewigen im Menschen*，*Gesammelte Werke*，Band 5，S. 256-257。

所特有的三种主要态度。宗教人（homo religiosus）由此获得对神性本质的理解。第一，它着意于某种**超越此世界**的存在。第二，它是一种唯有**神圣的**（holy）对象才能使其得以满足的感受—意向。第三，它是一种**被动地**得到满足的意向，即神圣存在者向这种意向启示出自身，而不是去"发现"神圣存在者。如果考虑到宗教经验的这一基础，人们也就不会也不可能再提出宗教信仰之证明的问题，因为宗教信徒在其意向行为中已经**具有**其对象了，即向被动的人的人格（human person）显现本尊的神的位格（divine Person）。在**这层**意义上，神对信仰者而言是"实存"的，我们甚至可以说：在持自然立场的人看来，神就像物质性事物存在那样"抗阻着信仰者的意志"。如果站在现象学的立场上来看，情形就不同了；舍勒在"宗教的本质现象学"部分的最后转向了关于上帝实存的论断的认识地位问题。他并没有像摩萨所说的那样去论证：因为神的本质是真正的意向行为的对象，所以与此本质相应的存在就必定是实存的。他也没有假设，宗教意识经验到神是必然存在的，因此神必定是实存的。摩萨的分析所提出的这种观点接近本体论证明的某些表述，这是危险的，尽管这种观点处于经验的而非语言的层面，并且其说服力可能出于如下事实：对舍勒而言，语言所体现的意义来自关于本质的经验。根据这种观点，我们有关必然存在的概念来自对某种存在之本质的经验，是这种存在使指向绝对者的意向行为得以充实。但是，我们在舍勒那里找不到支持这一观点的文本依据。

但是，哈可斯布琳克对舍勒在自然神学方面目的的解释，及其关于舍勒将神的实存当作宗教意识唯一可能的原因的看法，是有着较强文本依据的。在她所提到的一段文字中，舍勒写道："从宗教的行为种类来看，我们也可以确信神之实存以及有一个神圣国度存在。如果神之实存没有其他证明，那么这就是证明：宗教倾向只能来自神而不可能出于其他——通过这种倾向，神以一种自然的方式使其本尊可为人所认识。"①如果舍勒的意图果真如哈可斯布琳克所想的那样，如果他是在一种严格意义上使用上文提到的"证明"（proven）这个词，我觉得这样的看法在哲学上是困难重重的。毫无疑问，人是根据超越了自然立场之世界的东西来经验世界的；甚至孩童都会拿任何事物都无法达到的某种标准来衡量其关于事物的经验；成人也会在冥冥之中感觉到：与某种已然存在或许仍会继续存在的东西相比，人类的丰功伟绩显得黯然失色。我们的生活时常为一种神秘所笼罩，我们有时仿佛是不朽的那样活着。舍勒在与《论人之中的永恒》差不多同一时期的一篇文章中写道：

> "人"是"超越"的意向和动姿，是祈祷、寻找神的生物。并非"人祈祷"，他是超越了自身生命的祈祷者；他并不"寻找神"，他是寻找神的活生生的存在！……只有这一点才能为他的理智、他的所作所为及其文明作证明：他的这一切使其本质越来越多地为精神与爱所渗透，在其所有的冲动与行为中的精神与爱——就像弯道的各个部分，向四处探寻然后又结合在一起——指向一个被称为"神"的某某（a Something）。神是大海，精神与爱就是百川，这些河流在其源头处就已经感受到了前方将要流入的大海了。②

*172*

但是，神必然作为这种精神状态的因果条件而存在，如此说法存在着某些仍需论证的假设，即人有能力使意向行为朝向某个领域，这个领域本质上处于通过有限事物即可获得的所有满足之外，这种能力不是人类进化的副产品，而只是一种有关事物最终本性的奇思

---

① *Von Ewigen im Menschen*，*Gesammelte Werke*，Band 5，S. 258. 此处参照德文原文译出。——译者

② "Zur Idee des Menschen," in *Gesammelte Werke*，Band 3，S. 186.

异想之谬误。正是这种可能性，使得信仰没有成为不可理喻的东西，却可能成了不确定的东西。此外，由前面的引文可以推想，舍勒似乎认为，证明只可能是出于或关于世间事物的真理，以及对人类精神的本质结构的认识，但无论揭示或论证得多充分，它毕竟只是一种关于世间事物的真理。感受到海洋并不意味着真正知道它存在，它并非内心的海洋而是真实的存在。唉，对于我们这些现代人来说，对海洋的感觉可能正在减弱，以至于我们中的大多数人已不再能感受到舍勒隐喻的力量。

我仍然认为舍勒关于神的实存的"确证"比哈可斯布琳克所想象的要精致一些。[1] 实际上，这是一种现象学的而不是本体论或宇宙论的（因果的）论证，它试图指明我们认识中的某种本质关系；因为反思自身宗教经验的人很少意识到其被给予性，这种本质关系也就被忽视或误解了。这里有一个关于意向活动的种类及其意向对象之间的本质关系的现象学研究的例子，即客观的善与真的明见性和理性的、善的"世界原理"的明见性之间的关系。如果世界是"非理性的"且乏善可陈，那么也就不复可能有对善或真的明见的认识。舍勒说，在这个问题上思考良久之后，他不得不否定关于善或真的明察独立于世界之根基的性质这一看法。如果世界是非理性的、恶的，我们就没有理由信赖我们对这样的世界的认识。有批评者[2]讨论我们是否应该揭示世界的根基本来就是恶——尽管这种恶的势力强大无比——的问题，对此，我们仍可以坚持明见的道德洞见，并且说："这对世界的根基来说就更糟糕了！"舍勒是这么回答的：

就算我承认不能将善和真、逻辑的和伦常的明察回溯到神

---

[1]　这里的分析特指的是"Zur Idee des Menschen," in *Gesammelte Werke*，Band 3，S. 186。

[2]　D. H. Kerler, "Scheler und die impersonalistische Lebensanschauung" (1917).

性意志的单纯的权力—命令上去，就算我承认有一种作为对神的信仰之基础而非其结果的独立的、自律的理性明见性；下面这条原则仍是显而易见的：如果世界的根基是盲目的、恶的，我们所设想的有关善与真的明见性，仍只是盲目的、恶的世界根基的一个相去甚远的、推论的结果——因此，也**不**可能是像它自身呈现出来的**那个样子**。[①]

　　这段话为我们提供了一种关于神之实存的"确证"——否认世界之根基的理性与善是与我们能够明见地认识善和真这一信念相矛盾的。如此说来，需要有一种关于一致性的标准。如果我们断言世界既不是善的也不是理性的(或许，取而代之的是盲目的冲动或权力意志)，我们就几乎不能肯定有比如明见的认识这样的东西存在。既然肯定我们具有明见的认识，我们也就必须确信世界之根基是善的、理性的。此前我们提到 Nachweisen(或 demonstration)这个词是在法学中使用的。对证据的一致性的要求固然是法律上某案例之确证的一个方面，但是，法官们都知道，对于确定被告是有罪的还是清白的而言，单凭证词的一致性是不充分的；证词的不一致或许只能证明证人的迷乱。

　　舍勒提出了另一种也是建立在一致性原则的基础上的有关神存在的确证(Nachweis)。他称之为神之实存的"社会学的"证明(Erweis, proof)，这种证明是从对精神存在的共同体之可能性出发的。一个共同体的精神统一之**可能性**，以及"人类"在凝聚(solidarity)中与自身统一，并作为自身负责的共同体对所有他者负责之**可能性**，皆预设了作为"位格"的**神之统一**——全部精神活动统一于神之中。通过一种团结于神的家长身份之下的弟兄姊妹共同体的观念，或许我们可以看出舍勒关于世界统一的最终见解之轮廓——这也是

*174*

------

① *Vom Ewigen im Menschen*, *Gesammelte Werke*, Band 5, S. 256.

本书最后一章所要研究的。舍勒在《论人之中的永恒》一书中写道："只有神可以保证世界的统一。"① 在《伦理学中的形式主义与质料的价值伦理学》一书中，他认为：谁要设想一个与由人们关于世界的种种片面观点构成的世界——每个人所想的是他自己的世界，但在关于世界本质结构的某个方面的共同认识上，他的世界与他人的世界有交叉之处——相对立的统一的世界，那么他就必然要设定一个位格的神；世界的全部本质结构是每个人的片面的世界之基础，而这整个结构都被给予了位格的神。② 如果在统一性的基础上肯定神，我们就要承认信念的不确定性。承认这一点本身就是与我们称为信仰的精神态度相一致的。

我要再次提到我们的朋友亨利·亚当斯。他为缺乏统一性的状况，实际上也是为他那个时代的人在道德、精神、理智方面的混乱状态而感到痛苦；之所以如此，难道没有可能是因为那个世界已不经意体验到他的同时代人尼采所说的"上帝之死"了吗？如果我们丧失了对上帝的信仰，眼前的世界将更为混乱而缺少统一，其他文化及其信仰就不会被视为一个更大的整体的一部分，而是被当作与我们自己的以及另外的文化及其信仰不"可通约的"东西，它们可被"欣赏"但不能被"理解"。是不是存在这样的可能：如果其他的文化与世界和我们自己的文化与世界不可通约，却具有同等的合法性，当世界打开了通向那些文化与世界的通道时，我们会丧失对神的信仰吗？

有关舍勒宗教哲学的这一章即将画上句号，但我还没有思考舍勒对宗教哲学最伟大的贡献是什么，那就是其明晰的宗教经验的现象学在历史和个体方面的具体表现的问题。我建议读者仔细阅读他所写的《懊悔与重生》《论东西方的基督教》《死与永生》《受苦的意义》。作为一种关于人类寻找神的行为，及其在信仰中的具体化问题的表

---

① *Vom Ewigen im Menschen*, *Gesammelte Werke*, Band 5, S. 171.
② *Der Formalismus in der Ethik*, *Gesammelte Werke* 2, S. 395.

述，唯有威廉·詹姆斯的《宗教经验之种种》接近于舍勒论宗教的很多论文和他的《论人之中的永恒》。舍勒有关宗教的论述"透着精神光辉"（"mit Geist durchglücht"），并且像他所钟爱的歌德那样，为闪耀着"对所有存在和本质的爱"的感受力提供了见证。正是这种爱，*175*会一直标示出信仰者和哲学家的特征。

# 第十二章

# 形而上学的视域：精神
# 与生命

　　本章我们将关注舍勒复杂的、散乱的，而且我认为最终是失败的后期形而上学作品。舍勒的思想在这最后的六年间经历了一个突变，① 并且似乎已经失去了它与支配着他早期作品的现象学方法的联系。这些变化包括，第一，不再试图为罗马天主教的信仰提供一种奥古斯丁式的基础，而是提供一种托马斯式的基础，并且转向发展一种原创的思辨形而上学，它将给予我们接近绝对存在的某种形式的通道。第二，这种向形而上学的转变与他对被运用于人性和**元存在**(Ursein)的一种形式的活力论的发展相结合，这种活力论后来被描述为相互渗透和相互奠基的原初精神和普遍生命的二元性。第三，舍勒不再关心与他正在从事的形而上学无关的本质的现象学展示，而代之以提出他的所谓本质的存在论。这里存在着一个转变，即从精神概念——作为人的意识和道德行为主体的自主意志的存在论根据②——转向如下观点：把精神理解为接受性的并且显然无力

---

　　①　参见 *Die Wissensformen und die Gesellschaft*，*Gesammelte Werke*，Band 8（1925）第 1 版序言，在那里舍勒提到他新作品表现的方向变化。

　　②　用"存在论的"(ontological)——舍勒不常使用这个术语——我指的是事物存在的基本的和不可还原的方面的一种描述性解释。例如，语言是人类生存的一种存在论的特征；生命是宇宙的一种存在论的特征。在后期著作中，舍勒有时提到"纯粹的"本质或"观念"发挥这种作用。

改变世界中事情的进程，但世界却自相矛盾地被赋予一种在宇宙中创造性的和主动的作用。第四，在《伦理学中的形式主义与质料的价值伦理学》的现象学中非常突出的人格概念，让位于发展一种独立于海德格尔，但产生于与《存在与时间》抗争并对《存在与时间》进行沉思的哲学人类学。在本章中，我阐述并分析舍勒后期作品中的这些中心论题。参照这些变化，我力图把舍勒思想的详细运动合并到他后期哲学旅程的一般图景中，并且力图诊断其哲学意义和有效性。我将突出但不局限于我对最近出版的手稿的陈述。

## 一、形而上学的方法

在舍勒后期手稿发表之前，我把 1921 年后舍勒对形而上学的越来越多的关注归因于他"对严格方法的坚持与他对超越者的需要"之间的分裂，我这样总结《马克斯·舍勒》一书：一个天才精神中的分裂，这个天才在他的精神方面是个相对主义者和科学家，内心则是个道德绝对主义者和虔诚的信徒。他寻找超越者，不是"呻吟着"，而是愉快地；据我所知，他没有经历过"灵魂的黑暗之夜"；他对绝对知识的需求和享受在他的每页纸中都是明见的。然而，舍勒坚持，形而上学及其在本质存在论中的基础是一种自发的和创造性的活动，这种活动向想象和幻想始终包含的危险和不确定性开放，并且在本质上与主要关注是非标准的哲学意见不一。① 它起因于采用了一个历史时代科学的核心隐喻，以及把它们强行征用为宇宙的普遍系统的支架，例如牛顿物理学的质点概念影响了莱布尼茨的单子论和洛克的心理学的原子论。舍勒强调形而上学家的想象力、勇气和创造性，以区别于现象学事业所要求的耐心、对本质的热爱和对现象的服从。形而上学在经验的现象学被给予之物上描画，以构建一种"可

---

① 参见"Zur Soziologie der Metaphysik,"in *Die Wissensformen und die Gesellschaft*，*Gesammelte Werke*，Band 8，S. 85-91。

能是真的"体系，这种体系不仅满足人类参与被给予之物的完满的需要，而且也满足人类参与绝对存在的需要。这种需要，虽然出现在舍勒前期的"现象学的"作品中，而且也表现为对罗马天主教会承约的形式，但在后期著作中才把自己推到舞台中央。① 另一方面，现象学是一种描述的观念科学，其绝然明见性概念作为**体验**（Erlebnis）与经验中被给予的东西的相互一致，依赖于基于自然立场展示或指明（Aufweisen）的经验的本质内容。如此，它似乎否定了构建一种知识体系的可能性，因为这样的体系总是假定了现象学上不可直观的东西，即实在性能够被把握为一个连贯的体系。

显然，我对发现统一的尝试表示同情。然而，它在形而上学基础上的假设将不会成功地统一世界。那只有通过持久的现象学和科学努力的方式才能达到。统一是作为任何向前的思想运动所要求的一种假设启发式地发挥作用的一个概念；它类似于（如亨利·亚当斯所认为的）世界或至少它的某个区域的可理解性假设。当一个人对这个假设失去信心，思想就不能开始它的工作。另一方面，形而上学假定一个人已经拥有这种统一。在形而上学中，思想招致了对它自身产生迷信的危险。它可能会想象，因为它已经抓住一只鸟，所有其他的鸟必定以同样的方式是可抓住的，或者说那些鸟在本质上是可抓住的，而不是朴素地继续去抓下一只鸟。可以肯定的是，舍勒后期作品避免了对世界统一的简单肯定。而舍勒从现象学之物的这种背离以及他向形而上学立场的转变，并不表示他以任何方式拒绝现象学的成就。关于其伦理学的现象学，他明确断言，按照他发展的形而上学，其中没有一个词是需要修正的。②

---

① 关于这一点，参见舍勒对形而上学在人类思想中的作用以及它与参与一种宗教的差异的评论，参见 *Die Wissensformen und die Gesellschaft*，*Gesammelte Werke*，Band 8，S. 85ff。

② 关于这个问题，参见"Vorwort zur dritten Auflage" to *Der Formalismus in der Ethikund die materiale Wertethik*，*Gesammelte Werke*，Band 2，S. 16-25。

舍勒主张，正如我们已经看到的，精神在事物的秩序中不起作用，而本质同样是无效力的，因为它们仅仅被对象承载，但没有使这些对象成为其所是。在舍勒的任何作品中，甚至在后期著作中，都不存在任何目的论的功能对等物。[①] 作为一位思想深受柏拉图主义影响的作家，他对柏拉图式观念论的这种拒绝无疑是对自然主义 *179*的让步，同时也是对现象学方法作为一门纯粹描述科学的本性的让步。然而，舍勒绝没有想过要得出浮现在他同时代许多自然主义哲学家脑海里的那些结论，而且绝没有想过要随之得出：因为形而上学本质上是"主观的"和局部的，它不可能是严格的科学。[②] 他对形而上学可能性的肯定不依赖于历史上确立形而上学的主要方式，即把绝对真实的东西给予直观。舍勒在情感和理智两个层面上反驳这种可能性。例如他写道："畏在感受层面上教给我们这种信条（绝对存在能够在形而上学中充分地和完全明见地被认识）的错误，我们在理智上知道它是错误的。"[③]同样，他对形而上学可能性的肯定，不仅仅是唯美主义的一种表达，而且是任意的，就是说，它表达了这种观点：形而上学，除了它对一个人的整体感而言有吸引力，或者对个人的特殊和谐或情感倾向有吸引力之外，只是对世界的一种普遍解释。对舍勒意图的后一种解释可能是建立在他一再坚持如下观点的基础上：形而上学是个体寻找存在根据的大胆尝试，而且始终是创造性的人试图将世界解释为一个系统的成就。然而，舍勒在后期著作中说，形而上学必须被理解为一种知识（Erkenntnis）：它从科学和他称之为严格科学（strenges Wissen）的更加缜密和明见的知识

---

① 舍勒在《生命哲学的一种尝试》(*Versuch einer Philosophie des Lebens* in *Vom Umsturz der Werte*，*Gesammelte Werke*，Band 3)一文中对柏格森的《创造性进化论》的分析和批评，表明了他对任何物种进化论中的目的论和机械论的拒绝。

② 关于舍勒对诸如孔德、斯宾塞和狄尔泰等所持有的信念——形而上学代表人类精神的一种"过时的"形式——的反驳，参见 *Gesammelte Werke*，Band 8，S. 11。

③ *Gesammelte Werke*，Band 11，S. 65.

中获得它的材料。这种对形而上学知识可能性的信心，与他对"客观的"神学的信心一样，都建立在相同考虑的基础上。

这些考虑是三重的。第一，绝然可知的现象学经验的被给予之物是对形而上学中无政府状态的一种基本检验。形而上学的主张不能自相矛盾，必须与本质知识相符合，甚至必须通过本质知识提出。以这种方式，本质存在论在本质以及本质关系的现象学基础上继续进行。第二，舍勒坚持认为，本质存在论以及思辨形而上学最终将奠基其上的反思行为是可以被他人重复的，并且因此是可以被他们完全把握的。① 因此，存在着形而上学辩论的一种人际基础。此外，人的人格不是孤立个体，而是在共同体中生存，而且他们通常在共同体中与他人共享一种决定其形而上学视野的一般道德志向（Gesinnung，tonality）。正如我们在第十章已经看到的，舍勒思想中存在着一种"集体人格"，其精神意向是宇宙的意义、根据和目的的一种人格化的视野。然而，形而上学理论不可能被还原为这些客观元素。它奠基于普遍知识但超越普遍知识。形而上学不像自然科学那样是"普遍有效的"，而且也不可能是。舍勒为什么相信形而上学（尽管它是一种知识，但不能企求普遍有效性），这里存在着进一步的原因。形而上学知识对于人们本质上是相对的，因为他们受历史和社会决定，相比之下，经验科学与活生生的肉体存在有关，并因而在历史和社会层面是非决定的。② 由于形而上学是创造性的而不仅仅是接受性的，所以不可避免地，不可还原的社会的和个人的因素，将在形而上学体系的创立以及它们被他人占取中起作用。一种形而上学体系与特定的人或"学派"（由诸个别的创造性的思辨形而上学家组成）相联系。如前所述，**这种**真理总是一种**个人的**真理；它未必就是"主观

180

---

① 例如，*Gesammelte Werke*，Band 8，S. 87。

② 关于**此在相对性**（Daseinsrelativität）或者"生存中相对的"的观念，尤其可参见"Die Lehre von den drei Tatsachen," *Gesammelte Werke*，Band 10，也可参见我们在舍勒伦理学语境中对这个概念的分析，本书第六章，边码 80 页以下。

的",因为在一个受过训导的心灵中,它不是发生于幻想,而是发生于本质实事的精确知识。形而上学体系对人的精神中心有吸引力,就像宗教一样,但这些体系不依赖于与神的人格关系,或者依赖于权威,一个被视为神之代表的圣人。因此,形而上学不是对美的精神价值的一种诉求,也就是说,一种唯美主义,而是对真的道德价值的诉求,以及对人们分享全部存在和本质的最深层需要的诉求。在最伟大的思想家们手中,它提供并且已经提供了振奋人心的宇宙图景,这种图景能够照亮思想,甚至照亮那些理解但不接受这些图景的人的思想。

形而上学方法是以另一个原则为基础的,此原则为形而上学的抱负提供了一个出发点。舍勒把人解释为一种小宇宙。我们从研究世界的有限形象出发,接近世界的根据。这种小宇宙观念最初在《伦理学中的形式主义与质料的价值伦理学》的第六篇,A,第 3 章,c 中得到阐发,而它的神学视域最早可在《论人之中的永恒》中的《宗教问题》一文中看到。181在后期著作中,它变成一个启发式的假设,此假设构成了舍勒自己建立人格化形而上学真理的努力。舍勒后期哲学人类学建立在早期的人类的人格的现象学的基础上,但从人性知识延伸到绝对者的知识。人的人格——在其中精神和生命是均衡的——在它的存在论中反映宇宙的结构,而且确实反映世界本身的根据。此外,舍勒在他职业生涯的开始就写过关于教学法的文章,他把哲学人类学和形而上学与在魏玛共和国早期就具有一种近乎救世主特征的战后教学法著作联系起来。舍勒后期的一则未出版的笔记,不仅证实了他在为创建一个世界共同体的准备中对个人教育的持续热情,而且证明了他的形而上学抱负,他写道:"混沌化育(Bildung)成一个世界,与神作为理念的实现———一回事。"①当我们在自己的心灵结构中反映出由纯粹本质现象学所揭示的宇宙观念结构时,

---

① *Gesammelte Werke*,Band 11,S. 250.

我们也就认识到神是一种观念。舍勒在后期手稿中一再申言，知识是人与世界的一种存在论关联：人"具有"世界。因为他在理智上拥有世界——当它在纯粹现象学还原中被揭示时——的本质特征，他可以说参与了世界本身的创造。要跳进形而上学之中，因此依赖于一种在古代小宇宙/大宇宙同构观念中得到概括的人与宇宙同构的假设。这个假设不是现象学地被给予的；形而上学的心灵被迫成为创造性的。它超出明见性，跳到"可能真的东西"，并欢欣鼓舞，而它在跳跃时，带着这样的想法：它正在参与从混沌中创造出世界的过程。

## 二、活力论和存在的根据

如果人是一种小宇宙，那么它必然像大宇宙一样，不仅展现出精神的特征，而且也同样展现出生命力的特征。在《人在宇宙中的地位》①中舍勒阐发了一种建立在生命现象不可还原性基础上的活力论的形而上学。在广泛研究当代生物学的基础上，舍勒在其证据中认真考虑了这种现象在所有种类生物中所采取的形式。这种活力论在舍勒早期论抗阻意志（resistance to the will）现象的作品中有其根源，该作品是他努力区分被给予之物的本质内容和事物本身生存的一个关键部分。② 抗阻，作为实存对象被给予性的主要模式，与那种通过它一个人最初意识到世界的过程形成对照。世界在一种惊异——"不是无"——的行为中原初地被给予。这种意向行为的可能性奠基于舍勒早期著作中所谓爱的"开创性的"行为中，后者本质上不是意向的。③ 抗阻是进入对象存在的唯一模式的观点保证了舍勒对本质

① 载 *Gesammelte Werke*，Band 9。
② 对于"抗阻"概念，尤其可参见 *Der Formalismus in der Ethik*，*Gesammelte Werke*，Band 2，S. 149ff。
③ 参见 *Der Formalismus in der Ethik*，*Gesammelte Werke*，Band 2，S. 267；*Vom Ewigen im Menschen*，*Gesammelte Werke*，Band 5，S. 92-99。

和存在，或者他后来称之为如在（So-sein）和此在（Da-sein）之间的区分，并且最终保证了描述现象学和思辨形而上学之间的区分。因为，正如他在《论人之中的永恒》中所写的："甚至知觉、记忆、思维和所有可能的知觉行为都不能给予我们这种（实在性）知觉。它们给予我们的总是事物本来的样子（如在），而不是它们的存在（此在）。"[①]然而，这有些模糊。最初使我们意识到世界的是抗阻，还是认识到"不是无"？或许随着舍勒离开他的现象学研究，他把意识的起源归因于精神行为的倾向会变得更弱，而对欲求（urge，Drang）的坚持会变得更强。在《观念论—实在论》中他明确主张意识产生于冲动（drive）："最初欣喜地经验到的抗阻，导致了反思行为，通过这种反思，冲—动（drive-impulse）开始变得有意识能力。"[②]这是一种精神的觉醒，不是发源于精神，而是发源于欲求。这种从现象学到形而上学的立场转变在于，舍勒假定生命的本质现象是宇宙的实在性及其过程中的一种活跃特性。在此，他要以"中心的生命欲求"（zentraler Leb-ensdrang），而不是以意志来确认抗阻现象的根源。[③]

欲求的形而上学与抗阻意志概念的较早和更有限的作用之间的对照是相当重要的，因为随着舍勒世界观的观念论色彩变淡，兴趣——生命的动物兴趣——在人类知识中的作用就变得更大。例如，他在生命后期出版的《观念论—实在论》第三部分[④]中写道："任何可

---

① *Vom Ewigen im Menschen*，*Gesammelte Werke*，Band 5，S. 89.

② "Idealismus-Realismus," *Gesammelte Werke*，Band 9，S. 214.

③ 当这种生存现象学首次被展示在《伦理学中的形式主义与质料的价值伦理学》中时，这里还没有指涉一种意志行为从中产生的生命欲求。这种生存体验与一个通过它一个人开始意识到本质域的过程相对照。世界作为可能性在一种惊异于"不是无"的行为中被给予。这种意向行为不是建基于生命，或者生命欲求，而是建基于舍勒当时所谓"开创性的"爱的精神行为，它本质上不是意向的，而是盲目地接触到本质域。因此，这两个概念都没有暗示生命欲求存在于人之中。所以，这种主张，即一种活力论的形而上学能够被建立在小宇宙现象学的基础上，似乎也是有问题的。舍勒后来对这种抗阻"中心的生命欲求"而非抗拒意志的现象的认识，似乎是没有理由的，是由其形而上学目的所决定的；更糟的是，它没有现象学基础，正如他的形而上学所要求的那样。

④ "Idealismus-Realismus," *Gesammelte Werke*，Band 9，S. 239.

能知觉的发生都受到欲求和冲动的制约，这些欲求和冲动是为了朝向和对抗位于'图像'[我们的对象表象]根源的抗阻（'实在性'）运动，我们觉知的每件事物，都必须在我们觉知它之前，首先向我们的生命呈报自身。"这个值得注意的段落表明，事物存在的知识如何受到我们的生物学而不是"周遭世界"的制约；"周遭世界"概念在舍勒前期著作（其中不包含任何冲动或生命力的线索）中非常重要。更值得注意的是，舍勒在《观念论—实在论》生前未出版的第五部分中对我们的情感生活如何制约我们的存在论的勾勒。他在糟糕的行文中写道：

> 与作为存在论对象的存在者的存在形式和种类一起出现的，不仅有奋斗行为（像真实存在的例子所表明的），而且也有具体明确的情感态度的形式——而且，这似乎不仅仅是偶然的，也就是说，每一种都取决于人的个人性格，更确切地说，它们按照本质规律与讨论中的**特定存在类**联系在一起；这种存在类是一份知识，此知识对于古代哲学，至少在其一般范围内，确实不是未知的，但是它在近几十年已经被忘却，以至于这种古老智慧的真实痕迹（例如在释迦牟尼、柏拉图、亚里士多德、伊壁鸠鲁、帕斯卡、费希特、黑格尔、叔本华等那里）已经被误解，并且没有在它们的丰满的意义中得到确切的评估。①

*184*

这似乎是海德格尔称为**此在的存在理解**（Seinsverständnis of Dasein）的舍勒版本。然而，即使在其最深层的根源上，个人存在论的视野也受到他或她的冲动，以及他或她对生命价值的调谐的制约。**这**是舍勒对"意识总是关于……意识"的变形。在《逻辑哲学论》

---

① "Idealismus-Realismus," *Gesammelte Werke*，Band 9，S. 254. 突出显示的字段是我所标识。

结构与多样性——马克斯·舍勒现象学哲学研究

第 6.43 条中，维特根斯坦写道："快乐的世界与不快乐的世界完全不同。"舍勒可能会注释说：这个差异不是因为这两个世界中的事件是不同的，而是因为快乐的人不同于不快乐的人——而他所意向的世界也是不同的。

坚持认为生命中心制约着我们的偶然的实在性知识，这似乎已经不仅在体验（Erlebnis）——它像以前一样仍然是本质的领域——的意向对象相关项的内容中引起变化，而且也在它的解蔽方式——现象学还原——中引起变化。现在，必须考虑人向世界开放的独特的生命的和情感的结构，而且，在使精神脱离制约着其意识的生命渴望的努力中，一种还原技艺得到发展，这种技艺在其细节上与胡塞尔的还原技艺形成了比以往更为鲜明的对比。如果实在性，即个别偶然对象的**此在**依靠生命中心被给予，那么，为了通达本质域，被给予性的这种功能必须——用比喻来说——被"关闭"。不仅要悬置存在判断，像在胡塞尔那里一样，也不仅要对心理物理的有机体进行抽象，毋宁说，必须实现"从生命要素的工作，其目标、任务和需要的效用中'剥离出'精神行为"①。进一步地，现象学还原排除所有产生于冲动的视角，包括那些涉及因果关系（当我们受动物性需要的影响而形成应对环境的期待时）以及空间和时间关系的视角。对基于自然立场的知觉的研究，不像早期作品中那样，是根据本质奠基秩序或制约着价值领悟的个人的**爱的秩序**对它的影响进行的，而是根据生命冲动进行的。在还原过程中排除这些冲动，就消除了对那些价值的意向——冲动在其存在中与这些价值有关，亦即生命的和感性的价值。

在还原的语境中，舍勒对佛学的频繁引用，获得了其基础和功能。"世界是由贪欲（craving）产生的幻影（magic show）"，这是我们

---

① "Manuskripte zur Erkenntnis-und Methodenlehre der Metaphysik als positive Erkenntnis," *Gesammelte Werke*，Band 11，S. 95.

熟悉的佛教格言；消除贪欲，就能消除幻影——对象承载着的生命的和感性的价值。舍勒重视释迦牟尼的教导，不只是因为对激发这种教导的人类苦难的同情，这种教导已经吸引了数以百万计的人，与他人一起，加入大师为开悟而提出的八正道中。毋宁说，舍勒重视四圣谛的存在论含义，四圣谛是释迦牟尼与世界的净眼（clear-eyed）遭遇的沉淀。释迦牟尼把实在性经验为苦（dukha）、挫折或受难，并且转而去着手克服引起它的贪欲。这个过程类似于舍勒对现象学还原的再思考。舍勒在其遗著《观念论—实在论》的第五部分写道：

> 对于佛陀来说，"受难"……不是对世界实在性作为某种已经被给予东西的一种更迟的反应，而是一种对真实之物本身是真的经验。对我自己来说，我相信……佛陀已经认识到实在性信条的核心是基于自愿的行为，而且相信，他的从受难中解脱的……整个学说的最深层的核心依赖于一种技艺的发展和实践，这种技艺依靠一种完美的主动宽容，亦即通过内在地克服我们的"对……的抗阻"，连同真实之物的实在性的被给予性一起，使人能够消除一切受难，不与世界做任何积极的抗争（按照他的看法，抗争只是更加紧密地把我们与世界系结起来），换言之，这种技艺能够消灭世界的实在性，直至"熄灭"人之中的生命中心。①

现象学还原这种"内向技艺"（"inward technique"）抑制生命的冲动，因此我们可以学会容忍真实之物的实在性，从而克服它的单纯偶然性。这种技艺对于舍勒的后期概念，小宇宙的形成和他所谓"全人（Allmensch，universal man）"的达到，是极为重要的。佛教和舍

186

---

① "Manuskripte zur Erkenntnis-und Methodenlehre der Metaphysik als positive Erkenntnis,"*Gesammelte Werke*，Band 11，S. 255.

勒自己的形而上学体系都是**救世说**(Heilslehren)，神圣化和拯救的教义，而且有趣的是，两者都认为这个"还原"过程的一个结果将是"世界统一感的恢复"，并且最终"人的至高无上的中心升华为神圣的人格中心"①。这确实像一种神秘主义；而且，对于绝对者的空无，人们真的只能通过沉思反对世界统一的空洞观念。"一切是一。"但舍勒是一位本质的诗人，不可能屈服于涅槃的理想，这种理想把想象和理智之火淹没在无形无边的宁静至乐的海洋中。他不打算去实践佛教的沉思。这种沉思在它的许多形式中试图让行家高人不仅从这个世界——我们看到它的"图像"，正如舍勒所说，被投射到摩耶的面纱上——的个别对象中，而且从本质域中解放出来。然而，他论证，唯有通过熄灭贪欲之火(生命冲动)，精神才能真正恢复它自己的功能，亦即向全人——他在其心灵的本质结构中反映全部存在——揭示现象存在之完满。

这种学说的宗教视域并非与《论人之中的永恒》中的现象学完全无关。在舍勒后期形而上学中，时间被揭示为动物走向变动不居的世界的生命方向。爱的精神就其本身而论，居于不变的意义—结构世界，即本质域之中。正因为如此，心灵，原初地通过它向不变本质的开放而构成，具有挥之不去的永恒感。领会事物的本质意义就是在永恒的外表下经验世界。但人的人格也是有血有肉的；而且生命兴趣的作用构成了我们对世界的指向性，这种结构在空间上采取周遭世界的形式，在时间上采取命运的形式。然而，在现象学还原中本质的无时间性被恢复。人根据其在世界之中生存的方式是时间性的，但是，作为人格本身是一种"本质"的踪迹，他参与永恒，并且在沉思事物的本性时意识到本质域。

在接下来的两章中，我们将进一步考虑形而上学作为一种拯救学说以及不仅仅作为事物本性的一种"可能真的"知识，将如何实现

---

① *Gesammelte Werke*，Band 11，S. 95.

它的功能。将变得清楚的是，我们与这个世界中事物的联系，没有在我们关于它们的知识中被彻底探讨。我们也将进一步考虑舍勒对佛教的兴趣，以及佛教在他的教育学中所起的作用。通过沉思来抑制我们的动物本能，可能会比用纯粹的胡塞尔现象学方法揭示出事物更多的丰富性，并且它一定会扩展我们对其他有感知能力生物的善和价值的理解与同情，这些生物可能不与我们共享价值观念，仅仅是因为它们的基本需求在其共同体背景和生存的物理条件下得到了不同的表达。

### 三、精神，以及本质的存在论

舍勒在其后期作品中断言，精神是无力的，并且因此只能间接地影响灵魂，这与他从"错误的柏拉图主义"——把创造的和独立的能力归于本质域——中退出相一致。在《论人之中的永恒》中，他假定了精神的动力和本质的创造力。在后期著作中，他把动力单独地赋予生命冲动或者物质，这种观点既与佛教信条（事物的"空"）和佛教将轮回的世界还原到现象之"法"（dharmas）产生共鸣，也与科学自然主义相契。然而，舍勒通过宣称它是真善美以及神圣的更高价值之来源，维护了精神的尊严，这些更高价值即使本身是无力的，也能够为盲目的欲求提供喜悦，甚至指导。因为舍勒坚持，精神不只是存在的一个被动的旁观者；它提供给冲动的东西，在世界的发展中可能是决定性的。考虑到精神的无能，这是如何可能的，此事难解，而舍勒在后来的手稿中就与这个问题作斗争。

舍勒在《人在宇宙中的地位》中的隐喻，即观念作为"诱饵"由精神提供给冲动，既令人难忘，又令人困惑；而固执的自然主义者会对舍勒显然想要吃蛋糕又想要保存蛋糕的想法感到沮丧。舍勒希望拥有一种非僧侣式的唯美主义哲学，尽管他偶尔似乎倾向于接受桑塔亚纳的隐喻(参见本书边码第50页)，这个隐喻提出：物质，如小溪中石头上旋转的流水，创造了一曲使旁观者精神喜悦的乐章，但不拥有任何附加在水的流动之上的实在性。桑塔亚纳的隐喻和舍勒的形而上学几乎在相同的历史时刻被创立，在当时，现代科学几乎剥夺了本质曾经拥有的亚里士多德式的所有功能。但是舍勒坚持认为，精神不只是存在的一个被动旁观者；它提供给冲动的东西对其 *188*进化而言将是决定性的。

然而，这里存在着矛盾。如果"精神意志"不是事件实现中的一股肯定力量，而仅仅是对本质可能性的意识，如果它的欲望(desire)与独立地赋予行为主体动力的生命中心的那些欲望不相适应，那么，在它们之间就不可能产生任何交流。此外，如果精神是一种不可还原的**原现象**，像舍勒认为它是的那样，那么，它就不可能在不失去它的单纯性以及变成不同于其所是的其他东西的情况下，向这些本能借用力量。或许，借用一个今天经常出现的比喻，舍勒想说的是，精神像一个仅当被电流供以能量时才能输出数据的软件，并且是由一个与它相匹配的中央处理器调节的，后两者对它的结果和目的而言是中立的。然而，没有一个人能否认，软件拥有它自己的能力和实在性；无意识的、极点追踪(pole-seeking)的电流力量受它支配——它不仅是"理想的"，而且肯定对电流没有好处。在一份后期手稿中，舍勒认为**欲求**不是完全盲目的，而是像作为生命价值根源的爱欲(eros)原则一样，并且，它对它想要的东西确实不是盲目的。它不只是欲望的实在性，而是某种性质或种类的实在性。① 舍勒在这同一段落中写道，它对于精神和它的价值不是盲目的，而是中立的。爱欲赋予欲求—精神的辩证法以更多内容。爱欲作为渴望的最

---

① "Manuskripte zur Lehre vom Grunde aller Dinge," *Gesammelte Werke*, Band 11, S. 193-194.

高形式，假定了一种"**精神趋向观念的倾向**"①。但舍勒没有解释它如何通过那种倾向发生。

这种冲动理论在《舍勒全集》第 9 卷的手稿ⅡB 中得到简略的讨论，它赋予欲求—精神的不确定的辩证法以更多内容。它可能会使人想起那个背着跛子的盲人的形象，② 或者劳工和懦弱者的形象——他们不欣赏库普兰或巴赫的音乐，其工作也没有因为那种音乐在潜意识背景中的在场而得到改善，而且它可能让我们想起《斐德若篇》中著名的战车御者隐喻。可是这种过于人性化的形象无法解决逻辑问题，因为它的假设与它的否定一样武断：它没有给我们这场内心斗争以丝毫暗示。我们只有在人或世界中的事物的统一性中才会遇到它，而不是在引起这些冲突和演变的细节中碰到它。它对一个问题提出了定性解决办法，这个问题甚至需要以它自己的方式观察和测量婴儿和共同体成为人和文明的过程。③ 它确实混淆了质和量，还完全放弃了目的论。它猜测精神必须在宇宙事物的演化中起作用，不然诸如"生命"或"精神"这样的不可还原的本质如何产生？但在阅读了舍勒的前期著作之后，我们有这样的印象，即本质不是实在的！现在，我们被告知它们存在于神的心灵中，但它们似乎是无力的，除非它们被动地吸引着不完全盲目的爱欲。

尽管如此，这种形而上学愿景是激动人心的。舍勒提出了一种在心灵和宇宙范围内的内战，在其中如果一方被摧毁，另一方也将一同消失。高尚的心灵必定会被这样的战争吸引，因为只有在战

---

① *Gesammelte Werke*，Band 11，S. 267.

② Maurice Dupuy，*La Philosophie de Max Scheler*：*Son evolution et son unité*(Paris：Presses Universitaires de France，1959)，p. 644.

③ 弗朗西斯·邓洛普(Francis Dunlop)的建议，即舍勒在其后期的著作中关注过程而非实体，在我看来似乎没有解决建立精神和欲求的相互联系的问题。舍勒的抽象纲要没有为我们研究一种过程——依我看，它必须是经验的而非形而上学研究的对象——提供任何基础。参见 Francis Dunlop，"Max Scheler's Idea of Man：Phenomenology vs. Metaphysics in the Late Works，"*Aletheia* 2 (1981)．

争结束之后，恢复才能发生，使生命本身看起来很成功并值得为之奋斗。在如舍勒晚期一篇论文标题所说的"均衡的"世界中，双方在康复了的、重新整合的人格之更高统一中得以和解。① 这种愿景可能会对生活中的实际事物产生有益的影响。这种形而上学观点如果不是救世的，至少也是建设性的和教育性的；它的目的不仅仅是理智的综合，而是对生命与心智之间争议的事项进行锐化，以便与自己和解以及与同伴团结的成就，能在创造了个体性和共同体可能性的诸多力量中产生共鸣。在舍勒后期作品中，我们在一个战场上达成了统一愿景，这个战场散布着由冲动激发的偏狭愿景的尸体，这些愿景是欲求的党羽。而关键问题必定是，这个战场是否已经清楚地被划界。我认为它没有。

妨碍我们划分这个战场界线的另一个困难是，舍勒关于本质域的存在论地位的观点是不清晰的。人所体现的精神是本质域的意向活动的相关项，在舍勒早期著作中这种相关项是描述现象学的对象。 *190* 在后期著作中，例如在《观念论—实在论》的已出版部分，本质的地位似乎介于观念之物和实在之物之间。后期关于形而上学的手稿提供给我们的是一种本质存在论，即宇宙中基础的行为主体和力量的学说，因此它是实在的，尽管没有能力抗拒中心的生命欲求。舍勒引用经院哲学家的术语断言，本质"存在于与经验的实在事物的关系中，既不是**先于事物**，也不是**超越于事物**，也不**在事物中**"，而是**通过事物**（cum rebus）②。它们由普遍生命（Alleben，Universal Life）创造，与此同时，作为被造物由绝对精神创造。这个立场与舍勒的现象学一致，因为舍勒始终坚持本质由知觉对象"承载"；它们在事物之上或者与事物一起被经验，并且只有现象学的反思才能使它们成

---

① "Der Mensch im Weltalter des Ausgleichs," *Philosophische Weltanschauungen*, *Gesammelte Werke*，Band 9.

② *Gesammelte Werke*，Band 9，S. 120.

为研究对象。人的人格通过他向本质域的开放而以意向的方式被构造；他不创造本质，而毋宁是神秘地领会它们，尽管是模糊的，而且它们被认为是基于自然立场领会的**先天**可能性根据。在现象学的著作中，人格的**爱的秩序**指导着这种结构化借以发生的过程，因为我们的爱和恨所肇始的价值知识先于所有其他性质的知识。正如在前期作品中，特定的人，甚至整个历史时期的群体精神所获得的关于实在性的本质结构的视角，可能是片面的，甚至可能被**怨恨**之类的精神疾病所歪曲；同样，在后期作品中，本质知识可能被作为我们内在生命冲动产物的生存利益所歪曲。

这些思想在人类个体的认知结构方面所产生的困惑，源于在人类心灵中逻辑的或先验的与遗传的或因果的事件秩序之间缺乏一个清晰的区分。这种缺失再次体现了，意向于意义和价值的精神，以及设定实存的生命欲求之间未解决的冲突。确实，尽管我认为舍勒在其知识社会学的"质料问题"研究中①寻求一种先天综合，也就是说，要获得对指引人类精神形态展开的因果秩序的必要洞察，并且，尽管他经常坚持认为，本质的存在论必须从现象学的和科学的实事中获取其质料，而且必须与这些实事相一致，但他似乎对人类精神如何通过其与世界的生动交往而被构造缺乏清晰的认识。理解舍勒对"原初的"（primary）这个术语的使用是困难的，例如，他在其后期手稿中对海德格尔的讨论，他在其中认为，在人之中，理性比忧虑（anxiety）更原初，而忧虑又比勇敢更原初。② 这个术语对他来说指的是一种时间的或一种逻辑的秩序，还是它们两者？虽然《人在宇宙中的地位》是精致的，而且我也认为它是对在这个世界中所发现的心理机制种类的仍具有科学有效性的描述，但是，它最终没有解决

---

① "Probleme einer Soziologie des Wissens," Ⅱ, B, in *Die Wissensformen und die Gesellschaft*, *Gesammelte Werke*, Band 8.

② 手稿出自 *Idealismus-Realismus*, Part Ⅴ, "Das emotionale Realitätsproblem," *Gesammelte Werke*, Band 9, S. 266-279。

如下问题：人的精神，作为一种也许不可还原的现象，是否由大脑皮层节点的数量和组织的扩展而因果地进化而来，或者，精神现象是否可以被理解为普遍生命的一种不可思议的飞跃？

## 四、人和神

当我们进入大宇宙，进入存在本身的根据时，这些考虑变得更加令人困惑。迄今为止尚不存在的且本质未知的"精神"是通过事物（cum rem）创造的吗？同时，"精神"作为原初现象是从普遍生命中产生的吗？另外，精神在历史中的详细旅程——舍勒更像黑格尔主义者而非现象学家那样看待它——在我们现在拥有的舍勒后期著作中并没有相关说明。更重要的是，无论科学还是形而上学，这两种被假定为形而上学洞察力的源泉，都无法接近普遍生命和原初精神的旅程，而这两者似乎是同时期的，只有在世界被创造的时候才进入彼此对立。精神提出计划（propose），也许，生命欲求加以处置（dispose），正如舍勒在后来的手稿中所写：

> 一切可测量的并具有数量（强度）的活动都原初地产生于生命欲求（Drang）。在精神与生命欲求结合之前，它本质上不能够行动。这种情况类似于生命欲求，在它与精神结合之前，它既不具有"理性的"目标，也不具有计划。精神显然能够在生命欲求之外描绘一幅关于它自己与世界的完全和谐的图像。但这种描绘将会是（1）不运动的和（2）理想的。它只有在生命欲求的合作下才能够实现它所想的、所爱的、有意肯定的东西。生命欲求就其本质而言渴望（crave to）假定一种最大限度的实在性，但首先，在本体统一中精神的"任其发生"（non non fiat）必须容许它的活力成为现实的，而且把它幻想中的计划与那些"可能的"

*192*

和"有意义的"计划关联起来。①

这个强有力的愿景[一切事物都起源于精神之爱(agape)和生命的爱欲(eros),以及世界过程是欲求与精神的一种渐进的相互渗透(Durchdringung)],是对"乐观的"柏拉图主义——它把给混沌的宇宙带来秩序的力量归于精神或者"善",同时也是对那些"悲观主义者"——例如尼古拉·哈特曼和美国的乔治·桑塔亚纳,他们接受了观念无能的观点,并且在精神及其理想的领域中,以一种令人尊敬的孤立状态,从物理世界中寻求庇护——的一个极好的修正。然而,这个愿景依赖于一个可疑假设,即普遍生命漫无目标的冲动,最终将在精神的理想中认识到它们自身隐约渴望的善:以最小的努力实现最大的实在性。冲动确实没有任何内在理由实现这种认识。尽管如此,舍勒写道,生命欲求中的爱欲因素认识到:"'善的形式'和'美的东西'是最大的、质的多元性中最高的统一。"②因此,按照精神在引导事物实现的过程中,通过驾驭普遍生命对现实的强烈欲求所创造的本质存在论结构,世界的创造可能会发生。正如整全的人格产生于这种斗争,自有者(Ens-a-se)这种胜利的统一也同样产生于战斗——这种战斗在假定它们是世界真实结构的行为中创造出理想的结构。

在《论人之中的永恒》中,舍勒按照艺术家—作品之间的关系,推导出关于神创造世界的西方观念的现象学。所以,在后期作品中,他对神的看法是,神是创造世界的神圣艺术家,但不是按照以前建立的模式(ideae ante res,观念先于事物);而毋宁是,受造事物的模式、意义和重要性在创造本身的秩序中显现。真实的"小宇宙"因此193 不仅仅是在心中(in mente)融合了大部分本质域的"受过教育的人",而毋宁是天才,先锋——当他创造时,他创造了风格、媒介、形式、

---

① *Gesammelte Werke*,Band 11,S. 192.
② *Gesammelte Werke*,Band 11,S. 188.

内容，甚至他的受众。创造和发现之间的对照似乎不适用于舍勒的观点，因为普遍精神以同一的行为发现和创造，如尼采的名言——它成其所是。精神只有在物质、权力和生活的领域中才是无能的，相反，在它自己的本质域是相当多产的。人类，正如我们在《人在宇宙中的地位》中看到的，参与了这个世界的形成，因为我们把精神和生命结合在一起。我们处于生生不息的洪流之上，自己有能力创造新的结构、新的可能性，而且有可能在行动中实现它们；它们将与生命的力量相结合，无论我们多么具有精神性，这种力量仍然在我们之中燃烧并引起偏好。当我们通过还原和升华的过程而变得更具精神性的时候，我们就促成了自有者本身的形成。我们在宇宙中的"地位"是神的助手。

我不得不放弃这个宏伟而崇高的愿景，这让我感到痛苦。但我必须这样做：不是因为无法"验证"这一粗浅的理由，因为形而上学的问题，以及它在我们这个时代几乎完全被抛弃的原因，不能简化为"可验证性意义标准"这样简单的事情，这始终只是它被抛弃的一种症候，而不是原因。我离开的原因在于：这种思辨的而非描述的形而上学，本质上是一种**愿景**，而且，就其本身而论，受到强光与幽暗对比的影响，这两种情况，对于习惯于通常的灰色或要求清晰度与一致性而非灵感的眼睛来说，已变得不可容忍。当我们研究舍勒对神的看法时，我们很少看到某种可区分为稳固结构和清晰过程的东西；关于小宇宙也是如此。我们没有获悉，例如，在原始人和小孩儿中，爱和忧虑、可能性以及残酷的现实性之混乱状态，如何逐渐地让位于秩序，以至于个人可以成功地存活，并且头脑清醒。舍勒告诉我们，本质结构的**先天**秩序被心灵通过使我们向本质域开放的爱的行为占用，而且，当这些本质以独特的方式被人们运用于理解这个世界时，人们关于本质的知识也得到扩展。因此，世界与人的人格，在时间中穿过一个由爱所引导的过程，显现出来，爱打开新的可能性，而且这些可能性中有一些被生命力实现了——当这种生命力接受那种精神中心及其观念的引领时。在这种解释中，我担心舍勒与柏拉图一样，在他努力制造一种精神宗教时混淆了诗和科学。

194　　舍勒的赤子之感，即我们对绝对者——他所说的涌现的心灵（emerging mind）的原初洞察[①]的第二种——的亲熟和参与，是愿望与成就的混合体。否定我们能够认识存在者的完满及其在绝对者中的和谐，并不等于肯定伦理和知识的相对主义。舍勒本人提出了绝对主义形而上学的一种非相对主义的替代方案。可以思考他在《伦理学中的形式主义与质料的价值伦理学》中阐发的现象学的三个贡献：①论证观念具有一种独立于物质的存在，同时论证它们在人的心灵中的演变并非简单依赖于生物的进化；②阐明先天之物和意向感受秩序（**爱的秩序**）在我们前语言的世界理解中的作用；③论证物质中的因果顺序和心灵中的逻辑顺序，其中之一种不能被还原为另一种，它们也并非根本上有区别的和独立的，而是本质上交织在一起的。最后这个友善的想法，有待现象学的探索，但舍勒并没有加以阐发；相反，在后期文章《观念论—实在论》中，他在形而上学层面上探索观念论和实在论的中间地带。舍勒似乎不曾认真考虑过这种可能性：这个占用（appropriating）本质域的过程可能不是一个纯粹逻辑过程，而是一个包含学习并因此能够经验地加以研究的过程。然而，他很少认为学习过程的心理学（对于我们理解观念领域的占用和进化至关重要）对他的方案是必要的。没有这样的研究，舍勒注定会混淆观念发生的和逻辑的次序。

　　舍勒后期思想本可以有一个不同的转向。他可能仍然是一位现象学家，并且与他后期理论所暗示的副现象论作斗争，在其思想的真正根源中，他对于这种副现象论基本上是反对的。这种斗争可能

---

①　*Vom Ewigen im Menschen*，*Gesammelte Werke*，Band 5，S. 92-95.

是现象学地进行的，也许是通过考察知识如何可能决定兴趣，而不是相反——通过考察兴趣如何决定知识；如今这种相反情况已经成了哲学的一种迷信。对于一个反对伦理相对主义，并且在伦理相对主义和柏拉图式的、康德式的伦理绝对主义之间找到一种非凡的，也许是成功的折中方案的人来说，认为精神在决定人类生活进程方面完全无能为力，这种观点是令人厌恶的。如果知识受到生命欲求制约，我们怎样才能克服它所引起的偏好呢？一种"纯粹的"本质现象学——它将为基于科学的和自然立场的知识提供根据——究竟是如何成为可能的？假如舍勒把他的晚年奉献于发展这些有价值的想法，他或许能获得比一种思辨形而上学的残破躯干更大的成就。依 *195* 据他现在的理论，心灵在其中通过它向本质的开放而被构造的过程，以及进一步地，这些结构在最深层次（在其中"世界"被"构成"）上运行的方式，仍然是一个谜，一个舍勒将它转移到其思辨形而上学中的谜。

尽管我们的世界解释——我们最深层的，可能至少部分是无意识的形而上学——会有差异，但所有人都模糊地觉知到的共同结构确实存在；只要诱发偏好的生命欲求能得到控制，同时应用佛教的解脱技巧，这种共同结构最终就可以充当阶层、性别、文化和种族之均衡的基础，这种均衡正是舍勒所渴望的。但是，我从未原谅过舍勒晚年向形而上学的转向，尽管它的目标可能是融合以及世界文化，但它本身过于片面和不确定，以致不能推进那一进程。历史似乎已经对它作出了这样的判断。现象学、科学和形而上学似乎没有实现舍勒所希望的融合，而舍勒晚期哲学的发展方向，不幸地证实了他之后那个时代心智的解体。

# 第十三章
# 哲学人类学

　　在本章及随后一章中，我们将尝试从舍勒的晚期著作出发，去恢复其哲学人类学对于其教育学、政治理论之可能影响，与形而上学相比，哲学人类学保留着重大的哲学价值与意义。我先回到本质的概念以及关于世界之统一性的观念，并以前一章的结论的简要概括来开始我们的讨论。

　　第四章关于舍勒的"本质域"作了专题讨论，由此我们已经发现，这一观念至少有两个新的发展方向：其功能性方面得到了拓展，其复杂性方面得以加深。在第十二章中，我并不对出现在晚期作品中的这种功能性的拓展抱有热情。本质是纯粹现象学描述的对象，这种观点舍勒保持了十五年，此后他想要在宇宙生成的过程中赋予本质以物理学的特征。在舍勒晚期作品中，认识本质就是认识实在的结构特征的起源，因为它是从自有者中出现的；不仅要认识在世界中可发现的意义因素，而且要认识实在本身的结构与界限。可以肯定的是，舍勒继续认为本质是无力的，也就是说，他继续拒绝将柏拉图归于理念的那种创造性作用赋予本质；在舍勒看来，一只狗并不是神创造的"狗本身"的不完美的影子。作为关于"事情本身"的实事，本质则更像可能性而不是现实性，更接近意义而不是事物。本质并不意味着它是在某个实存对象之上实现的。而且，舍勒继续坚持认为，任何形而上学体系都只能追求"可能为真"的东西，而且必须与现象学的被给予之物相符合。他非常骄傲地声称，由此产生的形而上学知识是为了服务于绝对者本身的改造（Umbildung）。[1] 通过形而上学，人们不是简单地"拥有"（haben）一个世界，而是要参与（teilhaben an）绝对的实在。

　　从本质现象学向形而上学的飞跃，在诗意上是令人叹为观止的。通过施行"任其发生"（non non fiat），被动地向冲动延展——也就是 *197* 舍勒所谓本质的"诱饵"，精神以其活动神奇地实现了它潜在的本质可能性。[2] 这个诱饵激发生命冲动为本质的实现助力。这样一个过程的可能性意味着，本质有某种力量，尽管这种力量是虚弱的。既然本质作为绝对精神所意向的可能性，为现实设定了限制，那么本质就必须具有某种力。然而，赋予本质以力量，这是与舍勒的本质之无能（impotence of essence）的说法相矛盾的。而且，要让冲动与精神相分离，从而将它们用作决定世界生成的力量，这种需要不仅与现象学的方法相矛盾，而且也和现象学的实事相矛盾。我们的确经验不到作为精神与欲求（Geist and Drang）之战场的最基础层次的实存，但是关于这种现象学类型的冲突，我们可以给出很多例子，比如说柏拉图著名的例子：一个人病态的好奇心战胜了理性，他惊恐地盯着被处决罪犯的丑陋尸体。正是由于这些困惑在他晚期作品中普遍存在，我表达了希望舍勒继续作为现象学家的愿望，而不是坚持他的"可能为真"的形而上学。对于形而上学，就像对于宗教思想一样，如果人类生命的价值与意义要得到证明，我们在人性和宇宙中所了解的最伟大的事——精神，就一定要以某种方式在世界上活跃起来。舍勒试图将盲目的冲动和无能的精神捏合在一处，这种

---

　　[1]　参见 *Gesammelte Werke*，Band 9，S. 77。
　　[2]　只有冲动和精神是恰如所言的原现象（Urphänomene）吗？看似如此，但舍勒在其他地方指的是非派生的本质，例如据他所说，价值的每个层级是非派生的。

悖论性的尝试赋予人性以重要性和尊严，这是单凭现象学无法提供的。

在第四章的讨论之后，本质的概念也经历了一次深化。我们现在知道，本质的类型是不统一的。当然，有价值本质和非价值本质；有在逻辑的纯粹概念结构中"发现"的本质，也有在周遭世界、命运和个体的使命（或者我们之前暂时作为"召唤"加以界定的东西，那是为了让它和个体命运的概念联结得更紧，舍勒无疑也想那么做）中发挥作用的本质，它们建构了个体的人格。虽然所有的本质都在构成任何人类语言的特定意义结构中发挥作用，但有些本质比另一些有更深层的奠基，这是就如下意义而言的，即把握"更深"的本质必须是在不那么深的本质可能被给予之前。这也就是舍勒所谓各组本质的"先天的奠基秩序"，用此前的例子来说，通过"活动"这个词符号化的本质比由"因果关系"符号化的本质奠基得更深。此外，奠基得越深的本质越是普遍，并且属于所有文化和文明的自然立场。我们必须从它们之中寻找文化多样性的起源。

尽管我没有在舍勒的任何文本中找到支撑，但他有可能将这些奠基秩序设想为水平方向上相互关联的，就像一棵树的分枝可能和另外一些树的分枝交错在一起，而不仅是单一的垂直结构。如果他这样做了，他将如何把本质域设想为一个统一的领域，以及人类小宇宙在这个领域总体中的参与形式就会变得更加清晰。在舍勒后期作品中，原现象是与"观念"相对应的意向相关项——诸如"精神"或"生命"，它们不能只是建立起更高级的观念，而且可能在一种尚未被发现的普遍语言中与所有其他本质互相关联，这样，本质域就可以成为一种逻辑上统一的结构。或许正是本质的水平方向的相互关联，使得隐喻成为可能。这是一个非常深刻的问题。它关系到心灵扩展其关于意义结构的知识的方式，而没有立即求助于感觉经验。奠基秩序的理论为关于语词意义的语言学研究提供一种理论框架，将隐喻解释为不同语义场的重叠的产物。进而言之，我们如何能够"看出"诸如"善"和"太阳"——且用柏拉图著名的比喻——那样的本质之间有意义的相互关联，对于这个问题的解释，可以促进一种人类心灵的新模式的发展，这种模式建立在现象学的实事和我们关于大脑及其功能的现有认识的基础上。

我所熟悉的所有大脑活动的计算模型似乎都无法解释这种心智现象，因为心灵能够发现意义结构，而这些意义结构不只是预先的意向对象的新构型。人的心灵与人格一样，如果不面对乍看起来非常矛盾的创造与发现的独特辩证法，就无法得到理解。心灵走进世界，在世界中从其他对象那里发现其自身。它在这些事物上发现了本质结构。它并没有通过自身的活动创造任何东西，然而正如舍勒指明的，爱揭示了存在与价值的新的可能性，那些可能性给人类精神投放了"诱饵"。它们像启示一样出现在有限的心灵面前，而且不必惊讶的是，有强大能力去发现那些可能性的人，会把自己看作创造者——其他人也这么看。实际上他们就是创造者，因为他们的心灵不只是在计算感官输入的东西，并将经验概念应用其上，而且以新的、迄今为止未被怀疑的方式，使得他们在事物中发现本质结构 *199* 的功能化，并使这些结构成为力的周遭世界——舍勒称之为"先天的"——来指引他们将来的经验。

我们的本质知识能够扩展到个体或共同体"世界"中固有的本质之外，这一点是确信无疑的。共同体并没有受缚于其自身的认识范式或语言游戏，心灵也仅仅是对预先被给予的先天知识进行重新构型。我们学着以新的方式看待世界，并去意向关于世界的本质实事，人类知识的进步并不只是可获得信息的进步。舍勒的知识社会学的作用在于，指明共同体的本质知识能够被转化和拓展的方式。而且，本质在水平方向上相互关联，这个论点与舍勒最后岁月中特别思考的两个问题相关：人在宇宙中的本性与角色及其教化，以及人类的未来。因为仅当本质域是一种系统地相互关联的领域，而且其中的本质，尤其是在较低的奠基层次上的本质，具有相互之间的共同含义关联时，以下说法才是有意义的：某个单独的宏伟神圣的心灵所意向的是整体结构，而一个宏观意义上的人类主体只能够把握结构的部分，但在理想状态下可以通过进行持续的现象学的反思来感知其全体。这样，我们就可以把冲动与精神的形而上学理解为启发式的和道德的模式，并从中恢复舍勒晚期哲学中有价值的内容。①它引导着对本质域的探索，并提出了一种对神的世俗效仿，在这种效仿中，人类精神学会在其世界中反思本质域，因为那是神性的精神所意向的。②通过促进人们之间的凝聚，以及对危及个人与社会分离的紧张状况的"均衡"，它提供了人的世俗救赎的途径。在人类之中，本质域的未来统一与完满之可能性可见一斑。

因为舍勒生前未能完成其哲学人类学，去推测其最终可能获得的成就会是徒劳的。我们在《人在宇宙中的地位》和遗著中看到的那些内容，有可能显示为一项未兑现的许诺，或者是一片高贵的废墟。因此我的建议是，彻底思考他留给我们的有关教育与文化真正目标的更加完整的描述，由此我们尽量去获得未完成的人类学的图景。通过力求领会他所提出的人的教化途径，我们将理解舍勒关于人的学说。良好的实践少不了优秀的理论，舍勒的教育实践思想，对于人的生成以及人格从人的生物体中闪现而言非常重要，它是建立在其关于人之本性的发展理论上的。

可以肯定的是，残存的哲学人类学作品中，有很多本身就非常有价值。舍勒对他那个时代的生物学和心理学理论的理解和回应，与他自己对人类的认识形成了鲜明对比，是值得注意的。例如，舍勒在《人在宇宙中的地位》中提到，如果弗洛伊德的升华说是对的，并且"超我"完全是社会和进化因素的产物，那么令人无法理解的是，超我如何能让自身与快乐和现实原则有效地对抗，而快乐和现实原则最终又产生出超我。舍勒论辩说，只有当欲求遭到与其不同且不能被还原为欲求的原则的反对时，我们才有理由断言精神目标和生命目标是不同的；否则，超我只不过是在新的伪装下实行本我的欲望。只有这样，我们才能说精神是**引导**生命的，而不是生命为了自身的有效控制而**设定**了精神。正如舍勒所指出的，我们不可能理解，在弗洛伊德的模型中本我究竟为什么要做那样的掩饰。在弗洛伊德的人类心理模型中，可怜的"自我"似乎在两种明显不同的力量之间颤抖，这两种力量是本我和超我，可能暗地里联合起来反对它；这种心理模型对现象学的，甚至可能对临床的案例事实而言都是不充分的。自我——而非作为其行为的观念统一的人格——不是具有上千张象征面孔的生命力量的玩物，它可能变得非常具有构成性特征，以至于与精神而非欲求保持一致。对舍勒而言，在产生生命转变、人格转变、先天洞察力方面，教育的道德力量是显而易见的，它反对这样的观点：为了从其自我中拯救人，只有回到无意识才能有所帮助。

　　舍勒哲学人类学的核心概念，小宇宙—大宇宙的理论，是从形而上学中出现的。宇宙中可见的两种最初的原现象是：**精神**与**生命**。世界的这两种本体论根基的特性向舍勒提供了古希腊的"小宇宙"概念之应用，因为精神和生命也是出现在人之中的。舍勒援引亚里士多德的话说："就某种意义而言，人的灵魂中具有一切。"[①] 如果我们富有启发地解释这个宏大的形而上学概念，就可以这样来解读舍勒：他在最后发表的文章中所提出的，不仅有我们在最后一章中避开的宇宙图景，而且还有一种**人类图景**——它是宏伟而美丽的，也值得 *201*
深思，甚至在今天对我们所有关注普通高等教育理念之维护的人而言，也是如此，普通高等教育不只是为人们的职业生涯，还要为他们的道德教育做准备，而他们在为可能作为新世纪命运出现的一种

---

① *Gesammelte Werke*，Band 9，S. 90.

世界文化而做准备。

小宇宙—大宇宙，这两个词有着贯穿全世界很多文化的复杂历史。我们首先在西方的阿那克西美尼残篇中碰到宇宙和人之间的同构观。[①] 舍勒对这两个词的使用并非不同寻常。可能有一种方式可以表达这种区分背后的思想，也就是说，有一条不可见的线将较大的宇宙和这个小些的宇宙——人连接起来。这种说法既是隐喻式的，也是形而上学的，因为这样的"线"并不是现象学地被给予的。然而，有一些现象表明了它的存在。希腊语中的"cosmos"既有"整体"也有"和谐"的意思。显然，这个整体是由无限数量的各异的事物组成的，因此，如果我们要说由多构成的某个整体，就必定以某种方式强加了一种**秩序**，随附于个体方面。我说"随附"，是因为对希腊人的思想而言，宇宙原本不是有序的，这是就其本身或固有的方面而言的。赫西俄德所说的宇宙是与混沌相对的，混沌是"洞开的，张着大口的虚空"，是无序的黑暗，世界作为一个宇宙原本就是出于其中的。对古希腊思想来说，混沌与宇宙的对立与丑/不和谐—美/和谐之间的对立相类似；因此他们很自然地认为和谐和美是宇宙的根源之一。这样，"宇宙"的概念就具有了"和谐的整体"的复合含义。但是从混沌到宇宙的转变的根源是什么？是什么样的力量作用于原本的虚空或基本物质，从而产生了一个宇宙？前苏格拉底哲学家以伟大的诗性智慧思考了这个主题，舍勒的宇宙起源论有着同样的精巧之处。马克斯·舍勒选择放弃传统的犹太教—基督教的上帝概念——上帝就凭一句"要有光"从无中创造了世界。取而代之的是，自有者的精神，伴随着永恒的欲求，从所有的永恒之物中脱颖而出，使自身成为相对于欲求的本质域，欲求被唯有本质才能向存在提供的丰富的意义诱饵所俘获，让它们的力量转向精神设定的目标。精神设定的

---

① DK 13，B 2. "正如我们的灵魂，因为气而将我们维系在一起（sunkratein），呼吸和气萦绕着整个世界。"

目标是实现尽可能多的肯定性价值。大宇宙因此从盲目欲求的混沌、
生命本身的力量以及无能的精神中产生。这个过程在人类的小宇宙
中不断重复。我们人类作为小宇宙，要参与这种世界创造，实际上
也是随附于它，因为任务还没有完成。本质域就像人格那样，只
是一种观念的统一；它的统一是人类与上帝共同奋斗的任务。只有
在嵌入生命力量的人类精神之中，并且通过它，自有者才能意识到
它自身，通过精神的途径，我们也才能意识到自己与造出我们的那
些不可想象的狂野生命力量相对抗。

如果说大宇宙生成其自身的关键在于人类拥有鲜活的本质认识
的活动，这种活动努力去把握本质域的更广阔空间；那么大宇宙自
身生成为一个认识者的关键是什么？舍勒的答案是深刻的，但也模
棱两可，这反映出现代西方世界思考人类的完善（或者至少是改善）
途径的模糊性。我们西方文化一方面形成了"教化"（Bildung 或 paid-
eia）的概念，所有这些术语都是指个人通过共同体并在其中受到道德
和心智的教化。我们文化的另一方面强调的则是，个体灵魂神圣化
的概念以及对神圣的渴求。这就是所谓"雅典之路"与"耶路撒冷之
路"，让我们想起马修·阿诺德在《文化与无政府状态》（1869 年）中所
作的著名区分。然而我们发现，舍勒并没有走向耶路撒冷，而是转
向了恒河流域去寻求其神圣化的概念。关于佛教，请容许我再多言
几句，因为佛教为舍勒后来对胡塞尔的批评提供了一个有意思的基
础，舍勒的批评与他对现象学方法的再思考有关。然后，我们会再
回到"教化"的概念。

我曾经提到，舍勒晚期著作越来越频繁地讲到佛教。这种兴趣
可能不足为怪，如果考虑到他放弃严格意义的基督教信仰而求找宗
教经验的新形式这一事实。而且，他的"总体人格"的概念，关于东
西方之间紧张关系的均衡即将到来的信念，以及他对不同阶层与文
化的成员凝聚一起的希望，考虑到这些，舍勒晚期对伟大而陌生的

亚洲文化的兴趣就可以得到理解了。然而，舍勒对佛教之道的兴趣还有更深层次的原因，那就是它通达其本质的本体论的核心。佛教恰恰是这样一种修行，它尽可能地将精神从冲动中解放出来，让精神获得自由去静观世界。如果说舍勒想要以佛教修行的严格追求作为特别适合现代人神圣化的形式，这样的假设在其留存下来的文稿中是找不到依据的。但是，他表现出一种关注，即通过佛教的冥想来平复或减轻意识的主观因素，并将冲动和身体对物理环境的趋向置于"掌控之下"。另外，他也关注意识中对象因素之沉淀，以及关于外部世界实在性的信念。这种信念落后于胡塞尔的"加括号"；但舍勒关于这种"加括号"的评论，在我多年前第一次阅读胡塞尔时就给我留下了深刻的印象：它的人为性。舍勒写道：

> 中止单纯的实在判断，当然是幼稚简单的，但是，要使实在于其中被给予的那些（不由自主的）功能失去效用，从而消除实在本身的因素，却是非常困难的……这种实施还原的方式上的简化，让胡塞尔付出了高昂代价。仅仅通过中止存在判断，人们根本看不出"开花的苹果树"（胡塞尔的例子）应该有什么**不同**；人们根本不知道新的对象世界如何**只有通过这种方式**才被打开，它并非已然包含在自然的世界观之中的。[①]

这个新的对象世界，是通过苦行和冥想修炼来的，佛教徒称之为"真如"，舍勒叫它"本质域"。在另一层次上，还原也释放了纯粹的真如或舍勒所说的被给予之物的"如在"（Sosein）。这一概念无疑是与舍勒早期著作中所说的通过感性知觉被给予的"图像"相关的。佛教徒说，要达到这一境界可能需要有道行者几辈子的冥想修行。对舍勒而言，还原的过程并不少费力，而是更加明确，因为在悬置了

---

[①]　"Idealismus-Realismus,"*Gesammelte Werke*，Band 9，S. 207.

意向性行为中的实在因素之后还有八个阶段。随着还原程序的进行，意向性行为中的被给予之物不断充盈，因为心灵从实在的建构中解脱出来，而后者依据的是由欲求产生的"事物、特性、统一性、相似性、有效性"之类的范畴。人格摆脱其欲求而获得自由，正如佛教徒所说的那样，自然立场被"放下"，五蕴（sense-qualities）于其真如（suchness）中呈现，而本质则与其感知对象分离开来。这里没有什么新鲜的或与舍勒中期对现象学方法的分析相对立的东西，但与佛教的关联使其精神与欲求的本体论在方法层面得以显现。204

　　激发舍勒接近佛教的那些目的，与我们当代西方世界常见的借用佛教的方式形成了对比。就我的理解而言，佛教提供的方法，不仅要让心灵从身体，而且要从**它自身**当下的、虚幻的形式中解脱出来。对于现代的某些观者而言，佛教特别有魅力，因为它否定了作为道德责任对象的自我的统一性和实在性。摆脱了自我，人的机体的自发性据说就得到了保证。这种解脱也削弱了西方人将心灵和身体捆绑在一起，或者将心灵看作身体中的不速之客的倾向。佛教从根本上否定心灵有任何中心、任何统一性和实质的实在性。在这样的心灵中有的只是意识的状态，它"缘起"于五蕴（skandhas）或构造人类的种种"法"（dharma）。因此，心灵如何驻扎在身体中并通过身体而活动的问题，就从根本上消失了。剩下的唯一问题就是治愈非实体的自我关于自身实在性的幻觉——这种幻觉出于身体的贪欲，也可以说出于欲求，以使其从伴随着这种幻觉的痛苦中解脱出来。一旦幻觉消失，轮回（samsara）境域也就消失了；留下的或者是"真如"，经验者和经验之间的距离于其中消弭，或者涅槃。

　　显然，没有什么比佛教对本质域和人的自我的否定，甚至对我们人格的否定，更远离舍勒的事业了。尽管如此，佛教教导的很多美德不仅需要各种文化均衡之成效，如坦诚、宽容以及对仍身陷轮回者的同情，还需要有宇宙的未来生成：超然于低等种类的价值——

善业、克服贪欲，特别是关注在事物中被给予的本质——本质向勤于思考的心灵展现自身，而不是关注感知的对象，因为它们在自然立场上显现为我们的贪欲的焦点。我无法判断舍勒是否认为佛教的真如思想关涉他本人所讲的本质，舍勒意义上的本质是事物具有的意义结构，这是对处于自然立场的人而言的，或者如佛教徒所说，是对陷于轮回世界中的人而言的。如果是的话，我想他是误会了——佛教不仅否定在自然立场上遭遇的对象的实在性，而且否定本质。一切皆"空"（sunya），真如不过是一种现象的"踪迹"，是此在（Da-sein）与如在（So-sein）、实存与本性都被克服后留下的踪迹。

205 然而，佛教的真如概念，尽管易在反思中被给予，其哲学影响还是难以揣摩的；佛教徒追随他们的师父，很少为了哲学思辨本身而参与对其修行界限的思辨中。

我们现在来讨论大宇宙通过人的小宇宙的努力而形成的过程之中的第二个因素，也就是阿诺德所说的"雅典之路"，或教化（paideia）的成就。谈论教育的"道德目标"对现今的教育者而言是司空见惯的，但至于那个目标是什么，或者它是如何实行的，人们对此还有很多困惑。很多人认为，医学院的学生要学"医学伦理"，法学院的学生要学司法伦理，等等，这些要求都是充分的。这一政策预设的是，知道在某些情况下去做道德上正确的事情的人，也会有意向那么去做。此处假设了认识意味着意动（conation）——如果不存在无知识的德性，那么一定不会有无德性的知识。这个简单的谬误触发了很多学校的课程设置。一种进一步的假设激发了课程决策。个人观念的自主性是基本的道德立场，学院和大学的功能也被以为仅仅是促进学生个人道德观念的形成。因此，学校或教师在任何社会和道德问题上不可以采取原则性的立场——如果采取，就会是强加在学生的自主权之上的，并会阻碍其人格的道德发展。另一方面，有些学校也预设了特定的道德立场，并期望学生坚持合乎那个立场的道德纪律。这样的例子比比皆是，如军事学院以及与宗教信仰有关的学校。一些主要的大学，也代表了一种以世俗人文主义或多元主义著称的道德姿态。它们所设定的立场恰恰是个人主义的和相对主义的平等主义，这一立场上培育出的是宽容、柔韧性、心胸开阔以及团队精神。我提到这些事例，只是为了将当今世界与舍勒所代表的立场作一个比较。

舍勒的教育模式，在其毕生著述中都有阐述，并且凭一份特别的坚持得以发展至其生命终末，它很大程度上依赖于对哲学人类学的洞见，那些洞见是他为该主题的未竟之著所阐发的。他的教育模式旨在服务于人这个小宇宙的生成之目标，达到目标的途径是本质直观的实践，如我们所见，这种实践受到某种佛教训导的促进，在其中欲求变成"通过精神的"（durchgeistet），也就是说，充分运用了它们的自然生物功能，以便自由地接受来自精神的新方向，这个过程能让欲求得到"升华"。通过占有世界本质结构的方式而获得的人 *206* 格的自我实现，其精神动机是爱——大宇宙的自有者之本质特性。舍勒在其为教育而拟的大纲文本中简要地陈述了他关于人的哲学：

> 归根结底，人们可以将真正的人类精神和自然的功能追溯**到三种基础的决定因素**……①通过**实事**（Sache）的内容来确定主体，是与通过冲动、需要[或者]有机体的内在状态来确定主体相对立的。②对世界的非占有性的**爱**超拔于冲动与事物之间的一切关系。③区分"being thus"（本质）和"being-that"（存在），以及获得明察"本质"的能力——本质是通过如下方式直接展现其自身的：取消或切断我们与作为欲望对象的世界之关系，并且弱化与这种关系相关联的存在印记，而[明察]对于所有偶然事物和具有同样本质的事例是有效的并持存为真的（先天明察）。

因此，谁要是否认了人的先天明察，不知不觉地，就会变成动物。[①]

为精神而非欲求所决定、对所有存在和本质的爱、进行现象学的本质直观的能力，舍勒关于人类的哲学具有的这些基本因素，决定了他关于所谓"全人"（Allmensch）或普全之人通过教育的方式而生成的设想。舍勒无疑会争辩，获得这种对所有存在和本质之爱的途径是在施教的一方，就像孩子们从他们父母所实现的爱中，学着去感受日后成为配偶和父母所需要的那种爱。正如佛教徒靠的是历史上的伟大宗师和觉悟者的传说，以之为人类精神能够企及之成就的有益例证；舍勒也强调教育中德性的榜样价值——特别是在中小学教育中。为了达到为现象学明察打开了本质域的对存在与本质的爱，我们会被神性的自有者本身的榜样所引领。

上文所引的第①点看来有些奇怪，但它的意义在反思中变得清晰起来。舍勒在此指的是人专注于对象的本质的能力，而不只把它当作我们的欲望决定要对其作出反应的环境对象加以关注。在舍勒的早期著作中，他称这种对内容的关注为出于自然立场的单纯感受，人们以那种方式将对象理解为某物或别的与符号相对应的东西——这里的东西是一张桌子。这种认识上的理解需要一种能力，一种动物那里所没有的能力，舍勒在《人在宇宙中的地位》中论辩道：它让人类有了在现象学反思中得以完善的观念转向。我们能够向自己发问，什么样的质料呈现于让我们可能将桌子理解为桌子的那种理解中？这样的问题现在被语言学和关于大脑以及大脑活动的心理学所占据；对舍勒而言，他们仍然是精神和世界的现象学的问题，我们以此来尝试解释自然立场上的"世界"。

随着人的本质直观的能力的增长，整体的视野向其敞开。本质

---

① *Philosophische Weltanschauung*，*Gesammelte Werke*，Band 9，S. 100.

和本质关系，包含着所有国家和人民的世界观中作为功能化本质的先天内容，也就为人所熟知。正如有非凡之人所言，"没有什么人类的事物对我来说是陌生的"，个体人格能够理解并让其自身实存的部分成为所有人的行为、判断和信念的深层统一。这样的人接近大宇宙的立场。他们处身于自己的时空，但并不偏执。对于现象学反思中未被给予的事物之存在，他们意识到人的信念的局限性，但并不惧采取形而上学的立场之风险。他们爱着在那个立场上向其展现出来的有序世界，但他们毫无渴求——这或许是古希腊人节制美德的当代表现。他们以这种方式创造了自己的世界，但创造的元素则是由人人皆可及的意义模块所提供的。他们自由而自主，但属于普通的人类世界，能够比大多数人更清晰地、带有更多共鸣和道德信念去反思这个世界。他们是有教养的人，是舍勒意义上实现了文化理想的全人。

然而，我在舍勒晚期的形而上学转向中看到了他的教育学方案所面临的危险。在此前章节中我提到，舍勒设想了一种几乎和弗洛伊德的自我与本我之间的战争一样激烈的"心灵的内战"。舍勒将战场设定在生命欲求和精神之间的一个点上。在这场战争中，如果一方被摧毁，另一方也会倒下。对于那些敢于获取生命强度之极限的人而言，这种学说意味着一种激励、挑战和机会。然而，这一机会又带来了什么呢？在出自《哲学与世界观》的一篇关于教育的论文中，舍勒引用了他以为是品达（Pindar）的一种说法——"成为你所是者"。有可能，这所是者是一个人。但是，在这篇文章的一处脚注里，尽管舍勒提醒读者回到《伦理学中的形式主义与质料的价值伦理学》中有关这个观点的更完整的讨论，我们还是发现此处的描述与之前有些不同。舍勒在这篇晚期论文中写道：

> 人之中精神原则的存在……是作为我们所知的世界根基之

属性之一的**一种**神性精神的自我浓缩。"人格"的统一只是具体的行为中心的统一，是按照奠基规则在其结构中得以有序化的行为的功能统一，**不同的**行为可能处于统一的至高处（作为最高位的价值）。它虽然与世界根基有关，但**不是**一种实质的统一，因此也不是一种"创造"。但就其个体本质而言，人格的个体化并不借助身体和遗传能力，也不是通过由欲求的灵魂功能而来的经验，而是**借助**并**经由**人格自身。①

　　这段最后的表述是很不明晰的。它提出人格的统一是**自因**的——类似斯宾诺莎的上帝，但人们还是会认为真正的原因来自外部，来自大宇宙，来自不断进化的自有者。我得出这种解释是因为如下事实，即舍勒晚期著作中的形而上学如此具有活力和创造力，以致人们很容易陷入其中。然而，这种情形的现象学实事并不支持这样的观点。我现在是什么人，在某种程度上是固定的。我就是我现在所是的同一个人，哪怕我还是个小孩子；我的人格呈现在我的每一个行为中，并由此"在时间中成长"，随着成长，我发现先于存在的本质可能性。随着成长，我向已经存在的本质域的不断扩展的部分敞开自己。我既不创造新的本质，就我所知，也不参与世界的创造，甚至可能不参与自我的创造。如果我不在某种意义上先于那种行为存在，我究竟如何能够成为我的个性化行为的根据？如果先于行为存在，而我作为独特个体的出现依赖于自身范围之外的事物，那么我作为一个人的整体性如何能得到保持？更简单些说，在何种意义上，根据舍勒后来将人看作小宇宙的观点，我和将自己个体化的那个人，也就是成为我的那个人，是同一个人？

　　舍勒晚期的形而上学还提出，自有者是尚未完成的，人类小宇宙必须参与世界的创造。这一为了人的整体性而提出的观点之含义

　　① *Philosophische Weltanschauung*，*Gesammelte Werke*，Band 9，S. 105.

是值得考虑的。本质域不再是完成了的，作为关于世界的不变实事现成地等着被发现；那些实事仍在被创造的过程中，与舍勒早期否认心灵活动的创造性相对的是，我们将参与创造。为了宇宙存在能够显现，人格的统一在其担当全人的宇宙角色时被遗忘了。当然，对于世界的统一、紧张状态的均衡，或自有者最终生成为其自身，我们并不能保证这些都能达成。因而，大宇宙层次上灾难的可能性，会危及人格与世界相统一的启发作用；在对人格作为现实而不是理想的统一之预测中，舍勒将我们作为个体的命运与宇宙的命运系于一处。教育不再是促进我们人格展开和深化之活动——就像"教化"（paideia）概念所表明的那样。全人心目中有一个比其自身整合更高的目标：宇宙的生成。为此，他必须富于创造，并走**出**他自己，抑或如尼采所说——他必须"下沉"。因此，人有消失在不断扩展的经验之流中的危险，如果还有什么留下，那就是自我的经验史或谱系学；正如舍勒在《论人之中的永恒》中提到的"为世界的统一性作担保的上帝"，也会在不断进化的自有者中消失。这也就是舍勒被指为"泛神论"之处。① 舍勒虽然讲"拯救"，但他似乎是指从冲动与精神之间的**紧张**中得到解脱，而不是每个个体的人格完满；但是在佛教中，所有的个性，其实还有全部的人格，都在觉悟之日消失了。与此类似，在最近关于尼采的一本著作中，亚历山大·内哈马斯强调，在尼采那里，随着他日益投身于视角主义和意志，人格的统一性与整体性的基础（不论其权力意志可能意味着什么，这个问题是他很多著作关注的核心）消失了；人格消融到一种踪迹中：一种权力意志的

*210*

---

① 晚近有昆汀·劳尔指其为"泛神论"（"Four Phenomenologists," *Thought*, 33，183-204，June 1958），但这个提法最早是詹姆斯·柯林斯提出的（James Collins, "Scheler's Transition from Catholicism to Pantheism,"in *Philosophical Studies*，edited by John K. Ryan，Westminster：Newman Press，1952，pp. 179-207），另参见其文"Catholic Estimates of Scheler's Catholic Period,"*Thought*，19，pp. 671-704（December 1944）。

第十三章　哲学人类学　　　　　　　　　　　　　　　　　　　　　　**243**

发生地。① 与此类似，就其形而上学构想而言，舍勒的"人格"也面临着被吸收进远大于它本身的某个东西之中的危险。这种矛盾心理是令人不安的——虽然其构想是富有教益的，但它的追求会使人格淹没在一个无边的世界里。

诚然，类似的评论也适用于舍勒晚期的神的概念，他越来越多地将其称为自有者、世界的根基或精神—欲求。后面这一对术语是仅有的本质范畴，他的考察沿袭了斯宾诺莎主义的脉络，我们从中能够感知神性。在《知识的形式与教育》中，舍勒借此标示出他对基督教的背离：他指出，他没有将世界的生成归于神的创造活动——"作为有神论的延续"，而是归于"任其发生"，由此，充满神性的精神释放了魔鬼般的冲动。有神论的模式至少是建立在艺术家—作品的隐喻上的，保存了世界作为作品的统一性，这种模式体现出一位创造者的技艺所赋予的统一性。在舍勒晚期形而上学中，"人格"和"世界"的种种统一有被一种动态的形而上学清理的危险，这种形而上学在世界、上帝和人性中发现了延续不断的、自发的精神发展，然而是朝向一个尚不确定的未来的发展。舍勒形而上学中所描绘的处于其不确定性中的人的人格之新图景，是否与现象学的实事不相符合？在最后一章中，我们将不得不追问，"全人"究竟是不是一个"人"（Mensch）或人格。

---

① Alexander Nehamas：*Nietzsche：Life as Literature*（Cambridge：Harvard University Press，1985）．参见 Eugene Kelly，"Review Essay：*Nietzsche：Life as Literature*，By Alexander Nehamas，"*APA Newsletter on Teaching Philosophy*（Newark，Delaware：American Philosophical Association），88，pp. 170-174（November 1988）．

第十四章

# 人类的未来

从基本原子和沙砾直到上帝是这样的**一个**[价值]王国。 *211*

这种"统一"并不意味着封闭。

——《爱的秩序》("Ordo Amoris,"

*Gesammelte Werke*，Band 10，S. 357.)


## 一、本质的亏缺

在前一章，我担心上帝和人会在精神与欲求、精神与生命之间的斗争中迷失，那是舍勒预设的大小宇宙中都存在的演化机制。我对"精神"和"生命"这两个概念并没有疑问——只要它们是在现象学意义上被理解为世界中可见的本质，也就是说，被理解为意义的结构，在某些情况下，作为能够在现象学直观中自身被给予的存在可能性。在它们完全是简单的意义现象因而也不需要进一步奠基的含义上，我也会同意说它们是原初现象。它们在自然立场上的日常意向性行为中发挥作用，也可能通过那些行为被给予。人们在其日常活动中寻求精神与生命价值的实现。有人写信给他的朋友、吃饭、养家糊口、听交响乐——所有这些现象各不相同的活动都预设了意向性的行为，而这些行为的本质结构先天包含了精神和生命的本质。

但当这两种本质成为在自然界的物理进程中运作的力量时，它们运作于**其中**的存在就会迷失，然而真实的存在是**他**，而不是它们。换言之，并非"生命"在我之中运作，而是我是有生命的。我"负载"了生命的本质与价值，它们"依赖"我才可见，但使我活着的并非生命。现象学的目标是再直观（re-intuit）生命现象，并理解语词所赋予的意义结构。相比较而言，形而上学家想了解的是，世界究竟如何存在，使得本质在现象上得以显现；因此，他们也越过了被给予之物。

请容许我将困惑置于初看有些异样的语境中。最伟大的德国诗人和诗歌是歌德和他的《浮士德》。文艺复兴的传说告诉我们，《浮士德》讲的是一个人将他的灵魂交给魔鬼以换取力量的故事。歌德笔下的主人公关于这场交换有更深刻的动机：他想要获得比书本中所能得到的更多的对事物本性的理解。他最初想成为小宇宙并且知道"……是什么力量让世界在最深处统一"（…was die Welt/Im Innersten zusammenhält）的希望破灭了，因为地灵（Earth-spirit）出现在大宇宙的迹象中，让他发现他并不能了解自然（physis）的终极本性。他被失败逼得要自杀，在他决定要自杀的最后一刻，听到了复活节的钟声敲响了基督的福音，他忏悔了。梅菲斯特出现了并给他提供了至少一次机会，可以通过直接的经验去认识事物本质上属人的一面：爱、冲突、艺术以及世俗权力。于是这两位（魔鬼与人）开始了从荒谬到恐怖、从崇高到实用的冒险。如果浮士德不能理解世界，至少他会以最快的速度跑遍世界，尽可能地吸纳他的这位同伴能够提供的任何生命和精神体验；这真是很大一笔交易，因为魔鬼毕竟不仅是"永在否定的精灵"（der Geist，der stets verneint）——事物中的一种相当消极的角色，而且也是世界的主人。

人们可能认为，浮士德与魔鬼交易的目的是邪恶的，因为如果他达不到目的，他就要把灵魂交给地狱：他向梅菲斯特挑战，要让他看到这个世界上所有光辉的事物，足以让他愿意放弃新的体验，哪怕只是片刻，为了享受那个事物稍长久一些。只要他对任何体验到的东西说"停留片刻，你是如此之美"（Verweile doch，Du bist so schön），他就要把灵魂交给魔鬼，可能是因为对有限而短暂的现象感到心满意足就能证明他不值得再去冒险。浮士德认为自己知识渊博，无论多么讨喜的表面现象都不能让其腐化。他是因为如下想法的刺激而要自杀，即如果不能把握事物的本质，他永远也不会满足于对事物表面现象的享受。当被浮士德问及名字时，梅菲斯特对他的嘲笑并不是没有原因的："这问题微不足道，先生对言语总是非常藐视，总是趋避一切外表，而只探讨深奥的本质。"①当浮士德最初要以理智的方式加入绝对者的渴求被地灵拒绝时，浮士德藐视终极认识，也许还想刁难地灵，后来却以人类卑微的方式成了魔鬼的门徒。他的新生命是浪漫的冒险家式的，受制于心灵的激情、精神以及永远都不完美的身体，他寻找但一无所获，向往绝对者但从未获得救赎。这样一位受苦者最终耗尽了他的精力，终结于"厌倦"（ennui）这样一种 19 世纪常见的心灵状态，这个状态也被克尔凯郭尔高明地捕捉到——以其《或此或彼》和《人生道路诸阶段》中的"青年"（引213诱者约翰尼斯?）形象。这个青年是浮士德和梅菲斯特的合体——浮士德寻求而无获，最终他追求的东西变得不确定；而梅菲斯特冷漠地认为："……生成的一切/总应当要归于毁灭。"②

浪漫的主人公是唯美者，他们想在事物现象的显现中获得有魅力与有趣味的东西，这也是自然人的自然立场，但浮士德的冒险是出于对拒绝向他展现其最深处本质的世界的怨恨。他是一个"充满怨恨的人"，失败的形而上学家特别容易陷入这种状况。他有激情但没有爱，也不能成为哲学家。他最后的救赎是不确定的，很多评论者

---

① 原文为德文：Die Frage scheint mir klein / Für einen, der das Wort so sehr verachtet, / Der, weit entfernt von allem Schein / Nur in der Wesen Tiefe trachtet. 中译文引自《浮士德》，钱春绮先生中译本，下引该书亦同。——译者

② 原文为德文：…alles, was entstehl / Ist wert, daß es zugrunde geht. ——译者

这么说，但都缺乏说服力。基督教怎么能给一个完全沉浸在现象世界和他自己的感受状态中前奔的人以救赎的希望呢？激情所欲求的只是片刻的满足，然后再次开始它的前奔；爱希望知道被爱者，抓住被爱者的本质，就像雅各与天使摔跤，除非获得其祝福，否则不会放手。浮士德放手太快了。

当然，吸引舍勒后期思想的佛教并不推荐以冒险来治愈轮回中固有的痛苦。然而，佛教的确提出了一些技巧，可以成功地，甚至是幸福地——但总归是在审美意义上——遇到早期大乘佛教哲人龙树讲的这个世界之"缘起"，即生灭现象。例如，禅宗教导克服自我与世界二分的办法，以及如何成为真如所是之处。在佛教中，正如梅菲斯特展示给浮士德的世界，其中没有本质，而只有诸种"法"（dharmas）。我的意思是，在其晚期著作中，舍勒对佛教的兴趣是这样一种征兆：他背弃了关于本质的现象学本体论，而拥抱了浮士德式的流变，在这种流变中有些本质消散了，新的本质在生成之生生不息的洪流的趋迫下出现，它们是暂时的、转瞬即逝的水滴，而非那些固定不变的意义结构——它们是人类拥有世界之可能性的根基。我并不是说舍勒抛弃了《伦理学中的形式主义与质料的价值伦理学》中形成的本质概念，而只是说这个概念与他去世前似乎要走向的本体论之间有着张力。本章剩余部分将讨论其晚期思想的教育学与政治学的方面，一种统一的本质域仍然不无启发地在其中发挥作用，并成为他道德理想的灯塔。在此，我们将看到他晚期思想中最有希望和最活跃的特征。

## 二、全人的教育

古典道德学家认为，德性伦理学必须包含"人之所是"与"人之应然"——如果他能达到自然已经为他规定的目标——之间的差别。对亚里士多德来说，有德性的人在施展其才能的社会和心智活动中过着一种理性的生活。因为我们的自然目标是理论的和实践的理性活动皆要参与的。我们已经知道，舍勒将德性解释为某种能力，而不是某种活动。然而，其晚期人类学著作——我们在上一章已经讨论过——为他的伦理学的进一步扩展奠定了基础。如果达到了自然目的(telos)，人作为其所能是者(as-he-could-be)在精神与生命的本体论中就被给予了一个形而上学的基础。这种人类本体论是与舍勒的信念紧密相关的，这一信念是从其早期著作中延伸出来的，即认识活动不可以从遗传学的角度来解释，但必须被设定为一种宇宙的本体论特征——人作为常言所说的人猿和天使之间的杂合生物身处的那个宇宙。如果没有与超越我们的事物之关系，我们人类的存在是不可想象的，这种关系最基本的特征是人"拥有"一个世界。在这种关系中，我们不仅作为其小宇宙参与现有实在的本质结构，而且有机会与神圣的自有者共同创造人与世界的关系。

在早先的《伦理学中的形式主义与质料的价值伦理学》《爱的秩序》中形成的德性概念，以这种方式被运用于知识传递和转化的历史学和社会学进程，在舍勒看来，这个概念根植于自有者与其自身的原初斗争。全人升华了他内部的生命力量，他的精神成了辽阔的存在与本质域的观察者。他对宏观世界、本质域的看法，摆脱了遮蔽着大多数是其所是者(men-as-they-are)的洞见能力的动物性偏狭与历史偶然性。在晚期著作中，德性很少由实现肯定性价值并抑制消极价值的能力构成，而是在人自身的精神中被动地反映世界的本质结构。可以说，全人成了生命实现精神所预想的可能性的渠道。因而，舍勒的哲学人类学对其伦理学而言有着很大的关联性；在其基础上，他对20世纪人类的命运发表了非同一般的评论，并对这种命运遭遇有远见卓识。

古代人深知，关于作为其所能是者(man-as-he-can-be)的任何理论所提出的核心问题都是教育学的问题：我们如何能使一个人从他所是变成他所能是？德性是可教的吗？舍勒肯定会说：德性可教。

教育的功能——它何为（Wozu），何往（Wohin）？——正如舍勒所理解的，是造就一个成年人在其知识结构中有效地反思生成中的世界（world-in-becoming）的本质结构。在《知识的形式与教育》中，舍勒用了一个几乎不可能译成英文的词——"Bildungswissen"，字面意思是"cultivation-knowledge"（教化知识），这种知识"是一种本质知识，它是从事物的**一个**或某些富有意义的例子中获得并整合的，而且，它成为理解活动的形式与规则，或者说，是同样本质的所有将来经验的全部偶然实事的'范畴'"①。这里的观念与舍勒多年前形成的概念相一致，即现象学的实事及其作为所有将来经验先天法则之功能化。要进入教育领域，我们必须准备接受作为人类向其敞开的整个意义领域的本质域概念，以及主要致力于个体创造的教育概念——个体在与世界的日常感知遭遇中，尽可能多地将本质域的部分带入被给予与功能化的过程中，并且在他们的思想和行动中通过反思那个领域，而成为一种小宇宙。从舍勒的教育学著作中，我们可以概括出如下的方法原则。教学就是在四个层次上使学生参与。①带着**一个人可能取得成就之愿景**的激情参与——特别是在中小学教育中，学习榜样的生活经历因此会起到重要作用。②带有被给予之物的本质结构的理智参与。现象学的本质直观替代了柏拉图式的辩证法，成为舍勒教育学的主要技艺；学生要学会看清被内在生命力量所遮蔽的东西。③为了真善美，对学生的爱的参与。爱是源自欲求并使精神具有力量的唯一有效的推动力。④为了愿景之明晰、深邃和宽广，学生们**相互之间共同奋斗**的参与。舍勒早期著作所描绘现象学的指明（phenomenological Aufweisen）过程，是学者们齐心协力所致；在晚期著作中变成了知识分子共同体中的**凝聚**模式。

与第四种参与相关的关键概念是"均衡"（Ausgleich，balancing-

———————————

① *Gesammelte Werke*，Band 9，S. 109.

out)。舍勒并没有给这个术语正式定义，因为他无疑是想让它成为描述性的，而不是解释性的或形而上学术语。在标题带有这一术语的文章中，他用其描述走向他所处时代视域的历史方向。他认为这一术语捕捉到了 20 世纪特有的**世界命运**。[1] 全人或"普全之人"的 216 **实现了的**小宇宙的**命运**，促进了新世界的均衡与生成过程。均衡意味着一种预先存在的张力、一种相反或对抗方向上的推拉，这样，一旦达到均衡，原先不均衡的事物成了协调的整体，也就没有了张力。舍勒心目中的张力是在精神和生命之间的，它是我们在政治领域见到的特殊张力的根源。正如我们之前提到的，此处有一种柏拉图《斐德若篇》伟大的御车之喻的映象：普全之人是御车者，他能够驾驭激情（thumos）与欲望的冲动之马，而不致翻车，具备关于目的的理性知识的全人则指引它奔向某处。在精神的控制下得以约束的冲动就是爱，在政治舞台上，爱表现为在共同斗争中与同伴团结一致。这个概念的确是被题写在很多旗帜上，也被 20 世纪的种种命运所承载。人与人相互凝聚的共同奋斗永远不是为了征服，而是为了和解；人们的视野从不狭隘，而总在渴求普遍性，以便能够把握人人皆是公民的那个世界本质上的完满性。这样一个共享的世界，让我们想起舍勒较早的看法："就是这样一个世界，于其绝对客观性而言……是上帝的。"[2]

### 三、均衡的政治

在《均衡时代中的人》中，舍勒指出了他所知的世界上存在的各种紧张局势，那是 1927 年年末他写这篇文章时。他提到的紧张关系有：种族之间、伟大的文化统一体的"心性"（mentalities）之间——尤

---

[1] "Der Mensch im Weltalter des Ausgleichs,"*Philosophische Weltanschauung*，*Gesammelte Werke*，Band 9，S. 151.

[2] "Die Lehre von den drei Tatsachen,"*Gesammelte Werke*，Band 10，S. 411.

其是欧洲和亚洲、男人和女人的精神之间、资本主义与社会主义之间、上层与底层阶级之间、世界范围内文明的不同层次之间、年少与年长之间（关于两者典型的精神态度）、职业教育与学术教育之间、体力劳动和脑力劳动之间、国际的与国家的经济利益之间，最后还有代表了相互竞争的哲学世界观的各异的**人的理念**之间。舍勒认为，紧张状态的解决——均衡，会产生人的内在精神的成长。

要达到这种均衡可以采用什么样的政治途径？关于舍勒的政治学主题，我本想专门写一章，英语世界对这个问题没有深入讨论，[①]舍勒在英语世界的受欢迎程度因为他的政治观点的误传而受到消极影响。[②] 一些讨论政治学的遗作，现在发表于《舍勒全集》第 13 卷，展示了舍勒政治关切的后期演进，受他对第一次世界大战中德国一方的坚定支持以及随后几年德国政治乱象的影响。让我来发挥一下那些残篇中出现的看似奇怪而且有些麻烦的基本观点，即关于政治完全不涉及纯粹道德原则的设想。例如，舍勒在 1926—1928 年为一篇文章而作的概述中写道：

> 政治行为和道德行为[Verhalten]（同样是遵照法则的行为）本质上相互排斥。任何一种政治都不符合道德规范——无论内政还是外交。
>
> 政治与道德根本不同……什么是政治？政治是对权力的追

---

① 拉斐尔·斯陶德(Raphael Staude)撰写的出色而生动的舍勒传记中有关于舍勒时代的政治环境背景的大量描述，但缺乏从哲学的视角对舍勒政治思想作详细分析(*Max Scheler*，1874—1928：*An Intellectual Portrait*，New York：Free Press，1967)。斯蒂芬·F. 施内克(Stephen F. Schneck)的《人与城邦》(*Person and Polis*，Albany：SUNY Press，1987)讨论的是舍勒思想的政治学视野，而不是这位哲人与当代德国政治的具体问题的演变关系。

② 昆汀·劳尔(Quentin Lauer)指出，《哲学与现象学研究》中的文章是美国伦理学家在第二次世界大战后对舍勒很少关注的原因之一。参见 *Philosophy and Phenomenological Research*，2（March 1942）；Quentin Lauer，"Four Phenomenologists，" *Thought*，33（January 1958）。

求，它建立在权力欲求的基础上，它渴求的目的是在共同体机制中价值秩序的限度内实现肯定性的价值。什么是道德？作为一种命令系统，道德是一项技艺，用以实现存在于个人之间私事中[某人的]精神特质的价值秩序。[①]

我想我们必须以如下方式来理解政治与道德的分离。首先，我们来回顾一下，道德原则仅仅是舍勒的一般价值论的一个部分。只有某些肯定性的价值才是道德价值，而且与所有的人类活动一样，有时要为了比道德更高的价值牺牲某些特定的道德价值。一个人最高的道德使命是德性，也就是提升他实现各种肯定性价值的力量，尤其是精神性的与宗教性的价值。作为国家责任承担者，政府的职能也是寻求实现肯定性的价值，但只是特定类型的价值。国家机构与个人的主体之间的区别在于，政治活动主要是为了实现生命的而非精神的价值，尤其是其公民的健康与福利。舍勒认为，精神鼓舞是家庭、教会和学校而不是政府的功能。政府及其代表（**作为政治家**），不像个人那样能接受广泛的价值观。他们必须采取行动去实现民生不可或缺的目标——主要是经济调控、建立公共卫生机构，以及国内外平安保障。这虽然给政府介入社会福利提供了可能性，但显然也拒绝了寻求确立特殊的道德、精神和宗教价值的各种形式的极权主义。因此，在其权限范围内的价值观并不像对个人开放的价值观那样，产生出道德义务的理想的应当（人应该总是做正确的事）。

政治不是某些道德学家所要求的"应用伦理"，也不是其对立面，即政治不像马基雅维利主义者所认为的那样，只是权力利益的领域。的确，国家从未承担规范义务，并没有权威可以对国家说"你应当"。[②] 然而，尽管有这样的免责声明，政治要有"使命"（Bestim-

---

① *Gesammelte Werke*，Band 13，S. 43，48.

② *Gesammelte Werke*，Band 13，S. 53.

mung)去尽可能实现数量更多的客观的肯定性价值。"使命"作为一种行动的要求是非常脆弱的，然而舍勒没有讨论对政治活动更强的道德要求或限制。如果国家行为阻碍了更高价值的实现，那么它可能会受到来自道德的角度的合理批评——例如，如果国家想要控制大学和教会。但我们可以从舍勒对政治活动的分析中汲取教训：既然均衡是由人类精神达成的，那它就必须来自人，而非出于政府。

我们现在很容易发现，舍勒似乎并没有看到他之后的一代人的命运。在他去世后不久，德国开始以焚书、将知识分子推向死亡或流放，以此阻碍更高价值的实现。他曾身处的欧洲社会结构中经济和政治局势日益紧张，结果就出现了世间前所未有的大屠杀，在死亡和毁灭之后的和平根本不是安宁，而是"冷战"。如此高深的智慧怎么还会如此盲目？但舍勒关于文明命运的思考，的确描绘了我们在第二次世界大战后的时代所经历的很多事情——有一个值得注意的例外。我不只是说，东欧剧变、苏联解体，阶级之间、社会主义者和资本主义者，抑或市场、经济的紧张关系的不断均衡日益明显；我也不仅是指在舍勒时代的德国可见到的均衡，第二次世界大战后德国发展了一种政治经济模式，被更年轻的国家学习，有时也被效仿。还有更多方面：我们可以看到，在对舍勒关于其时代命运的理解中，其他领域的均衡过程也很重要。

男人和女人之间的紧张关系，已经成为 20 世纪的一个重要话题。在一次女性主义主题的会上，我宣读了一篇关于舍勒的《论妇女运动的意义》①的论文。尽管论文中舍勒提出的观点遭到一些听众的质疑，一位女性主义哲学家后来也撰文尖刻批评了舍勒的这篇文章，② 我还是觉得，舍勒文中的提议属于已有的更敏感的讨论之

---

① 载 *Vom Umsturz der Werte*，*Gesammelte Werke*，Band 3。

② Hilde Heine，"Comment on Max Scheler's 'Concerning the Meaning of the Feminist Movement'，"*Philosophical Forum*(Boston)，9，pp. 55-59(Fall 1977)。

列——至少就男性作者的著述而言。他没有以任何居高临下的方式看待女性——像男性转变为女性主义者通常做的那样，并真诚地邀请妇女在男性主导的世界中取得一席之地。他呼吁世界变得**更女性化**，也就是说，更充满女性精神，正如女性自己所发现和定义的那样。尽管在舍勒活着的时候关于这些话题的争论已经有不同的说法，但依然存在的是，男性与女性的精神之均衡的观念，以及女性融入之前由男性主导的处境，这已经成为今天的现实——仍用舍勒的话来说，它已成为现代世界"命运"的一部分，我们这一代和下一代人的任务是对这种命运作出回应，并明智地掌握其进程。舍勒在 70 年前就谈到，如何让我们的文明反映出更多的女性精神立场；今天妇女们更多地融入市民社会，以及这种融合所带来的精神收益，都证明了舍勒敏锐的远见卓识。

而且，我们的文明已更具有世界性，更能放眼世界，其居民的日常生活方式也更加一致；并且在某种意义上，正如舍勒所说，它必将在政治上更加统一。这些发展并非像报刊上的专家告诉我们的那样，仅仅是飞机、传真机和互联网这样的现代技术产物方面；正如舍勒所说，它也是我们对"邻人"的态度与评价的**精神转变**的产物——无论"邻人"是异性，还是遥远国家的公民。我们现在知道，甚至那些与我们的文化有着天壤之别的人，也成了我们议会中令人瞩目的、可敬的一员，成了我们的精神共同体（Gemeinschaft）的一部分，对我们坦诚相见，我们也对他们心存同理并予以普遍关切。

就我所见，舍勒对作为其时代命运的"均衡"之探讨，有一个例外是在**哲学**层面上的。对于今天很多哲学家宣称的人类知识与文化中四分五裂的现象，并不能追究到传统上作为宇宙和人之核心的上帝或灵魂之死，而是由于本质域的崩坏。一个值得注意并值得仔细反思的现象是，随着世界在其政府机构、法律、教育以及技术的基础设施方面越来越统一，知识分子越来越确信的是，世界上各种文化和语言是不可通约的：在某个文化中受教育的人或许不能在相关意义上"理解"另一文化中起作用的概念结构和图式。由此看来，甚至人的语言结构也会受到不可克服的特殊性的影响，例如，孔子所处的中国春秋时期特有的概念不能完全翻译成伯里克利时期雅典的语言。还有一些哲学家坚持认为，哲学在当代世界的唯一出路在于对文本的解释学探索。这种哲学认识到人类主体的根本处境，即人是"解释者"或"叙述者"，而不是"认知者"，从而否定了人们进入一个独立于他们所创造和解释的文本之外的世界的一切途径。解释被认为是纯粹心智特征的活动，而解释者在其解释内容上留下了不可磨灭的印记。文本不具有"本质"，对其解释无所谓对错；文本的意义存在于解释的过程中。在相互理解和共享知识中，我们最能够寄予希望的是，对解释者与解释内容之间关系的有条理的解释。

当然，这种观点在西方并非普遍接受的。当世界统一的普遍趋势日益增强时，哲学内部的运动却走向分裂。这种分裂不仅因为人们天真地接受了文化相对主义，而主要是由于要从整体上消解西方文化的心智结构的强烈要求，但人们并没有积极地去发现替代那些结构的途径，也没有将其消解后留下的德里达式的"踪迹"融入更广阔的世界文化中。在场的形而上学拒绝了事物的统一性，终结于实在性和多样性的意义之毁灭。所谓"哲学的终结"，除了心智上的麻痹、拜占庭式的烦琐分析或不得要领，似乎什么都没留下。

我们不需要深入当代哲学的晦涩领地去寻找本质域崩坏及其后果的症候。世界的心智结构在某种程度上是固定的，这一观点遭到反对，理由是被视为本质之载体的客体本身消散了。具有整体性的感知对象在 20 世纪初被消解了。艺术家的意愿取代了实事求是，解说者对客观上不可及的未知世界加以主观调适，并宣称对那些细枝末节进行了深度探索。事物并非如它们显现的那样——除非对于据说是万物尺度的个体而言，而"真理"本身只对个体有效。

不可否认的是，从对象中获得的这种自由，使得艺术家们能够探索新的意义领域；但对于个人"世界"相互分离以及人们之间不可通约的描述未免太过草率。舍勒现象学的一个重要作用在于，将观 222 念结构的所有转译交付给事情本身，当事物现象自身被给予，它就可以用来确定任何语言结构所能及的意义范围，从而否定了那种不可通约性。通过对共同的本质域的沉思，不同文化和哲学可以超越它们自身视角的界限，各种文化之代表可以展开共同对话。除了致力于跨文化理解的种种努力的内在困难，舍勒还看到，原则上没有什么理由阻碍一个雅典人去理解在中国周代有文化素养的代表的判断中起作用的本质和本质关系。舍勒想再一次运用哲学中的这种均衡，将古代佛教应对生与苦之技艺融入其中，成为欧洲文化的一种鲜活的内容。在《均衡时代中的人》关键的一节中，他写道：

> 一种真正的全世界范围内的世界哲学正在形成——至少是这样一种运动的基础正在形成，它不仅为印度哲学以及宗教的佛教形式中关于生命和存在的最高原理提供了历史解释，同时，也检验它们的**内涵**，并使之成为其自身思想中**鲜活的**因素。由古代、基督教和现代科学所建立的精神形式并没有被放弃——如果企图放弃，则是错误之举，关于现代人的形象将在其根本方面得以更改，而且在很大程度上也是以此为途径的。[1]

毫无疑问，在我们西方的学界感受到这种发展之前，还有很长的路要走。我想附带说一句，1989 年我参加了在夏威夷大学召开的第六届东西方哲学家大会，那时我几乎确信不可通约性的学说，并认为舍勒的倡议毫无用处。与会学者相互间的礼貌和尊重，与东西方学者无法共同进行哲学思考形成了反差。几乎完全没有真正参与

---

① *Gesammelte Werke*，Band 9，S. 160.

的共同对话，这令人感到有些悲哀。个别与会者关心的是与来自外国的同行就他们自己领域的学术问题交换意见，但这种对话很难说是哲学的。这不足为怪，因为参会的很多西方哲学家似乎相信这些交流在哲学意义上是徒劳的，因为他们认为在其中进行的各种语言游戏是不可通约的。自由的实用主义者只是指出，缺乏这样一种"挂钩"，它可以用来悬系那些将不同"话语"得以建构的多样的文化和政治语境搭接起来的论证；他们并不在共有的本质实事经验中寻求基础，以进入印度教和佛教所呈示的文化空间。舍勒的"均衡"概念提供了一种温和的但是决定性的途径，并不是为了让某人自己的话语"有效"，让别人的失效，而是为了在同样的天平上——在反思性的直观中可及的本质域——权衡多样的话语及其内部校验系统，以求实现它们之间的相互贯通和共同启蒙之目标。在我们的后现代时代，这种目标对于启蒙观念的恢复而言非常重要，它对协调的进程寄予重要意义。新启蒙是其目的，如果一种新的人性概念会产生——替代作为话语**主体**而消亡的人性概念，这样的启蒙必须包含认知、伦理和审美的各异体系。然而，哲学家们目前很少努力去思考这些概念，很少使用这些概念并从其他文化的代表者长期反复处理的哲学问题的视角来表达自己的想法。总之，我们杰出的思想者们（美国哲学学会的六位前任主席参加了夏威夷的会议）离全人的理想依然遥远。

更多年轻的哲学家会这样来开始文化的协调：将我们关于本质域的视野拓展到其他文化所热爱的因而也是深耕熟虑的领域。他们必须学习汉语、印地语、阿拉伯语！我并不是说首先要学习这些语言的古代形式，因为我们并非要成为历史学家或语言学家，我们要作为当下的参与者，与仍在发展的历史传统现在的代表展开对话。我们将会理解有他们的本质知识沉淀于其中的语言结构。我们应该乐此不疲，因为我们受到"时代精神"的劝导：我们人类世界中没有统一性之可能，例如，因为文化构造和我们的不可通约，其他文化只能通过外在方式而得到理解，即通过经验人类学的途径。有一种本质知识的世界，它向我们敞开，等待着我们去热爱并征服——如果可以冒昧使用这种矛盾修辞的说法。作为哲学家，我们要紧叩中国、日本、印度和非洲文化的大门，准备与门里面的应和者一起进行哲学思考。只有在我们拒不出离自己的文化的情况下，文化相对主义才是不可避免的。正如在前面引文中舍勒所说，当我们学习异国的心智文化中本质知识功能化的不同方式时，我们仍然扎根在我 224 们自己的哲学文化之中。理解本质域新的范围并无损于自身的内涵。个体坚持他们自己出发点的客观性与真理也不会有什么损失。其实，就像舍勒在《伦理学中的形式主义与质料的价值伦理学》中论证的，这种真理总是**个人的**。这种真理并没有"划定"单独某一视角，而是试图在所有视角的根基处发现**本质**知识。政治学可能会按不同文化来区分人群，但政治学永远不会让共有的本质明察陷入不可通约的状态——即便是相互敌对的文化所共有的本质明察。只有当我们与他者面对一个心智的世界团结一致，认真对待"我们"的时候，我们才能认真对待"我"，才能获得我处身于那个世界的视角。

为了缓和后现代的文化分离状态，人们已经做了一些工作。在此我要提到 A. C. 葛瑞汉，前文也提及他在中国古代哲学方面的研究。虽然我有夏威夷会议的体验，但他让我相信东西方哲学家共事是可能的，他接近了舍勒关于全人的理想。通过我的朋友瓦尔特·沃特森的工作，我开始相信实现这种对话的技术手段近在咫尺，那就是：探究东西方哲学体系基本结构的一套现象学方法。①

---

① 在此推荐他的专著 *The Architectonics of Meaning*：*The Foundations of the New Pluralism*（Albany：SUNY Press，1985）。他的同事，戴维·A. 蒂尔沃斯在 *Philosophy in World Perspective*，*A Comparative Hermeneutic of the Major Theories*（New Haven：Yale University Press，1989）中将其建筑术技艺推及非西方哲学。关于 A. C. 葛瑞汉的工作，参见其 *Disputers of the Tao*（La Salle：Open Court，1989）。

当然，也可能我们来得太晚，本质域的概念在现代思想家的猛攻下已经消解了。正如本书导论中曾说的：拒斥本质、拒斥事物的核心、拒斥统一性，那是多么如释重负！然而到头来，这样开启的自由不过是一种混沌的视野，是与那些现象学的实事抵牾的。因为，通过对现象学实事的沉思，无论处于何种情境，事实上人能够真正获得统一性，能够真正相互理解。我不知道海德格尔是在什么样的环境或语境中说了他那句广为引用的话——"只还有一个上帝能够拯救我们"。也许，像海德格尔那样的人，从可说的转向不可说的，从言说转向倾听召唤，从此在的现象学转向守护存在，让我们感受到混沌如此强大，几乎不能再创造一个世界。

假如亨利·亚当斯重返今日世界，他会非常困惑。他会在科学中、在两性间、在我们建立的技术文化中看到统一性的范例，但是在我们关于人及其本性或者我们所寓居的世界的至为深刻的思想领域，他却一无所获。本章开头引用的舍勒关于包含在世界中的本质域是统一的但不封闭的原创设想，似乎坚持了这样一种统一观，它与亚当斯心目中的统一观非常相似——那是一种哥特式大教堂所追求的统一。然而，如果依据舍勒晚期作品，世界还有待创造，倘若本质域还在创造的过程中，那就没有统一性；演化出一个全新的世界和全新的人类之可能性，会让统观万事万物的希望陷入泥沼。难道我们必须放弃作为统一领域的现象学的本质概念？

也可能是我错了——或许没有一个总体的世界，可以让我们从中理解那么多不同的、往往是孤立的思想家和创造者对意义的看法——就像现在充斥着这个世界的一样。可能我们 20 世纪只能接受一种"去中心的"本体论，20 世纪的对新奇事物的渴求从牙膏一直扩展到哲学。尽管大众追怀经过电影的卡通版现实主义过滤的云烟往日，今天大多数人很难找到抵御世事流变之物并坚持到说出"停留片刻，你是如此之美"——哪怕有人发心要这么做。但我想我们至少可以肯定一种恒久的存在——人格。我已经准备要说，舍勒就是这样独特的人格，他应该停留下来，我也想这么对我自己说。我不是"无中心的，偶然而特殊的需要的[一个]随机聚合"，正如理查德·罗蒂受惠于弗洛伊德的发现，[①] 我不会让我的自我、灵魂或人格被解构或被化约为一瞬间的真如、一台基因生存机器、一套行为机制，或者一种从构成我的身体的五蕴（Skandhas）中产生的依存物；我可以肯定：现在的我和八岁时的我是同一个人，我在自己的每种意识行为中感受到我个人的存在——我的"本质的踪迹"，我活着，仿佛我是永恒的，即便我可能不是。我不确定我们会如何解释生命进程中人格的稳定性及其可能出于使我们成为人类的那种适应性的情感节奏。从进化生物学角度看，真的值得注意的是，我们大多数人对稳定的、连续的人格有着强烈的感受，它在我们的每一个行为中，是完全进化了的。它似乎没有一种适应功能，并且是动物所缺乏的。

浮士德，或者尼采——另一位审美化视角主义的倡导者，会对他自己说出"停留片刻"吗？尼采可能会给出肯定的答复，当他说"我的快乐必定证明所有存在是正当的"时，该表述被看作可悲的尼采式**狂妄自大**的一个经典例子。但是要注意这里的**"我的"**——生命中的快乐，作为对所有存在和本质的爱，是使一个人的人格存在向其自身显现的最伟大的揭示者。在为一种超人—存在而奋斗的过程中，一个人难道不能保持其自身吗？自身同一性的事实支持一种建立在本质踪迹之上的哲学——在此基础上，我建议我们不要放弃哲学中的本质概念。从人格的统一性出发，我们也许能够走向世界的本质统一性。

---

① Richard Rorty, *Essays on Heidegger and Others*(Cambridge: Cambridge University Press, 1991), p. 155.

第十四章　人类的未来

261

# 参考文献

## 原始文献

所引舍勒文本皆出自其《舍勒全集》(*Gesammelte Werke*)——1954 年起由玛丽亚·舍勒(M. Scheler)编辑出版，1969 年起曼弗雷德·S. 弗林斯(M. S. Frings)接手这项工作。目次如下。

Band 1：*Frühe Schriften*（早期著作）(1971). Edited by M. Scheler and M. S. Frings.

Band 2：*Der Formalismus in der Ethik und die materiale Wertethik*（《伦理学中的形式主义与质料的价值伦理学》)(1954，1966，1980). Edited by M. Scheler.

Band 3：*Vom Umsturz der Werte*（《价值的颠覆》)(1955，1972). Edited by M. Scheler.

Band 4：*Politisch-pädagogische Schriften*（《政治学—教育学著作》）(1982). Edited by M. S. Frings.

Band 5：*Vom Ewigen im Menschen*（《论人之中的永恒》)(1954，1968). Edited by M. Scheler.

Band 6：*Schriften zur Soziologie und Weltanschauungslehre*（《关于社会学与世界观学说的著作》)(1963，1986). Edited by

M. Scheler.

Band 7：*Wesen und Formen der Sympathie-Die deutsche Philosophie der Gegenwart*（《同情的本质与形式：当代德国哲学》）（1973）．Edited by M. S. Frings.

Band 8：*Die Wissensformen und die Gesellschaft*（《知识的形式与社会》）（1960，1980）．Edited by M. Scheler.

Band 9：*Späte Schriften*（《后期著作》）（1975）．Edited by M. S. Frings.

Band 10：*Schriften aus dem Nachlaß*（《遗著》）．Band 1，*Zur Ethik und Erkenntnislehre*（1957）．Edited by M. Scheler.

Band 11：*Schriften aus dem Nachlaß*（《遗著》）．Band 2，*Erkenntnislehre und Metaphysik*（1979）．Edited by M. S. Frings.

Band 12：*Schriften aus dem Nachlaß*（《遗著》）．Band 3，*Philosophische Anthropologie*（1987）．Edited by M. S. Frings.

Band 13：*Schriften aus dem Nachlaß*（《遗著》）．Band 4，*Philosophie und Geschichte*（1990）．Edited by M. S. Frings.

Band 14：*Schriften aus dem Nachlaß*（《遗著》）．Band 5，*Varia I*（1993）．Edited by M. S. Frings.

Band 15：*Schriften aus dem Nachlaß*（《遗著》）．Band 6，*Varia I*（In preparation）．

已出版的译成英文的舍勒著作参考书目有：Max Scheler. *Person and Self-Value. Three Essays*（《人格与自我价值：三篇文章》），Dordrecht：Martinus Nijhoff，1987，该书由曼弗雷德·S. 弗林斯编辑、部分翻译并撰写导言。随后有 Max Scheler. *On Feeling，Knowing，and Valuing：Selected Writings*（《论感受、认识与评价——作品选集》），Chicago：University of Chicago Press，1992。

# 英文著作

Blosser，Philip. *Scheler's Critique of Kant's Ethics*. Series in Continental Thought. Athens，OH：University of Ohio Press，1995.

Deeken，Alfons. *Process and Permanence in Ethics：Max Scheler's Moral Philosophy*. New York：Paulist Press，1974.

Frings，Manfred S. *Max Scheler：A Concise Introduction into the World of a Great Thinker*. Pittsburgh：Duquesne University Press，1965.

Frisby，David. *The Alienated Mind：The Sociology of Knowledge in Germany*，1918—1933. Atlantic Highlands：Humanities Press，1983.

Haring，Bernhard. *Fulfillment in Modern Society. The Christian Existentialist：The Philosophy and Theology of Self*. New York：New York University Press，1968.

Kelly，Eugene. *Max Scheler*. Boston：Twayne，1977.

Koehle，Eckhard Joseph. *Personality：A Study According to the Philosophies of Value and Spirit of Max Scheler and Nicolai Hartmann*. Newton，NJ：Catholic Protectory Press，1941.

Nota，John H. *Max Scheler：The Man and His Work*. Chicago：Chicago Franciscan Herald，1983.

Perrin，Ron. *Max Scheler's Concept of the Person：An Ethics of Humanism*. New York：St. Martin's Press，1991.

Ranly，Ernest W. *Scheler's Phenomenology of Community*. The Hague：Nijhoff，1966.

Sadler，William Alan，Jr. *Existence and Love：A New Approach in Existential Phenomenology*. New York：Scribner's，1969.

Schneck，Stephen Frederick. *Person and Polis*：*Max Scheler's Person-alism as Political Theory*. Albany：SUNY Press，1987.

Spiegelberg，Herbert. *The Phenomenological Movement*：*A His-torical Introduction*. New York：Heinmann，1962.

Stark，Werner. *The Sociology of Knowledge*：*An Essay in Aid of a Deeper Understanding of the History of Ideas*. London：Free Press，1958.

Staude，John Raphael. *Max Scheler*，1874—1928：*An Intellectual Portrait*. London：Collier-Macmillan，1967.

Strasser，Stephan. *Phenomenology of Feeling*：*An Essay on the Phenomena of the Heart*. Pittsburgh：Duquesne University Press，1977.

Sugarman，Richard Ira. *Rancor Against Time*：*The Phenomenolo-gy of "Ressentiment."*Hamburg：Meaner，1980.

Werkmeister，W. H.*Historical Spectrum of Value Theories*，I：*The German-Language Group*. Lincoln，NE：Johnsen，1970.

Wojtyla，Karl（Pope John Paul Ⅱ）. *The Acting Person*. Dor-drecht：Reidel，1979.

## 参考论文选录

Alonso，Jose Antonio Dacal. "El Concepto de Filosofia en Max Schel-er."*Logos*（Mexico），2，349-361，September-December 1974.

Allers，Rudolf. "The Cognitive Aspect of Emotions."*Thomist*，4，589-648，October 1942.

Ave-Lallemant，Eberhard. "Religion und Metaphysik im Weltalter des Ausgleichs." *Tijdschrift voor Filosofie*，42，266-293，June 1980.

Becker, Howard, and Helmut Otto Dahlke. "Max Scheler's Sociology of Knowledge." *Philosophy and Phenomenological Research*, 2, 310-322, March 1942.

Bednarski, Jules. "The Eidetic Reduction." *Philosophy Today*, 6, 14-24, spring 1962.

Biefeld, Rebecca. "Max Scheler." *Journal of the British Society for Phenomenology*, 5, 212-218, October 1974.

Birchall, B. C. "Paradigms of Ethical Inquiry." *The Journal of Value Inquiry*, 13, 85-102, summer 1979.

Blosser, Philip. "Moral and Nonmoral Values: A Problem in Scheler's Ethics." *Philosophy and Phenomenological Research*, 48, 139-143, September 1987.

————. "Is Scheler's Ethic an Ethic of Virtue?" In *Japanese and Western Phenomenology*, edited by Philip Blosser et al. Dordrecht: Kluwer, 1993.

Blum, Larry, et al. "Altruism and Women's Oppression." *Philosophical Forum* (Boston), 5, 222-247, fall-winter 1973.

Brujic, Brankaethos. "Die wissenschaftlich-technische Welt und die Idee des Menschen von Max Scheler." *Synthetics Philosophica*, 1, 97-109, 1986.

Buber, Martin. "The Philosophical Anthropology of Max Scheler" (translation). *Philosophy and Phenomenological Research*, 6, 307-321, December 1945.

Carias, Rafael. "El Conocimiento de Dios en Max Scheler." *Estudios Filosoficos*, 41-58, 1974.

Carlo, Menghi. "Risentimento e Diritto nel Pensiero di Max Scheler." *Rivista Internazionale di Filosofia del Diritto*, 53, 193-

251, April-June 1976.

Cartwright, David. "Scheler's Criticisms." *Schopenhauer Jahr*, 62, 144-152, 1981.

Chang, Matthieu. "Valeur, Personne et Amour chez Max Scheler. I." *Revue Philosophique de Louvain*, 69, 55-72, February 1971.

————. "Valeur, Personne et Amour chez Max Scheler. II." *Revue Philosophique de Louvain*, 69, 216-249, May 1971.

Child, Arthur. "The Theoretical Possibility of a Sociology of Knowledge." *Ethics*, 51, 392-418, July 1941.

Collins, James. "Catholic Estimates of Scheler's Catholic Period." *Thought*, 19, 671-704, December 1944.

————. "Scheler's Transition from Catholicism to Pantheism." In *Philosophical Studies*, edited by John K. Ryan. 179-207. Westminster, MD: Newman Press, 1952.

Corbey, R. "Zusammenfassung: Max Schelers Ohnmachtsthese" *231* (in Dutch). *Tijdschrift voor Filosofie*, 45, 363-387, September 1983.

D' Anna, Vittorio. "Mondo del Lavoro e Tecnica nell'anthropologia Fenomenologica di Max Scheler." *Giornale Critico della Filosofia Italiana*, 63, 1-26, January-April 1984.

Dahm, Helmut. "Zur sowjetischen Rezeption der Phänomenologie Schelers." *Studies in Soviet Thought*, 11, 159-185, September 1971.

De Zan, J. "El Saber y los Valores en la Filosofia de Max Scheler." *Stromata*, 35, 19-60, January-June 1979.

De Waelhens, Alphonse. "The Phenomenological Concept of Intentionality." *Philosophy Today*, 6, 3-13, spring 1962.

Derisi，Octavio N. "Los Aportes de M. Scheler a la Etica." *Sapientia*，34，61-66，January-March/April-June 1979.

Doty，Stephen. "Max Scheler and the Phenomenology of Religion." *Man and World*，10，273-291，1977.

Dunlop，Francis. "Scheler's Theory of Punishment." *Journal of the British Society for Phenomenology* 9，167-174，October 1978.

—————. "Scheler's Idea of Man: Phenomenology versus Metaphysics in the Late Works." *Aletheia*，2，220-234，1981.

Dy，Manuel B. Jr. "On Sources of Moral Obligation: Kantian，Schelerian，and Confucian." *Cogito*，3，83-94，September 1985.

Ehman，Robert R. "Two Basic Concepts of the Self." *International Philosophical Quarterly*，5，594-611，December 1965.

Emad，Parvis. "Person，Death，and World," In *Max Scheler* (1874—1928) *Centennial Essays*，ed. Manfred S. Frings，58-84. The Hague: Nijhoff，1974.

—————. "Heidegger's Value-Criticism and Its Bearing on the Phenomenology of Values." *Research in Phenomenology*，7，190-208，1977.

232    —————. "The Great Themes of Scheler." *Philosophy Today*，12，4-12，spring 1968.

—————. "Max Scheler's Notion of the Process of Phenomenology." *Southern Journal of Philosophy*，10，7-16，spring 1972.

—————. "Max Scheler's Phenomenology of Shame." *Philosophy and Phenomenological Research*，32，361-370，March 1972.

Farber，Marvin. "Max Scheler on the Place of Man in the Cosmos." *Philosophy and Phenomenological Research*，14，393-399，March 1954.

————. "The Phenomenological View of Values." *Philosophy and Phenomenological Research*, 24, 552-560, June 1964.

Ferretti, Giovanni. "Sviluppo e Struttura della Filosofia della Religione in Max Scheler. I. "*Rivista Filosojica Neo-Scolastica*, 62, 398-432, July-August 1970.

————. "Sviluppo e Struttura della Filosofia della Religione in Max Scheler. II . " *Rivista Filosojica Neo-Scolastica*, 62, 668-707, September-December 1970.

————. "Sviluppo e Struttura della Filosofia della Religione in Max Scheler. III." *Rivista Filosojica Neo-Scolastica*, 63, 50-73, January-Apri I 1971.

Fiand, Barbara. "In Memoriam-Max Scheler 1874—1928: An Appreciation of Scheler's Essay on Humility. "*Aletheia*, 11, 200-209, 1981.

Fizzotti, Eugenio. "L'analisi Esistenziale di Viktor E. Frankl alia Luce dell'etica del Valori di Max Scheler. "*Aquinas*, 18, 92-106, 1975.

Frings, Manfred S. "Max Scheler. "*Philosophy Today*, 9, 85-93, summer 1965.

————. "Heidegger and Scheler. "*Philosophy Today*, 12, 21-30, spring 1968.

————. " Insight-Logos-Love ( Lonergan-Heidegger-Scheler ). " *Philosophy Today*, 14, 106-115, summer 1970.

————. "Toward the Constitution of the Unity of the Person. "In *233* *Linguistic Analysis and Phenomenology*, edited by W. Mays and S. Brown, 68-80. London: Macmillan, 1972.

————. "The Ordo amoris in Max Scheler. Its Relationship to

his Value Ethics and to the Concept of Ressentiment. "Translated by F. J. Smith. In *Faces of Eros*, edited by F. J. Smith and E. Eng, 40-60. The Hague: Nijhoff, 1972.

—————. "Max Scheler Centennial: 1874—1974. "*Philosophy Today*, 18, 211-216, fall 1974.

—————. "Nothingness and Being: A Schelerian Comment. "*Research in Phenomenology*, 7, 182-189, 1977.

—————. "Husserl and Scheler: Two Views on Intersubjectivity. " *Journal of the British Society for Phenomenology*, 9, 143-149, October 1978.

—————. "Max Scheler: A Descriptive Analysis of the Concept of Ultimate Reality. "*Ultimate Reality and Meaning*, 3, 135-143, 1980.

—————. " Max Scheler: Capitalism-Its Philosophical Foundations. "*Philosophy Today*, 30, 32-42, spring 1986.

—————. "Max Scheler: The Human Person as Pure Temporality. "*Philosophy*, *Theology* 1, 49-63, fall 1986.

—————. "Max Scheler: A Novel Look at the Origin of Evil. "*Philosophy*, *Theology*, 6(3), 201-211, spring 1992.

—————. "The Background of Max Scheler's 1927 Reading of *Being and Time*: A Critique of a Critique through Ethics. "*Philosophy Today*, 36(2), 99-113, summer 1992.

Frings, Manfred S. , and Kenneth W. Stikkers, "Introduction to Max Scheler's 'The Idea of Peace and Pacifism'. "*Journal of the British Society for Phenomenology*, 7, 151-153, October 1976.

Funk, Roger. "Thought, Values, and Action" In *Max Scheler* (1874—1928) *Centennial Essays*, edited by Manfred S Frings,

43-57. The Hague: Nijhoff, 1974.

Gamarra, Daniel. "Max Scheler: Etica y Metafisica." *Sapientia*, *234* 37, 293-303, 1982.

Gooch, Augusta O. "Value Hierarchies in Scheler and von Hildebrand." *Southwest Philosophical Studies*, 15, 19-27, spring 1993.

Gordon, Mieczyslaw. "Über Max Schelers Kritik der descartess-chen Fassung des ontologischen Dualismus" (in Polish). *Studia Philosophiae Christiane* (Warszawa), 21, 7-24, 1985.

Gorevan, Patrick. "Heidegger and Scheler-A Dialogue." *Journal of the British Society for Phenomenology*, 24(3), 276-282, October 1993.

Hafkesbrink, Hanna. "The Meaning of Objectivism and Realism in Max Scheler's Philosophy of Religion." *Philosophy and Phenomenological Research*, 2, 292-309, March 1942.

Hartmann, Wilfried. "Max Scheler's Theory of Person." *Philosophy Today*, 12, 246-261, winter 1968.

————. "Max Scheler and the English-Speaking World." *Philosophy Today*, 12, 31-41, spring 1968.

Hebblethwaite, Peter. "Husserl, Scheler, and Wojtyla: A Tale of Three Philosophers." *Heythrop Journal*, 27, 441-445, October 1986.

Heine, Hilde. "Comment on Max Scheler's 'Concerning the Meaning of the Feminist Movement'." *Philosophical Forum* (Boston), 9, 55-59, fall 1977.

Henckmann, Wolfahrt. "Die gesammelten Werke Max Schelers: Mit einer Nachlese unbekannter Buchbesprechungen." *Zeitschrift für philosophische Forschungen*, 39, 289-306, April-June 1985.

Hild, Arthur. "The Theoretical Possibility of the Sociology of Knowledge."*Ethics*, 51, 392-418, July 1941.

Hund, William B. "The Distinction Between Ought-to-Be and Ought-to-Do."*New Scholastic*, 41, 345-355, summer 1967.

Ibana, Rainier R. A. "Max Scheler's Analysis of Illusions, Idols, and Ideologies."*Philosophy Today*, 34 (4), 312-320, winter 1990.

235 ————. "The Stratification of Emotional Life and the Problem of Other Minds according to Max Scheler."*International Philosophical Quarterly*, 461-471, December 1991.

————. "The Essential Elements for the Possibility and Necessity of the Principle of Solidarity according to Max Scheler."*Philosophy Today*, 33, 42-55, spring 1989.

Kalinowski, Georges. "Karol Wojtyla Faceà Max Scheler ou l'origine de 'Osoba i czyn'."*Revue Thomiste*, 80, 56-465, July-September 1980.

Kaufmann, Felix. "Strata of Experience."*Philosophy and Phenomenological Research*, 1, 313-324, March 1941.

Kelly, Eugene. "Ordo amoris: The Moral Vision of Max Scheler."*Listening*. 21, 226-242, fall 1986.

————. "Essences."*Aletheia*. Ⅵ, 100-115, 1993-1994.

————. "Revisiting Max Scheler's Formalism in Ethics: Virtue-based Ethics and Moral Rules in the Non-formal Ethics of Value."*The Journal of Value Inquiry*, forthcoming in 1997.

Kuntz, Paul G "Order in Language, Phenomena, and Reality."*Monist*, 49, 107-136, January 1986.

Landgrebe, Ludwig. "Phenomenology and Metaphysics."*Philosophy and Phenomenological Research*, 10, 197-205, December 1949.

Landmann, M. "Nicolai Hartmann and Phenomenology." *Philosophy and Phenomenological Research*, 3, 393-423, June 1943.

Lauer, Quentin. "The Phenomenological Ethics of Max Scheler." *International Philosophical Quarterly*, I, 273-300, May 1961.

—————. "Four Phenomenologists." *Thought*. 33, 183-204, June 1958.

Leiss, William. "Max Scheler's Concept of Herrschaftswissen." *Philosophical Forum*(Boston), 2, 316-331, spring 1971.

Leonardy, Heinz. "La Derniere Metaphysique de Max Scheler."*Revue Philosophique de Louvain*, 78, 553-561, November 1980.

Lossky, Nicholas. "Perception of Other Selves."*Personalist*, 29, 149-162, spring 1948.

Luther, Arthur R. "Scheler's Interpretation of Being as Loving." *Philosophy Today*. 14, 217-227, fall 1970.

—————. "Hocking and Scheler on Feeling."*Philosophy Today*, 12, 93-99, summer 1968.

—————. "Scheler's Person and Nishida's Active Self as Centers of Creativity."*Philosophy Today*, 21, 126-142, summer 1977.

—————. "The Articulated Unity of Being in Scheler's Phenomenology."In *Max Scheler* (1874—1928) *Centennial Essays*, edited by Manfred S. Frings, 1-42. The Hague: Nijhoff, 1974.

—————. "Scheler's Order of Evidence and Metaphysical Experiencing."*Philosophy Today*, 23, 249-259, fall 1979.

Maidan, Michael. "Max Scheler's Criticism of Schopenhauer's Account of Morality and Compassion."*Journal of the British Society for Phenomenology*, 20, 225-235, October 1989.

Maliandi, Ricardo. "Jerarquia y Conflictividad Axiologica en la Ethca de Scheler. "*Cuadernos de Filosofia*, 19, 95-108, January-December 1983.

Martinez Cervantes, Rafael. "Max Scheler: Una Etica Fundada En El Valor. "*Logos*, 115-133, 1978.

Meja, Volker. "The Sociology of Knowledge and the Critique of Ideology. "*Cultural Hermeneutics*, 3, 57-68, May 1975.

Menghi, C. "Nietzsche e la Liberazione nella Prospettiva Scheleriana. "*Rivista Internazionale di Filosofia del Diritto*, 52, 112-121, January-March 1975.

Meyer, Herbert H. "Max Scheler's Understanding of the Phenomenological Method. "*International Studies in Philosophy*, 19, 21-31, 1987.

237   Miller, George David "Ordo amoris: The Heart of Scheler's Ethics. "*Listening*, 21, 210-225, fall 1986.

Moosa, Imtiaz. "A Critical Examination of Scheler's Justification of the Existence of Values. "*The Journal of Value Inquiry*, 25, 23-41, January 1991.

————. "Are Values Independent Entities? Scheler's Discussion of the Relation between Values and Persons. "*Journal of the British Society for Phenomenology*, 24(3), 265-275, October 1993.

Navickas, Joseph L. "N. Lossky's Moral Philosophy and M. Scheler's Phenomenology. " *Studies in Soviet Thought*, 18, 121-130, May 1978.

Nota, John H. "Max Scheler and Karol Wojtyla. "*Proceedings of the Catholic Philosophical Association*, 60, 135-147, 1986.

————. "The Development of Max Scheler's Philosophy of Religion. "In *The Papin Festschrift*, 253-268. Villanova PA: Villanova University Press, 1976.

———. "Max Scheler's Philosophy of History." In *Acts of the XIV International Congress for Philosophy*. 4, 572-580. Vienna: Herder, 1969.

Oesterreicher, John M. "Max Scheler and the Faith." *Thomist*, 13, 135-203, April 1950.

Olmo, Javier. "El Amor al Projimo en la Etica Fenomenologica de los Valores." *Dialogo Filosojico nel* 500 *Europeo*, 6(2), 195-212, May-August 1990.

Owens, Thomas J. "Scheler's Emotive Ethics." *Philosophy Today*, 12, 13-20, spring 1968.

Perrin, Ronald F. "Max Scheler's Critique of the Kantian Ethic." *Journal of the History of Philosophy*, 12, 347-359, August 1974.

Pleydell-Pearce, A. G. "Feelings, Values and Judgments." *Journal of the British Society for Phenomenology*, 9, 158-166, October 1978.

Pucciarelli, Eugenio. "Max Scheler y su Idea de la Filosofia." *Cuadernos de Filosojia*, 9, 191-220, July-December 1969.

Ranly, Ernest W. "Scheler on Man and Metaphysics." *Philosophy* 238 *Today*, 9, 211-221, fall 1965.

———. "Ethics in Community." *Proceedings of the Catholic Philosophical Association*, 42, 152-158, 1968.

Reifenrath, Bruno H. "Das Apollinische und Dionysische bei Max Scheler." *Zeitschrift für philosophische Forschungen*, 30, 275-287, April-June 1976.

Rombach, Heinrich. "Die Religionsphanomenologie: Ansatz und

Wirkung von Max Scheler bis H. Kessler. *"Theologie und Philosophie*, 48, 477-493, 1973.

Rotenstreich, Nathan. "On Shame. *"Review of Metaphysics*, 19, 55-86, September 1965.

Ruba, Marek. "Max Scheler: Theory of Forms of Knowledge and Perspective of Overcoming the Crisis of European Culture" (in Polish). *Annales Universitatis Mariae Curie-Sklodowska*, 121-140, 1986.

Schalow, Frank. "A Pre-Theological Phenomenology: Heidegger and Scheler. *"International Philosophical Quarterly*, 28 (4), 393-401, December 1988.

————. "The Anomaly of World: From Scheler to Heidegger." *Man and World*, 24(1), 75-87, January 1991.

————. "Religious Transcendence: Scheler's Forgotten Quest." *Philosophy, Theology*, 4(4), 351-364, summer 1990.

Schuetz, Alfred. "Max Scheler's Epistemology and Ethics. Ⅰ." *Review of Metaphysics*, 11, 304-314, December 1957.

————. "Max Scheler's Epistemology and Ethics. Ⅱ." *Review of Metaphysics*, 11, 486-501, March 1958.

————. "Scheler's Theory of Intersubjectivity and the General Thesis of the Alterego. *"Philosophy and Phenomenological Research*, 2, 323-347, March 1942.

Shimony, A. "The Status and Nature of Essence. *"Review of Metaphysics* 1, 38-79, March 1948.

Silvestrelli, Angela. "Edith Stein: Dall'ateismo alia Contemplazione; Appunti da Alcune Pubblicazioni Tedesche." *Sapienza*, 28, 487-493, October-December 1975.

Smith, F. J. "Peace and Pacifism." In *Max Scheler* (1874—1928). *Centennial Essays*, edited by Manfred S. Frings, 85-100. The Hague: Nijhoff, 1974.

Smith, Quentin. "Scheler's Stratification of Emotional Life and Strawson's Person." *Philosophical Studies* (Ireland), 25, 103-127, 1977.

————. "Scheler's Critique of Husserl's Theory of the World of the Natural Standpoint." *Modern Schoolman*, 55, 387-396, May 1978.

Spader, Peter H. "A New Look at Scheler's Third Period." *Modern Schoolman*, 51, 139-158, January 1974.

————. "The Non-Formal Ethics of Value of Max Scheler and the Shift in His Thought." *Philosophy Today*, 18, 217-233, fall 1974.

————. "Max Scheler, Phenomenology, and Metaphysics." *Philosophical Forum* (Boston), 6, 274-284, winter-spring 1974-1975.

————. "The Possibility of an A Priori Non-Formal Ethics: Max Scheler's Task." *Man and World*, 9, 153-162, June 1976.

————. "Aesthetics, Morals and Max Scheler's Non-Formal Values." *British Journal of Aesthetics*, 16, 230-236, summer 1976.

————. "Scheler's Phenomenological Given." *Journal of the British Society for Phenomenology*, 9, 150-157, October 1978.

————. "The Facts of Max Scheler." *Philosophy Today*, 23, 260-266, fall 1979.

————. "A Change of Heart: Scheler's 'Ordo Amoris,' Repentance and Rebirth." *Listening*, 21, 188-196, fall 1986.

Stikkers, Kenneth W. "Phenomenology as Psychic Technique of Non-Resistance." In *Phenomenology in Practice and Theory*, edited by William S. Hamrick, 129-151. Dordrecht: Nijhoff, 1985.

240 ————. "Max Scheler: Toward a Sociology of Space." *Journal of the British Society for Phenomenology*, 9, 175-183, October 1978.

Stroker, Elisabeth. "Der Tod im Denken Max Schelers." *Man and World*, 1, 191-207, May 1968.

Sweeney, Robert D. "Axiology in Scheler and Ingarden and the Question of Dialectics." *Dialectics and Humanism* (Warsaw), 2, 91-97, summer 1975.

————. "The 'Great Chain of Being' in Scheler's Philosophy." In *Analecta Husserliana*, edited by Angela Ales, 99-112. Dordrecht: Reidel, 1981.

Tietz, Udo. "Materialer Apriorismus und phanomenologische Evidenztheorie." *Deutsche Zeitschrift für Philosophie*, 33, 717-725, 1985.

Tymieniecka, Anna-Teresa. "The Origins of the Philosophy of John Paul the Second." *Proceedings of the Catholic Philosophical Association*, 53, 16-27, 1979.

Vacek, Edward V. "Max Scheler's Anthropology." *Philosophy Today*, 23, 238-248, fall 1979.

————. "Personal Growth and the Ordo amoris." *Listening*, 21, 197-209, fall 1986.

————. "Scheler's Evolving Methodologies." In Morality within the Life and Social World, *Analecta Husserliana* XXII, edited by Anna-Teresa Tymieniecka, 165-183. Dordrecht: Kluwer, 1987.

————. "Contemporary Ethics and Scheler's Phenomenology of Community."*Philosophy Today*, 161-174, summer 1991.

Van Hooft, Stan. "Scheler on Sharing Emotions."*Philosophy Today*, 38(1), 18-28, spring 1994.

Von Moisy, Sigrid. "Zwei wiederentdeckte Manuskripte Max Schelers im Nachlaß Karl Muths."*Zeitschrift für philosophische Forschung*, 33, 621-626, October-December 1979.

Von Schoenborn, Alexander. "Scheler on Philosophy and Religion."*International Philosophical Quarterly*, 14, 285-308, September 1974.

Wassmer, Thomas A. "Some Reflections on German Value Theory."*Franciscan Studies*, 19, 115-127, March 1959.

Weier, W. "Leben und Reflexion: Zur anthropologischen Bedeutung menschlichen Reflektierens." *Tijdschrift voor Filosofie*, 39, 246-262, June 1977.

Wild, John. "The Concept of the Given in Contemporary Philosophy."*Philosophy and Phenomenological Research*, 1, September 1940.

Wilder, Alfred. "The Resolution of Tensions in the Ethical Doctrine of Max Scheler."*Journal of Dharma*, 4, 327-346, October-December 1979.

Willer, Jorg. "Der Bezug auf Husserl im Frühwerk Schelers." *Kant-Studien*, 72, 175-185, 1981.

————. "Schroder-Husserl-Scheler: Zur formalen Logik."*Zeitschrift für philosophische Forschungen*, 39, 110-121, January-March 1985.

Williams, Richard Hays. "Scheler's Contributions to the Sociology of Affective Action, with Special Attention to the Problem of

Shame. " *Philosophy and Phenomenological Research* , 2, 348-358, March 1942.

Winthorop, Henry. "The Constitution of Error in the Phenomeno-logical Reduction. " *Philosophy and Phenomenological Research* , 9, 741-748, January 1949.

Wolff, Kurt H. "Scheler's Shadow on Us. "In *The Phenomenology of Man and of the Human Condition* , edited by Anna Teresa Tymieniecka, 113-121. Dordrecht: Reidel, 1983.

Zamfirescu, Vasile Dem. "Moments psychiques dans la genèse de la valeur morale: Le Ressentiment. "*Revue Roumaine des Sciences Sociales. Série de Philosophie et Logique* , 16, 195-206, 1972.

# 索引①

---

① 索引页码为原书页码，即本书边码。——译者注

159,161,170,173,182,183,
210,221

Willer,J. 维勒 12,241

Wisdom,J. 威斯德姆 163

Wittgenstein, L. 维特根斯坦
20,163,184

Wojtyla,K. 沃伊蒂瓦(若望·保

禄二世） 72,158,229,234,
235,237

World-view 世界观 1,5,9,15,
40,46,57,110,129,143,154,
165,183

Zuboff,A. 祖波夫 108

# 译后记

对于舍勒思想研究而言，1997年是重要的。这一年，《舍勒全集》编撰完成，主编曼弗雷德·S.弗林斯的《舍勒的心灵》一书出版——这是首部在《舍勒全集》的基础上总体介绍舍勒思想的著作。同年，有一本专题研究舍勒现象学的英文著作问世，也就是尤金·凯利所著的《结构与多样性——马克斯·舍勒现象学哲学研究》。当时研究其"现象学"的专著相对稀少。这本书可谓为舍勒现象学研究开启了新的局面。

尤金·凯利教授早在1977年就出版过一本介绍舍勒哲学的书——《马克斯·舍勒》(*Max Scheler*，Boston：Twayne)，2011年出版了《质料的价值伦理学——马克斯·舍勒与尼古拉·哈特曼》(*Material Ethics of Value*：*Max Scheler and Nicolai Hartmann*，Springer：Phaenomenologica 203)，亦撰写过多篇研究论文。

本书可谓其舍勒研究的代表作之一，它并非一般的评传或文献释读，而是秉承了一种现象学精神，深入哲学在当代的处境，与舍勒思想遥相呼应、共鸣、对话，甚至交锋。在该书出版数十年后的今天，其所关注的问题仍余响未绝，也许读者可以透过作者多用譬喻、富有文学性的行文，把握到舍勒思想热烈背后的冷峻。

张伟教授多年前即提议本书的合作翻译，这些年来，若不是他的不懈推动和鼓励，这项工作可能就半途而废了。在此谨向我们的这位老朋友致以谢意。译者与凯利教授在上海和广州有过几次交谈，他一直很有耐心地惦记着译稿的出版进展。然而，由于种种原因，这项工作延宕日久，我们对此深表歉意。

本书翻译分工：韦海波负责导论、第一章、第四章、第九至第十一章、第十三章和第十四章，并统稿；鲍克伟负责第二章和第三章、第五至第八章，以及第十二章。

感谢北京师范大学出版社两度联系翻译版权并给予出版机会，感谢郭珍老师、刘溪老师、段立超老师专业、细致、高效的编校工作！

译稿一定还存在有待改进与完善之处，祈请读者方家指正。

译者

2019 年 6 月

原书名：Structure and Diversity Studies in the Phenomenological Philosophy of Max Scheler

版权登记号：01-2016-8531

版权声明

Translation from the English language edition: Structure and Diversity Studies in the Phenomenological Philosophy of Max Scheler by Eugene Kelly. Copyright © Springer Science＋Business Media Dordrecht 1997. This Springer imprint is published by Springer Nature. The registered company is Springer Science＋Business Media B. V.

All Rights Reserved.

**图书在版编目（CIP）数据**

结构与多样性：马克斯·舍勒现象学哲学研究／（美）尤金·凯利（Eugene Kelly）著；韦海波，鲍克伟译.

北京：北京师范大学出版社，2025.4.

ISBN 978-7-303-30312-0

Ⅰ. B516. 59

中国国家版本馆 CIP 数据核字第 2024JC9254 号

---

JIEGOU YU DUOYANGXING：MAKESI·SHELE XIANXIANGXUE ZHEXUE YANJIU

出版发行：北京师范大学出版社 https：//www. bnupg. com

　　　　　北京市西城区新街口外大街 12-3 号

　　　　　邮政编码：100088

印　　刷：北京盛通印刷股份有限公司

经　　销：全国新华书店

开　　本：710 mm×1000 mm　1/16

印　　张：18.75

字　　数：250 千字

版　　次：2025 年 4 月第 1 版

印　　次：2025 年 4 月第 1 次印刷

定　　价：89.00 元

---

策划编辑：郭　珍　　　　　责任编辑：刘　溪

美术编辑：王齐云　　　　　装帧设计：王齐云

责任校对：段立超　　　　　责任印制：赵　龙